上海文化发展基金会图书出版专项基金资助项目

2017年度教育部人文社会科学研究规划基金项目"课堂对话的视频分析研究"
（项目号：17YJA880109，主持人：郑太年）的研究成果之一

21st

Education Reform for
the 21st Century Skills：
China and World

主编 彭正梅

面向21世纪能力的教育变革：中国与世界

学习科学与教学变革

郑太年 /著

上海教育出版社

Foreword

丛书总序
发展 21 世纪能力，建设现代教育强国[①]

> 其本乱而末治者否矣，
> 其所厚者薄，而其所薄者厚，未之有也。
> ——《大学》

为了应对全球知识社会日益扩展所带来的挑战，自 20 世纪末以来，世界各国兴起了超越知识的 21 世纪能力教育改革运动（21st century skills-oriented educational reform movements），美国智库布鲁金斯学会（Brookings Institution）将这场改革运动称为"全球能力运动"（global skills movement）。[②] 全球教育系统的目标、内容、方法和评价更为明确地关注并聚焦 21 世纪个人及社会所需的广泛的高阶能力，即 21 世纪能力。21 世纪能力已经成为世界各国回应全球知识社会、提升其全球竞争力的重要抓手，成为各国教育改革的核心，也成为 21 世纪教育强国的本质体现。[③]

今天的中国已经融入世界之中，而且一改近代以来的被动地位，更加主动地参与到国际和全球事务之中，力图推动建立更加合理公正的国际秩序，从而在全球格局中谋取中华民族的伟大复兴和全人类的共同福祉。对于已经实现从"面向世界"到"在世界之中"的中华民族来说，结合自身国情，顺应全球教育趋势，推动以 21 世纪能力为导向的教育转型从未像今天这样刻不容缓，成功的教育转型也从未像今天这样可望可即。

[①] 本文作者为彭正梅、邓莉和周小勇，发表在《中国教育政策评论 2018》。郑太年、沈伟、沈章明和高原对本文的思想形成作出了贡献，这里表示感谢。
[②] Ananiadou, K. & Claro, M. 21st Century Skills and Competences for New Millennium Learners in OECD Countries [R]. OECD Education Working Papers, No.41, OECD Publishing, 2009：8.
[③] 邓莉，彭正梅.全球学习战略 2030 与中国教育的回应[J].开放教育研究，2017，23（3）：18-28；彭正梅，邓莉.培养具有全球竞争力的美国人——基于 21 世纪美国四大教育强国战略的考察[J].比较教育研究，2018，7：11-19.

一、全球 21 世纪能力教育改革运动及其本质

21 世纪以来,国际上出现一场全球性的 21 世纪能力运动,其本质是一种以人的高阶能力发展为导向的教育改革运动,体现了教育目的的一种新人形象的教育目的。

1. 21 世纪能力教育改革运动的兴起

2001 年是新世纪以来教育改革的开端,世界各国教育改革纷纷布局自己的教育战略,以应对各自面临的挑战。在美国,在 2001 年的总统选举中,民众关心的第一议题就是教育问题,并由此促进了 2001 年《不让一个孩子掉队法》(No Child Left Behind Act)的出台;在中国,为了解决基础教育中的应试教育问题,2001 年教育部启动了基础教育课程改革;德国在 2001 年经济合作与发展组织(Organization for Economic Co-operation and Development,简称 OECD)主导的国际学生评估项目(Program for International Student Assessment,简称 PISA)测试中遭受"PISA 震动"(PISA shock),迅速开启了新的全国性的教育改革。

之后,每隔三年的 PISA 测试进一步把世界各国拖入教育竞争之中。卷入 PISA 测试的国家都极为关心自己的 PISA 测试排名,并把这一排名视为教育竞争力、人力资本竞争力乃至国家竞争力的关键。2009 年和 2012 年,上海 PISA 测试两获世界第一,震惊了整个世界。一方面,人们惊奇地发现,长期以来被西方世界刻板化为死记硬背的"填鸭式"的中国教育居然具有世界最强的教育潜力;另一方面,国际社会特别是西方社会把这视为中国经济的潜在竞争力,并惊呼这是一次新的"人造卫星"危机,就像 50 多年前苏联的人造卫星上天对西方教育、科研体制乃至社会的冲击。PISA 测试试图用同一把尺子来衡量参与国的教育质量,推动和促进了各国的教育改革及其反思浪潮。

这些改革的核心议题是探讨 21 世纪教育需要培养什么样的人。1999 年,OECD 提出个体在 21 世纪获得"兴盛"(flourishment)需要什么关键能力的框架;2002 年,美国 21 世纪学习合作组织(Partnership for 21st Century Learning,

原名为 Partnership for 21st Century Skills,简称 P21)提出个体在 21 世纪获得成功需要什么样技能的框架图。2001 年,美国教育家布卢姆(B. S. Bloom)认知领域教育目标分类经过修订,"创造"被置于顶端。如果说古典经济学家把专业化和贸易视为发展的主要因素,那么在 21 世纪,人们日益确信,创新和创业才是经济增长的主要驱动力,创新力才是各国的核心竞争力。培养人的创新力成为各国教育竞争力乃至国家竞争力的核心。

2016 年,布鲁金斯学会环球教育中心(Center for Universal Education at Brookings)和乐高基金会(LEGO Foundation)联合启动"变化世界中所需的技能"(Skills for A Changing World)项目,旨在探索 21 世纪新的教育需求,以及各国教育系统如何回应这种需求。该项目对 113 个国家的教育系统(从愿景或使命陈述到课程)进行的调查发现,世界主要国家及国际组织纷纷研制了 21 世纪能力框架来界定和遴选 21 世纪所需的技能或能力。即便在英国苏格兰、克罗地亚、危地马拉和菲律宾等地理、工业和社会经济地位迥异的国家和地区,也都一致认同教育应该培养学生的 21 世纪能力。显然,在全球范围内,越来越强调发展学生超越传统学科知识的广泛的 21 世纪能力,并且体现为一场 21 世纪能力导向的全球性的教育改革运动。①

各国及国际组织在自己的文件中指称 21 世纪能力所用的概念有差异。例如,OECD 和欧盟称为"关键能力"(key competences/key competences)、美国称为"21 世纪技能"(21st century skills)、日本和新加坡称为"21 世纪能力"(21st century compctencies),中国称为"核心素养"。此外,还有"横向能力"(transversal competencies)、"高阶思维技能"(higher-order thinking skills)、"高阶技能"(higher-order skills)、"通用技能"(generic skills)、"通用能力"(general capabilities)、"可迁移技能"(transversal skills)、"深度学习"(deeper learning)、"21 世纪流畅力"(21st century fluencies)、"全球能力/全球胜任力"(global competencies)、"终身学习素养"(lifelong learning competences)、"新基础性技能"(new basic skills)、"软技能"(soft skills)以及"非学术技能"(non-

---

① Care, E., Anderson, K., & Kim, H. Visualizing the Breadth of Skills Movement across Education Systems[R]. The Brookings Institution, 2016.

academic skills),等等。①

这些指称有其共同之处,但也有不同的侧重点,主要体现为两个英文关键词"competency"和"skill"之间的区分。一般而言,"skill"和"competency"在某种程度上都是指完成某一(些)任务所需要的能力。"skill"偏重可表现、可观察的技能,因此"skill"并不能完全告诉我们"如何"(how)成功地完成一项任务或动作。相对而言,"competency"这个概念更广泛,能够涵盖把"skill"转化为工作行为时遗漏的部分。也就是说,"competency"包含着知识、技能以及态度和价值观这三个方面的含义,而不仅仅是可表现、可操作和可观察的行为。因此,那些使用"skills"来指称21世纪能力的国家,为了避免这个概念较为狭隘的含义,把"skills"理解为KSA(即knowledge, skills, attitudes and values);而那些使用"competency"的国家,为了避免这个概念的广泛性和模糊性,越来越多地使用"skills"来指称21世纪能力明确的特殊性。

实际上,"全球技能运动"产生于并旨在回应21世纪以来日益扩展和加深的全球化和全球市场,因此,它比较忽略带有更多文化性和意识形态的知识、态度和价值观,而是强调更具表现性和结果性的"skills"。因此,布鲁金斯学会把这场全球性的教育改革运动称为"全球技能运动",可谓抓住了这场运动的本质。

中国把这场"全球技能运动"称为"核心素养运动",自然反映了我们重视知识、价值观的教育传统,却忽视了这场运动强调可表现、可操作和可观察的技能的本质。然而,"技能"在中文中常常与职业教育联系在一起,使用"技能"概念,反而不利于这场运动在所有教育领域展开,不如"能力"这个概念更好。因此,这里把"全球技能运动"称为"21世纪能力教育改革运动"。这样,我们可以把对这场运动的研究和考察与中国教育界长期以来关于知识与能力关系问题的讨论联系起来,并有利于这个问题在21世纪的澄清。同时,考虑到"21世纪技能运动"(21st century skills movement)主要是为了培养个体在21世纪获得成功和生命"兴盛"所需要的能力,因此"技能"这个狭隘的概念也不足以涵盖个体"成功"和"兴盛"所需要的能力。而且,如果再把"21世

---

① 邓莉.如何在教学上落实21世纪技能:探究性学习及其反思和启示[J].教育发展研究,2017,(8):77.

纪能力"从中文翻译成英文,则宁可采用阿玛蒂亚·森(Amartya Sen)和玛莎·努斯鲍姆(Martha C. Nussbaum)的"能力"(capabilities)概念,把它翻译为"21st capabilities"。①

2. 21世纪能力是高阶能力

21世纪能力教育改革运动首先体现在很多国家或组织制定的21世纪能力框架之中。这些框架界定了本国或组织所认可的最为重要的21世纪能力,来引领学校变革和课程教学变革。

各国或有关国际对21世纪能力的定义及其包含的子技能有所不同,但呈现出某种共同的关怀。各国或有关国际提出的21世纪能力通常包含认知和非认知的知识、技能以及态度或价值观,其共同特征在于强调4C技能(Critical thinking and problem solving, Communication, Collaboration, Creativity,即批判性思维和问题解决、交流、合作、创造技能)、ICT技能(Information Communications Technology,即信息通信技术技能)、人际交往、适应能力等。其中亚洲国家如新加坡和日本同时把伦理道德和价值观摆在重要位置。② 这里对21世纪能力与布卢姆认知领域的教育目标分类进行比较。

20世纪50年代,美国教育心理学家布卢姆提出教育目标分类法:知识(knowledge)、领会(comprehension)、应用(application)、分析(analysis)、综合(synthesis)、评价(evaluation)。这六个阶段的认知水平由低阶走向高阶,其中,分析、综合与评价是问题解决能力的三个水平,是综合运用多种知识、技能和策略解决问题的能力,是高阶能力。2001年,安德森(Lorin Anderson)和克拉斯沃尔(David Krathwohl)修订了布卢姆的认知领域教育目标分类。修订版将"创造"置于知识复杂度的顶层,也就是说,创造和创造性思维被视为最复杂的人类认知过程。这一修订试图强调,学习结果仅仅满足于知识习得和理解层面是不够的,学习的成功必须通往高阶目标或层次,最终导向问题解决、创造力的获得。

因此,按照布卢姆的教育目标分类,读写算能力即3R(Reading, wRiting,

---

① 杨兴华.阿玛蒂亚·森和玛莎·努斯鲍姆关于可行能力理论的比较研究[J].学术论坛,2014,37(2):31-34.
② 邓莉.如何在教学上落实21世纪技能:探究性学习及其反思和启示[J].教育发展研究,2017,(8):78.

Arithmetic)能力和传统教育的学科知识属于较为低阶的知识和能力,因为它侧重记忆和回忆等认知水平层次,只需要学生付出低层次的认知努力,而分析、综合与创造等高阶能力需要付出更大的认知努力,包括复杂推理、逻辑思维、问题解决等,并能够将知识迁移到实际生活中。

如果以布卢姆教育目标分类来考察,我们可以看出,21 世纪能力特别是 4C 技能分布在高阶区域(见图 1)。

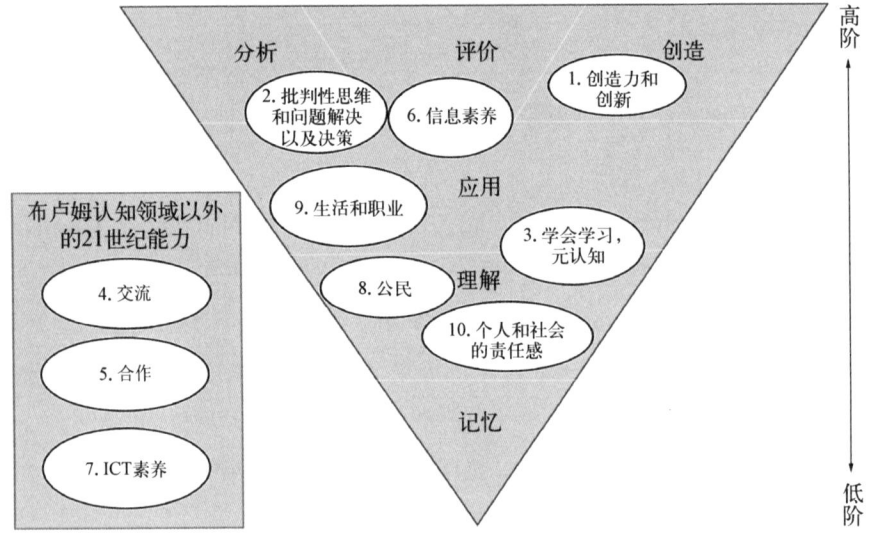

图 1　21 世纪能力的教育目标分类①

4C 正是 21 世纪能力教育改革运动的核心。布鲁金斯学会的研究发现,97 个国家在公开文件中提到特定的能力,如合作、问题解决、信息素养、创造力、交流等能力,并强调通过教育系统发展这些能力;55 个国家在课程文件中提到这些能力;45 个国家在其使命和愿景陈述中提到 21 世纪能力和个人品质;13 个国家提到在不同学段、年级中的能力进阶(能力的不同层次水平)。② 在各国政策中最为频繁提到的 21 世纪能力是交流技能,其次是创造

---

① Suto, I. 21st Century Skills: Ancient, Ubiquitous, Enigmatic?[J]. Cambridge Assessment, 2013: 11.
② Care, E., Anderson, K., & Kim, H. Visualizing the Breadth of Skills Movement across Education Systems[R]. The Brookings Institution, 2016: 9.

力、批判性思维和问题解决技能(见图2)。①

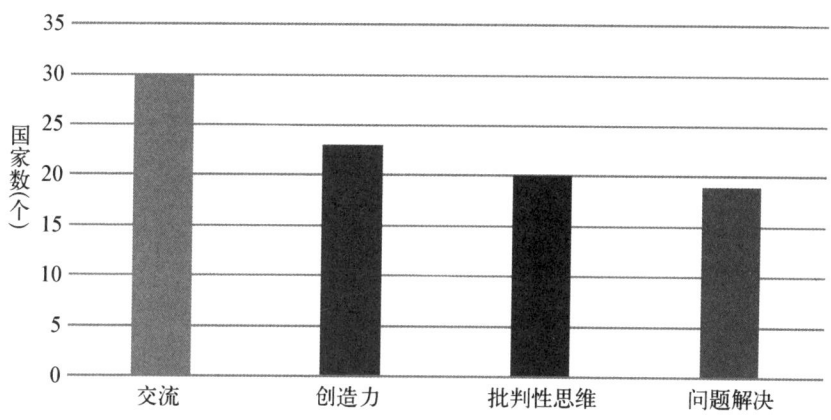

图2 各国最为频繁提到的21世纪能力

澳大利亚一项研究也显示,4C在各国21世纪能力框架处于最重要的位置(见图3)。②

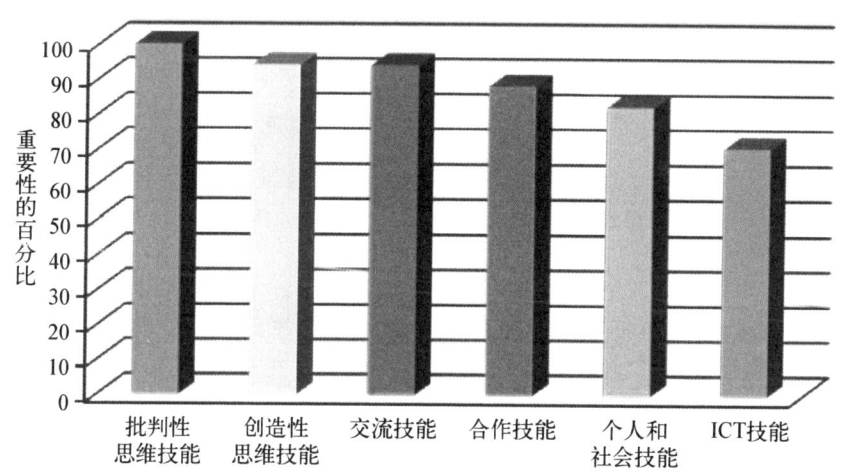

图3 21世纪能力的重要性排序

---

① Care, E., Anderson, K., & Kim, H. Visualizing the Breadth of Skills Movement across Education Systems[R]. The Brookings Institution, 2016: 9.
② Queensland Curriculum and Assessment Authority. 21st Century Skills for Senior Education: An Analysis of Educational Trends[EB/OL]. 2015-11[2017-11-20]. https://www.qcaa.qld.edu.au/downloads/publications/paper_snr_21c_skills.pdf, 2015: 10.

因此,可以说,21世纪能力被世界各国视为当前和未来社会个人取得生活和职业成功、国家取得经济繁荣所需要的必备能力。与低阶能力相比,作为高阶能力的21世纪能力超越了传统的读写算能力,超越传统学科,主要包含批判性思维、问题解决、合作、交流、创造力等能力。高阶能力的本质在于如何创造性地应用知识来解决问题,它超越了学科知识的认知性掌握,是知识、技能、思维和态度的综合。正是从这个角度,21世纪能力教育改革运动也被称为从3R到4C的运动。①

实际上,高阶能力是一个历史的概念,受到政治、经济、文化等方面的影响。农业时代、工业时代所认为的高阶能力是读写算能力,当今时代的高阶能力在未来也会发生变化,有些会被人工智能代替,而一些新的能力会加进来。基于当前21世纪所处的全球知识社会背景,以及从全球21世纪能力教育改革运动的背景,目前社会的高阶能力主要是指21世纪能力,这样的能力是目前和未来一段时期机器所难以取代的能力,"甚至是人摆脱被人工智能取代的重要资本"。②

今天,世界各国所言的21世纪能力具有共同的主要特征:横向的或通用的,即不与特定的领域直接联系,但与很多领域相关;多维度的,即包含知识、技能和态度;高阶的,即与高阶技能和行为相关,是能够应对复杂问题和突发情况的能力。③ 21世纪能力中的批判性思维和问题解决技能、合作技能、交流技能、创新和创造技能等尤其具有复杂性、高阶性、跨学科性、多维性和合作性,并且是对每个人的要求。

在21世纪,高阶能力已不能仅仅是偶然的、附带的教育和教学的点缀,而必须成为我们教育系统中普遍的刻意行为。要致力于更加公平和有效的教育,我们就必须普遍教授儿童如何去思考,如何将所学知识应用于实践,帮助所有儿童去习得可迁移的高阶能力。也就是说,在柏拉图时代,作为精英阶层

---

① 邓莉,彭正梅.美国学校如何落实21世纪技能——21世纪学习示范学校研究[J].外国教育研究,2017,44(09):52.
② 郑太年.美国教育的基础性制度和发展战略的嬗变[J].教育发展研究,2018,11:22.
③ OECD. The Definition and Selection of Key Competencies [Executive Summary][EB/OL]. 2005-05-27[2017-09-25]. http://www.oecd.org/pisa/35070367.pdf.

的"奢侈品"的批判性思维技能等高阶能力,必须走向每个人。①

这种以培养人的高阶能力为导向的全球性的教育改革,体现了一种国际教育中的新人形象,而培养这种新人恰恰是21世纪的全球知识社会基本而迫切的要求。

二、全球知识社会需要培养个体的21世纪能力

尽管21世纪能力教育改革运动的落脚点是个体成功,但需要从个体及教育所属的社会和世界,特别是从现代化的视角来加以考察,才能看出这场运动的特殊性、必要性和迫切性。

1. 现代化的前提是人的现代化

从西方教育历史发展来看,现代教育强调的是培养理性的主体。卢梭(Jean-Jacques Rousseau)提出,教育的目的既不是培养暴君,也不是培养奴才,而是培养一个人。暴君任性,他想做什么就做什么,并且禁止别人评判和批评;奴才没个性,以他人的意志作为自己的意志。卢梭要培养的是具有真情实感和能够理性思考的主体。康德(Immanuel Kant)把卢梭的论述进一步归纳为培养"能够不依赖他人而独立使用自己理性的个体"。因此,康德鼓舞人类:"拿出勇气来,去使用自己的理性!"②

在康德之前夸美纽斯(Johann Amos Comenius)呼吁要把"一切知识教给一切人",因为只有拥有知识,人类才能思考。康德之后的赫尔巴特(Johann Friedrich Herbart)认为,知识即道德,没有经过理性思考、没有理性抉择的道德,不是真正的道德。

杜威(John Dewey)认为,教育不仅在于培养理性主体,更在于培养致力于社会改善的理性主体。因为只有改善了的社会,才允许人的理性使用及其进一步使用。因此,在杜威看来,现代教育的任务是培养能思考的积极的公民。

---

① 彭正梅,邓莉.迈向教育改革的核心:培养作为21世纪技能核心的批判性思维技能[J].教育发展研究,2017(24):24.
② [德]康德.康德论教育[M].李其龙,彭正梅,译.北京:人民教育出版社,2017:78.

这里以一则事例来加以说明。

  贝尔市是美国洛杉矶近郊一个蓝领工人聚居的普通小城。2010年7月初的一天，50多岁的拾荒妇女简·艾丽丝正在漫不经心地清理从贝尔市政府回收的废纸。突然，一份贝尔市官员的工资单闯入眼帘，上面的数字让艾丽丝惊呆了：市长里佐的年薪竟然高达78.8万美元，相当于美国总统年薪的两倍。警察局长兰迪·亚当斯的年薪同样令人咋舌，达到46万美元，比洛杉矶市警察局长的年薪多出15万美元。

  艾丽丝越看越感到震惊：斯帕希只是一名助理执政官，年薪竟高达37.6万美元，而市议会的4名议员并非全职工作，每人年薪也达到10万美元。在美国，一般城市里的议员每月通常只有微薄的薪水。

  艾丽丝愤然走上街头，通过演讲揭露这件蹊跷事。此举引起《洛杉矶时报》关注，该报组织一个20人的采访小组进行调查，结果证明艾丽丝所言属实，并引起检察机关介入。

  美国咨询公司"奥马力国际"总裁约翰·奥马力对本报记者说，美国城市一般规模不大，政府预算不多，给人留下官员没有贪腐空间的印象，但贝尔市的腐败案改变了人们的想法。尤其可怕的是，这些腐败官员是一位拾荒者在偶然间发现并揭露出来的，倘若没有艾丽丝，这些硕鼠也许至今仍逍遥法外。[①]

一个国家想要健康发展，就必须让每一位公民都具备判断能力、监督意识和监督能力。在杜威看来，只有这样"能思考的积极的公民"，才能帮助我们理性地建设一个不断改进的社会环境。否则，理性思考能力就是一种屠龙之技。

杜威之后，美国社会学家英格尔斯（Alex Inkeles）在20世纪60年代明确指出，现代社会建立的前提是人的现代化。人的现代化不是现代化的产物或副产品，从根本上说，恰恰是现代化的必要前提和条件。

英格尔斯在其国际调查中发现，国家落后和不发达不仅仅是一堆能勾勒

[①] 陈一鸣.美国拾荒大妈拉地方贪官落马[EB/OL].2014-06-05[2017-11-23].http://opinion.people.com.cn/n/2014/0605/c1003-25107547.html.（内容有删减）

出社会经济图画的统计指数,也是一种国民的心理状态,一种落后的国民素养。"痛彻的教训使一些人开始体会和领悟到,那些完善的现代制度以及伴随而来的指导大纲、管理守则,本身是一些空的躯壳。如果一个国家的人民缺乏一种赋予这些制度以真实生命力的广泛现代心理基础,如果执行和运用这些现代制度的人,自己都还没有从心理、思想、态度和行为方式上经历一个向现代的转变,失败和畸形发展的悲剧是不可避免的。再完美的现代制度和管理方法,再先进的技术工艺,也会在传统人的手中变成废纸一堆。"①

那么,这些素养是什么呢? 在英格尔斯看来,人的现代素养包括:准备和乐于接受新的生活经验、思想观念和行为方式;准备接受社会的改革和变化;思路开阔,头脑开放,尊重和愿意考虑各方面的不同意见和看法;注重未来与现在,守时、惜时;强烈的个人效能感,办事讲究计划和效率;充满尊重知识的气氛,热心探索未知的领域;可信赖性和信任感;重视专门技术;有意愿根据技术水平高低来领取不同报酬的心理基础;乐意让自己和后代选择离开传统所尊敬的职业;对教育内容和传统智慧敢于挑战;相互了解、尊重和自尊;了解生产及过程等。② 只有国民具有这些素养,国家才可真正成为现代化的国家,才能实现有效的管理和高速稳定的经济发展。否则,即使由于某种其他原因或机遇,经济开始起飞,获得短暂繁荣,也不会长久,难以持续。因此,人的现代化是国家现代化必不可少的因素,是现代化制度和经济赖以长期发展并取得成功的先决条件。这就是为什么德国和日本能在"二战"后迅速崛起的原因。只要人的技能还存在,被毁坏的国家就可以迅速重建。

2. 全球知识社会需要 21 世纪能力

一个国家国民的心理和精神如果处于传统守旧的意识之中,就会严重阻碍国家经济社会发展及其现代化。英格尔斯把这种人称为"传统人"。传统人恐惧不同观点以及社会变革,盲目服从传统和权威,没有时间感和效率观,总是以古人和传统来评断新事物,希望古代的几本经典可以解决一切现代问题,等等。传统人还不断地攻击现代化及其需要的理性主体的培养,并把国际社

---

① 英格尔斯.人的现代化[M].殷陆君,译.成都:四川人民出版社,1985:4.
② 同上:22-36.

会出现的对现代性的批判视为对现代性的根本否定。

自20世纪60年代开始在西方世界盛行的后现代的诸种思考,如后殖民主义、后结构主义和批判主义,并未动摇以理性主体为核心的现代社会,更没有产生一种后现代社会。"柏林墙的倒塌"反而预告了一种更具连接性的现代社会,即全球化时代的到来。

1990年,柏林墙的倒塌、东欧社会主义国家的转型以及苏联的解体,被认为是自由民主人权取得了胜利。美国学者福山(Francis Fukuyama)甚至认为,历史走向了终结。他乐观地想象道:"人类不会是盛开千姿百态美丽花朵的无数蓓蕾,而是奔驰在同一条道路上的一辆辆马车……马车构造表面上的差别并不能被视为驾驭马车的人之间永久的、必然的差异,而只不过是因为他们在路上所处的位置不同罢了……有相当多的马车驶入城镇这一情景会使任何有理性的人看到后都不得不承认只有一条路,且只有一个终点。而毋庸置疑,我们现在就处在这个目的地上。"① 在福山看来,这个目的地就是市场经济、民主政治和个体自由。他相信,自由民主的理念和制度已在全球范围内得到认可和扩展,并成为唯一的意识形态;市场经济力量正在推动国家壁垒的崩溃,正在创造一个唯一的、一体化的世界市场。

在福山看来,从20世纪90年代开始的全球化不是后现代社会,而是现代化在全球的扩张,一种全球性的西方化。可以看出,他的这种西方化实际上就是马克思主义所批判的资本主义的全球化,其中隐含着被后现代深刻批判的"西方中心论":西方文明是高级文明,其他文明是低级文明;西方文明普遍有效,其他文明特殊狭隘。而实际上,在这种资本主导的全球化进程中,前共产主义东欧几十年来积累的社会财富被抢劫一空。② 对此,这里不作进一步探讨。福山所描述的这种作为现代化扩展的全球化,带有任何民族国家及其教育都必须加以回应的新的特性。也就是说,这里的全球化实际上是一种知识经济的全球化。

与以英格尔斯所描述的工业经济为特性的第一次现代化不同的是,20世纪90年代开启的全球化,是一种知识经济的现代化,是第二次现代化。OECD

---

① 弗朗西斯·福山.历史的终结和最后的人[M].黄胜强,许铭原,译.北京:中国社会科学出版社,2003:381-382.
② 卡奇米耶日·Z.波兹南斯基.全球化的负面影响——东欧国家的民族资本被剥夺[M].佟宪国,译.北京:经济管理出版社,2004.

认为,知识经济正在改变整个世界经济劳动力市场的技能水平的要求。在工业国家,以知识为基础的行业迅速扩张,劳动力市场需求也相应发生改变。新技术的引入,对高技能工人的需求,特别是对高技能信息通信技术工人的需求增加了。与此同时,对低技能工人的需求下降了。① 社会学家吉登斯(Anthony Giddens)也指出,在知识经济时代,劳动力主要不是在物质生产或原料物资分配环节,而是在设计、开发、技术、营销、销售和服务领域。这是一种在思想、信息、知识支撑下的创新和增长的经济。②

如果我们把迈入知识经济的社会称为知识社会,那么这个社会有哪些特征呢?我们又应当如何教育当下及未来的公民,使他们能够更好地在这个社会工作和生存呢?换句话说,知识社会时代的教育使命是什么?

根据汉斯-戴尔特·埃弗斯(Hans-Dieter Evers)的观点,知识社会具有以下几个特征:

- 与其他社会相比,知识社会的成员受教育水平一般较高,劳动力中很大一部分人群是研究人员、科学家、信息专家、知识管理专家等"知识工作者";③
- 知识社会的工业产品集成了人工智能;
- 知识社会的组织机构——无论是私人、政府还是社会机构——都应转型为智能化、学习型组织;
- 系统化知识呈上升趋势,以数字化专业知识为形式存储在数据库、专业系统、组织计划和其他媒介当中;
- 专业知识和知识生产呈现多中心扁平化趋势;
- 有明显的生产和利用知识的文化。④

---

① OECD. The Knowledge Economy and the Changing Needs of The Labor Market [EB/OL]. 2001 [2017 - 12 - 10]. http://siteresources.worldbank.org/INTLL/Resources/Lifelong-Learning-in-the-Global-Knowledge-Economy/chapter1.pdf.
② Giddens, A. Sociology[M]. 4th Edition. Cambridge: Polity Press, 2001: 378.
③ "知识工作者"是"现代管理学之父"彼得·德鲁克(Peter Drucker)提出的术语,用来描述知识经济的参与者,与工业时期生产有形产品的产业工人相对,他们的主要资本是知识,对知识生产及其处理是他日常的工作和活动,软件工程师、建筑师、科学家、律师、教师与科研人员等是常见的知识工作者。
④ Evers, H. Transition Towards a Knowledge Society: Malaysia and Indonesia in Comparative Perspective [J]. Comparative Sociology, 2003, 12(1): 355 - 373.

对于教育而言,知识社会的这些特征意味着教育目的与以往相比发生了重大变化,知识社会对学校提出了一些新的要求。学校应当:

● 将知识作为工作和日常生活的中心;重新设计学习经验,这些学习经验应当考虑将所学的知识在将来应用于产品、市场或需要与之打交道的用户;拓展培训受益面,使所有人都能成为参与其中的研究者或行动研究者——分析情境、预估并解决问题、有创造性的思维、不断创新并在合理判断的基础上大胆尝试;这意味着我们在做任何事情时都要不断地从认知的角度加以反思。

● 让学习者成为主导适应变化的领导者,以免在面对未来社会形态时手足无措;支持/鼓励建立跨学科协作团队,在面对我们这个时代的重要挑战时采取具有前瞻性的措施——这些挑战包括可持续发展、科技变革、经济发展和各种形式的全球主义。

● 培养优秀的公民——优秀的企业公民(法人)、地方性公民、国家公民以及全球公民;在学习过程中培养学习者的 21 世纪能力,使他们能够独立或协作承担社会责任;培养学习者正确的伦理价值观和个人判断力。

● 创设一种富有建设性的多样性,以确保多元的个人经验和知识都能够参与经济与社会发展——这些多元的经验与知识包括不同的个人观点、沟通方式、人际网络、对问题的理解能力和应对挑战的方法等。

● 培养学习者的创新能力,支持他们建立在合理判断基础上的大胆创新,为创新精神的自由发展提供空间等。①

因此,如果说在试图实现以工业社会为特征的现代社会需要英格尔斯所列举的人的现代素养,那么在作为以全球知识社会为特征的当代社会,则需要培养 21 世纪能力这种新的基本的高阶能力。也就是说,正是全球知识社会,内在地促进了 21 世纪能力教育改革运动的产生。

显然,在这样一种知识经济的全球化中,竞争其实并没有消失,反而更加

---

① Mary, K., Bill, C., & Walter, M. New Learning: A Charter for Change in Education [EB/OL]. 2012 - 01 - 31 [2017 - 12 - 30]. https://education.illinois.edu/newlearning/knowledge-society.html.

激烈,从两个主要阵营的竞争转向全球竞争。而且,在这样一种全球竞争、全球流动的背景之下,低阶的常规性技能的需求整体呈下滑趋势,而对非常规性分析和非常规性人际技能的需求却大幅上升。也就是说,作为21世纪能力的高阶能力已经成为全球性的货币,成为各国教育的核心关注。

尽管如此,不能把全球化简单地作为第一次现代化的延续和扩展,西方的理性主体的理论毕竟经过后现代以及后殖民主义等的批判,这使得对理性主体的呼求更加带有多元文化的色彩。这也说明,理性主体不能只从理性的使用维度,更要从4C的维度来加以阐释。由于全球化时代持续的社会变革及技术进步,个体需要不断地学习;由于全球化带来的普世价值和地方价值的冲突以及由此带来的日益的异质性,跨文化能力或多元文化能力已经成为个体必要的生存能力(survival skills)。全球知识社会时代需要乔布斯(Steve Jobs)那样一种"求知若渴、虚心若愚"的新的理性主体。这种理性主体就是21世纪能力所体现的新人形象。

康德指出,我们可以把人类的历史大体上视为大自然的一项隐秘计划的实现。① 从工业的现代社会到全球性的知识社会的进展,体现了人的理性的不断积累。在技术和人工智能的帮助之下,人类独特的理性禀赋将会得到普遍使用,而且这种使用会有利于人类命运共同体的逐渐确立和完善。

三、教育强国的新界定及中国的战略应对

随着21世纪能力成为全球知识社会的基本能力,教育强国的现代定义也出现了相应的变化。对中国来说,建设现代教育强国要更加复杂,也出现了不同于其他世界教育强国的新要求。

1. 教育强国即21世纪能力的强国

教育强国是一个不断变动的指标体系。在19世纪末,普鲁士可能被称为教育强国;在20世纪初,美国和苏联可以被称为教育强国。那么,在知识经济

---

① [德]康德.历史理性批判文集[M].何兆武,译.上海:商务印书馆,1990:1-21.

时代,在全球知识社会,教育强国的基本特征又是什么呢?

梳理现有文献发现,各类国际组织、国外学者对教育强国的内涵和建设路径的理解,基本上可以分为如下五类。

第一种理解是通过国际性大规模测量来判断一个国家是不是教育强国。如果一个国家的学生在 PISA 等国际测试中表现卓越,那么这个国家通常会被认为是教育强国(education superpower)。例如,由于芬兰学生在 PISA 测试中持续表现优异,芬兰被公认为教育强国。① 新加坡学生连续在多个科目排名中拿到第一,比如在 2015 年的 PISA 测试中,新加坡学生在数学、阅读和科学三个科目中的成绩都占据了首位,在 2016 年的国际数学和科学测试(TIMSS)中,新加坡学生的成绩也高居榜首,因而新加坡也被认为是教育强国。研究者将这种成功归因于新加坡 1997 年开始的在"思考型学校,学习型国度"的理念下开展的一系列教育改革。②

第二种理解是根据全球大学排名来判断一个国家的教育强弱。其逻辑是,全球大学排名代表了一个国家的高等教育系统,从而也代表了这个国家的整个教育系统的人才、科研成果产出的数量与质量。罗斯玛丽·迪姆(Rosemary Deem)等人指出,在各种世界性排名榜中,美国的大学都占据了绝对优势,美国理所当然地被认为具有世界上最好的教育制度。③ IIE 和 AIFS 基金会(IIE and the AIFS Foundation)在 2015 年出版的论文集《亚洲:未来的高等教育强国?》中,对"亚洲国家是不是下一代高等教育强国"以及"全球大学排名差距决定了亚洲国家和高等教育强国地位之间的差距"等问题进行了探讨,指出在慷慨的财政投入和强有力的政策支持下,亚洲的一些重点大学取得了明显的进步,亚洲大学的崛起已经成为全球大学排行榜的一大主题,但问题和挑战在于,这些大学是否有能力打破西方的教育霸权,使所在国成为真正的高等教育强国。④

第三种理解是根据人口与国民收入、教育发展水平、教育投入和产出等因

---

① Morgan, H. Review of Research: The Education System in Finland: A Success Story Other Countries Can Emulate [J]. Childhood Education, 2014, 90(6): 453-457.
② Maxwell, D. Singapore, the 21st Century Education Superpower[EB/OL]. 2017-01-09[2018-02-10]. https://www.studyinternational.com/news/singapore-the-21st-century-education-superpower/.
③ Deem, R., Mok, K. H., & Lucas, L. Transforming Higher Education in Whose Image? Exploring the Concept of the "World-Class" University in Europe and Asia[J]. Higher Education Policy, 2008, 21: 83-97.
④ Bhandari, R., & Lef, A. Asia: The Next Higher Education Superpower?[M]. IIE and the AIFS Foundation, 2015.

素,将世界各国分成教育发达国家、教育较发达国家、教育中等发达国家和教育欠发达国家。按照世界经济论坛发布的《全球竞争力报告2017—2018》,从宏观经济环境、基础设施建设、健康与初等教育状况、劳动力市场效率以及创新能力等要素来看,芬兰、瑞士、比利时、新加坡、日本、新西兰、爱沙尼亚、爱尔兰、荷兰等国拥有世界上最好的教育制度,是教育强国。[1] OECD每年发布的《教育概览》涵盖了36个成员国和大量伙伴国家的教育数据,包括教育投资、高等教育毕业率、就业率、高等教育收益、国民受教育程度、班级规模等指标来对各国进行排名,在教育效能、质量与公平方面表现优异的国家被视为教育发达国家。[2]

第四种理解是以教育国际化尤其是国际学生的数量来判断一个国家是不是教育强国。《亚洲:未来的高等教育强国?》指出,教育国际化是代表全球教育竞争力和高等教育强国的重要指标。[3] 杰米·史密斯(Jamie Smyth)在《金融时报》上的一篇文章称,澳大利亚将成为继美国和英国之后的又一个全球教育强国,这是因为,在2015年澳大利亚接纳超过65万留学生,教育成为澳大利亚第三大出口产业。[4]

第五种理解认为,教育强国应该支持其他国家的教育发展,为其他国家提供教育援助。例如,凯特·安德森(Kate Anderson)认为,要成为教育强国,不能只关注本国教育,还应该支持全球教育的改善,为其他国家提供教育援助。她指出,加拿大2017年6月发起的女性主义国际援助政策,为加拿大成为女性教育全球领导者提供了平台,为成为教育强国迈出了重要一步。[5] 苏珊·L. 罗伯逊(Susan L. Robertson)认为,世界一流教育应当是世界主义的,对学习持开放态度,关注全球普遍性的问题、思想和关切。[6]

---

[1] Schwab, K., & Sala-i-Martín, X. The Global Competitiveness Report 2017 - 2018 [R]. World Economic Forum, 2017.
[2] OECD. Education at a Glance 2017: OECD Indicators [R]. Paris: OECD Pulishing, 2017.
[3] Bhandari, R., & Lef, A. Asia: The Next Higher Education Superpower? [M]. IIE and the AIFS Foundation, 2015.
[4] Smyth, J. Australia Seeks to Become Global Education Superpower [EB/OL]. 2016 - 02 - 10 [2018 - 01 - 22]. https://www.ft.com/content/e9fd9d6a-cf9f-11e5-986a-62c79fcbcead.
[5] Anderson, K. Being an Educational Superpower is about more than International Rankings. 2017 - 08 - 28 [2018 - 01 - 28]. https://www.brookings.edu/blog/education-plus-development/2017/08/28/watch-being-an-education-superpower-is-about-more-than-international-rankings/.
[6] Robertson, S. L. World-class Higher Education (for whom?) [J]. Prospects, 2012, 42 (3): 237 - 345.

可见,国际上对教育强国的理解存在分歧,对教育强国内涵的关注点存在差异。因此,给一个国家贴上教育强国的标签应当谨慎。例如,如果一个国家的大学在国际排名前 100 位的数量较多,就被认为是高等教育强国,那么美国显然是典型的高等教育强国,但荣格·凯奥尔·信(Jung Cheol Shin)和芭芭拉·M.柯玛(Barbara M. Kehm)认为,目前全球的高校排名带有浓厚的新自由主义价值取向,大学排名背后的竞争更加关注经济效益而非教育质量,更加关注科研而非一般意义上的教育。[1] 斯隆·布瑟莱尔(Sloan Bousselaire)认为,中国的台湾、香港、澳门、上海等地区因为 PISA 测试成绩突出,因而中国也可被视为教育强国。[2] 但亨利·M.莱文(Henry M. Levin)认为,测试结果与高质量人才供应以及富有竞争力的经济之间的联系并非人们想象得那么紧密。片面地考虑测试结果,忽略了批判性思维、人际沟通、自我反思等高阶能力,会严重影响一个社会的创新能力,从而阻碍经济发展而非促进经济发展。[3] 对教育强国的理解,更严重的分歧还在于基础教育强国和高等教育强国的一致性问题。例如,美国的基础教育虽然在 PISA 测试中表现平庸,但美国拥有世界公认的一流高等教育,是典型的高等教育强国。这就出现一个悖论:美国是基础教育弱国,同时是高等教育强国。

美国教育家戴安娜·拉维奇(Diane Ravitch)认为,美国基础教育并不像国际测试显示的那样弱;[4] 华裔教育家赵勇认为,美国基础教育与世界不同,美国是在教授如何思考等高阶能力,而不是只教授知识等低阶能力。[5] 因此,美国的基础教育同美国的高等教育有着深层的一致性,也就是关注批判性思维和问题解决以及创新等高阶能力。

凯特·安德森认为,成为教育强国远远不止于在国际测试中表现优异。PISA 只是测量阅读、数学和科学这样的传统学科,仅仅掌握这些学科在 21 世

---

[1] Shin, J. C. & B. M. Kehm. Institutionalization of World-Class University in Global Competition [M]. New York, Springer, 2014.
[2] Bousselaire, S. Education Superpower and What We Can Learn form Them[EB/OL]. 2017-11-02[2018-01-22]. https://borgenproject.org/education-superpowers/.
[3] Levin, H. M. (2012). More Than Just Test Scores[J]. Prospects, 42 (3): 269-284.
[4] Ravitch, D. Reign of Error: The Hoax of the Privatization Movement and the Danger to America's Public Schools [M]. Vintage, 2013.
[5] Zhao, Y. Who's Afraid of the Big Bad Dragon? Why China Has the Best (and Worst) Education System in the World [M]. Jossey Bass, 2014.

纪并不能获得成功。要成为教育强国,必须教授学生掌握广泛的技能,并为此作出有效的制度和实践安排。①

尽管BBC报道,根据PISA测试成绩将加拿大视为教育强国,但凯特·安德森指出,仅仅凭借PISA测试结果这一个指标,还不足以将加拿大归为教育强国。她认为,教育强国的学习者除了在认知技能方面表现突出外,还应当具备批判性思维和问题解决技能、合作技能、交流技能、创新能力、全球素养、职业与科学技术技能等一系列广泛的技能。②因此,从培养高阶能力这个角度来看,在基础教育和高等教育这两个方面,美国都是一个典型的教育强国。

因此,可以认为,在当今全球知识社会时代,所谓教育强国,就是那些以面向所有学生培养21世纪高阶能力为目标,并为之作出有效的制度和实践安排的国家。

2. 中国的战略应对

1840年,中国在鸦片战争中败于西洋列强;1894年,中国在甲午战争中败于东洋日本,泱泱大国深刻认识到它正经历"两千年未有之变局",必须向西方学习,走现代化道路。自此以后,走现代化道路,建立强大的现代国家,一直是中华民族的根本使命,是自1840年以来不同时代旋律的通奏低音。这个通奏低音决定了中国教育的基本维度:教育要面向现代化,要面向世界,中国要成为现代教育强国。

经过一百多年史诗般的努力,中国与世界的关系表现出从消极被动到积极主动的转变,从"面向世界"到"进入世界"。今天,我们的教育现代化大业越来越不可避免地与全球教育改革趋势联系起来,难以分开;中华民族的伟大复兴、国家利益以及个体发展,都与全球总体趋势息息相关。中国教育需要进一步提高国际化水平,进一步做强自己,培养学生的全球竞争力,以实现中华民族的伟大复兴。一句话,中国教育强国的建立,必须是面向所有学生培养21

---

①② Anderson, K. Being an Educational Superpower is about more than International Rankings. 2017 - 08 - 28[2018 - 01 - 28]. https://www.brookings.edu/blog/education-plus-development/2017/08/28/watch-being-an-education-superpower-is-about-more-than-international-rankings/.

世纪能力,并为此作出有效的制度和实践安排。

这就要求我们培养21世纪能力,建设现代教育强国。改用一下韩非子的话:古代角力于道德;近代角力于功利;当今之世,角力于21世纪的高阶能力。但是,我国到目前为止的教育变革中,还没有充分认识到,更没有回应21世纪以来国际教育变革的新趋势以及教育强国的新界定。

随着中国国际影响力的提升,国外一些机构和学者将研究目光转向中国,思考中国建设教育强国的问题。菲利普·G. 阿特巴赫(Philip G. Altbach)曾指出,中国在借鉴国外高等教育强国建设经验的同时,"最为重要的是应尊重自己的高等教育文化和环境,不能简单地照搬欧美的做法"。① 2010年美国广播公司曾在一档名为《中国教育能跟上超级大国的发展步伐吗?》的节目中分析了中国教育与国家发展的各种不协调现象,尤其在激烈的教育竞争背景下,中国的教育质量、公平及创新人才培养的困境。② 之后,有学者撰文《大学有助于中国提升技能竞争力吗?》,揭示中国当前高技能劳动力供需脱节的严峻现实。③ 黄福涛(Futao Huang)在习近平总书记提出建设教育强国的背景下,回顾了中国改革开放之后的教育发展历程,指出中国目前的教育状态离教育强国还有差距,中国要建设教育强国,必须重塑其教育哲学,尤其需要强调创新人才的培养。④

创新人才的培养已经成为教育服务于党和国家战略大局的根本着力点。2016年国家发布了《关于做好新时期教育对外开放的若干意见》,提出要通过加大留学工作行动计划实施力度,加快培养拔尖创新人才、非通用语种人才、国际组织人才、国别和区域研究人才、来华杰出人才等五类人才。⑤ 习近平总书记在中共中央政治局第三十五次集体学习时的重要讲话中指出,着力增强

---

① 陈廷柱,姜川.阿特巴赫教授谈中国建设高等教育强国[J].大学教育科学,2009,(2).
② Hopper, J. Is China Education System Keeping up with Grow Superpower? [EB/OL]. 2010-11-16[2017-12-24]. http://abcnews.go.com/WN/China/chinas-education-system-helping-hurting-superpowers-growing-economy/story?id=12152255.
③ Hristov, D., & Minocha, S. Are Universities Helping China Compete on Skills? [EB/OL]. 2017-08-01[2017-12-25]. http://www.universityworldnews.com/article.php?story=20170801064540606%20.
④ Huang, F. Building the World-class Research Universities: A Case Study of China[J]. Higher Education, 2015, 70(2): 203-215.
⑤ 新华社.中共中央办公厅、国务院办公厅印发《关于做好新时期教育对外开放的若干意见》[EB/OL]. 2016-04-29[2017-11-20]. http://www.gov.cn/xinwen/2016-04/29/content_5069311.htm.

规则制定能力、议程设置能力、舆论宣传能力、统筹协调能力,加强全球治理人才队伍建设,厚植人才优势,筑牢本领根基,才能勇做全球治理变革的弄潮儿和引领者。①

套用阿玛蒂亚·森的话,中国过去采取的战略是"通过发展而自由",现在则需要转向"通过自由而发展"。世界银行与国务院发展研究中心在《2030年的中国:建设现代、和谐、有创造力的社会》中指出,中国过去的战略是成功的,但如果我们不进行战略调整,我们就会落入"中等收入陷阱"。"转变发展方式非常急迫,因为随着一个经济体接近技术前沿,直接获取和应用国外技术的潜力逐步耗尽……尽早启动这样的转变有助于从进口新技术向发明和创造新技术的平稳过渡。"② 也就是说,随着中国社会富裕程度增加,并登上价值链更高阶层,对劳动力的技能水平的要求也将发生变化。

但是,世界银行的这份报告没有认识到中国发展阶段或现代化水平的复杂性。我们的国情一方面表现出已经处于知识社会的全球化时代所必须拥有的共同特点,同时,我们还处于实现工业现代化的第一次现代化的阶段(见图4)。因

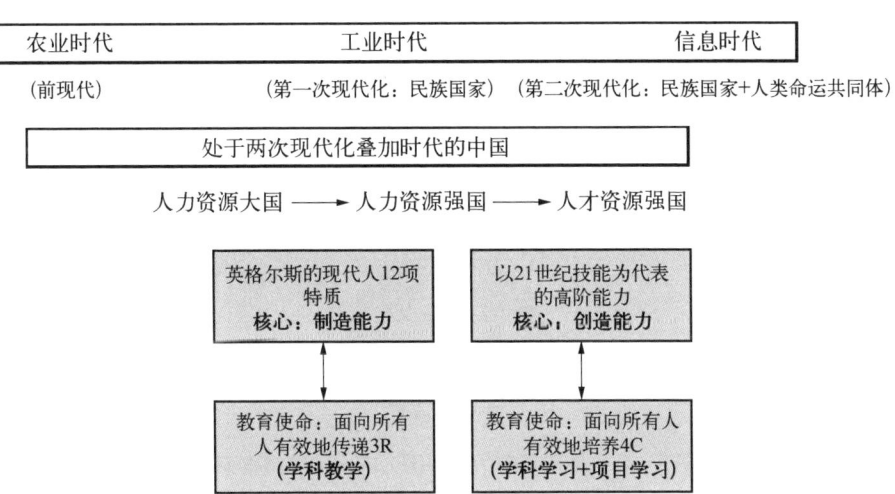

图4 中国两次现代化及其教育使命

---

① 新华社.让中国力量推动全球治理体系变革——学习习近平总书记在中央政治局第三十五次集体学习时的重要讲话[EB/OL].2016-09-28[2017-12-26]. http://www.xinhuanet.com/politics/2016-09/28/c_1119642701.htm.
② 世界银行和国务院发展研究联合课题组.2030年的中国:建设现代、和谐、有创造力的社会[M].北京:中国财政经济出版社,2013:19.

此,中国不仅需要21世纪能力,同时也需要发展制造业、推进工业现代化所需要的STEM(Science,Technology,Engineering,Mathematics,简称STEM,即科学、技术、工程、数学)及外语能力。

因此,我们的21世纪能力框架应该与美国的21世纪技能框架有所不同,既要顺应全球共同趋势,又要兼顾我国的具体国情,以培养具有全球竞争力的中国人。所谓具有全球竞争力的中国人,就其素养和劳动技能而言,第一,是中国人,有中国文化认同和国家认同;第二,拥有应对全球挑战的21世纪能力。这两点也与知识经济时代的国际教育趋势相一致。具体而言,具有全球竞争力的中国人的能力包括四个维度(见图5)。①

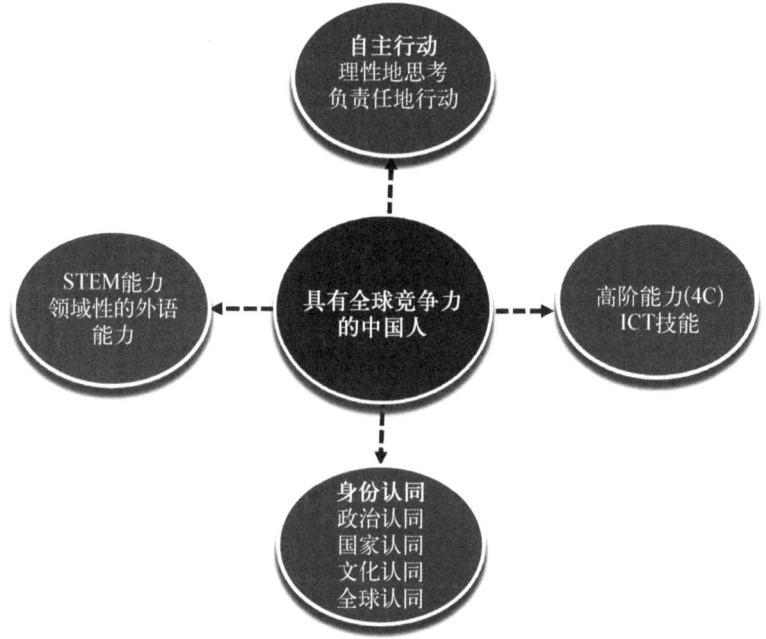

图5 具有全球竞争力的中国人的人才能力框架图

图5中,左边圆圈指STEM能力+外语能力,这是硬能力,对应于第一次的工业现代化;右边圆圈里的4C指高阶的软能力,包括批判性思维和问题解决

---

① 彭正梅,郑太年,邓志伟.培养具有全球竞争力的中国人:基础教育人才培养模式的国际比较[J].全球教育展望,2016(8):75.

能力、交流能力、合作能力、创造力和创新能力，对应于第二次知识社会的现代化；上面圆圈是自主行动；下面圆圈是身份认同，包括政治认同、国家认同、文化认同和全球认同，以培养一种反思性地忠诚于自己，并反思性地对待其他文化的世界主义精神。这个模式体现了21世纪中国人的人才形象：既有身份认同之根又有跨文化能力；既具有STEM+外语的硬能力，又具有4C的软能力，确保个体能够自我规划和负责任地行动，展现全球竞争力。① 这个"中"字框架，"身份认同"主要涉及中国文化传统；"自主行动"主要体现了五四新文化运动的精神；左右两边则指向全球共通趋势。这是一个联通古代、近代和当代的21世纪能力框架。

当世界发生变化时，我们就要进行发展战略调整；当我们进行发展战略调整时，就必然要进行人才战略调整。培养具有全球竞争力的中国人，关乎中国的战略布局，顺乎世界潮流，必然应该成为新时期教育国际化的战略选择和基本目标。

教育是一项需要深谋远虑的事业，需要我们增强忧患意识。我们要牢记，中国虽然已是世界第二大经济体，但我们的国内生产总值（GDP）主要靠劳动密集型产业来拉动，而且，我们的教育体制还不擅长培养知识经济和全球竞争所需要的高阶能力。但知识经济的全球化为我国经济竞争和教育改革传递了一个明确的信息，即要在这个持续变化的环境中有效地竞争，我们必须不断地升级自己的能力。如果我们不及早地谋划，看不到我们曾经的优势在新的国际形势和国际教育的发展趋势中正在丧失，那么"中等收入陷阱"就会在不远的未来等着我们。而且，相对于拉美国家，我们的情况会更加糟糕，因为相对而言，我们面对的国际环境更加严峻。

但是，如果有了明确的21世纪能力教育战略，再加上我们所积累的经济实力和发展能力，加上中国儒家传统固有的学习精神，我们就能实现中华民族复兴的伟大梦想，从而造福整个人类社会。

21世纪能力教育改革要求一种旨在发展和保障人的自由和尊严的新的教育哲学和社会哲学。就教育哲学而言，21世纪能力教育哲学要求把人的

---

① 彭正梅，郑太年，邓志伟.培养具有全球竞争力的中国人：基础教育人才培养模式的国际比较[J].全球教育展望，2016(8)：75.

高阶能力置于学校教育以及人才培养的核心。这必然遭受来自传统中的"教育即道德""教育即知识"以及"教学即直接教学"的质疑和阻碍,因此需要在教育方面作出有效的制度及实践安排。例如:(1)教育面向真实世界,有规划地联系和研究真实世界的问题;(2)关注和培养21世纪能力,鼓励合作探究、跨学科探究;(3)任何教学和学习主题,即使是直接教学,都要体现4C维度;(4)改革评价方式,限制评价频度;不断地评价学生,会伤害学生自主发展和空间,导致"为考而教,为考而学";(5)把STEM教育与4C联系起来,建立区域性的STEM学习中心;(6)鼓励学生掌控自己的学习过程,教师要鼓励学生自己决定至少参与决定学习什么、如何学习、学习速度、任务完成节点以及如何评价自己的学习,给予学生更多的自主学习和发展空间;(7)鼓励技术支持的教学和学习;(8)实质性提升教育国际化水平,增加教育的国际维度;(9)加强用英语教学的比例,大幅提升优秀学生的外语水平。

21世纪能力不是学生需要发展的素养,而是成人在21世纪全球知识社会获得成功,过上美好生活所需要的能力装备,因此,不能只在教育中得到培养、保持和发展,它需要体现在整个社会中。培养21世纪能力也是服务于党和国家的战略大局,它需要在社会实践中加以运用和发展。这里的重点在于,我们的社会和制度安排要鼓励批判精神、合作、交流和创新,而不是压制和扼杀。我们的国家治理和社会治理要努力打造有法律保障和约束的生动活泼的百家争鸣的社会局面,敢于面对和包容具有批判精神和创新精神的个体,给予个体自我决定的空间。例如,(1)信任和保障社会创新和市场创新,信任和保障人的自主性和创新能力,为此作出制度安排;(2)给予民间学习、批判和创新空间,鼓励社会及企业参与教育和学习革新;(3)鼓励民众参与社会问题的讨论、辩论和发表,培育和保障更多的公共舆论空间;(4)促进成人自主行动,自我负责,宽容对待多元的观点和生活方式;(5)促进国民的全球参与、交流与合作;(6)鼓励发展1—2个英语城市,试验国际化大都市发展新思路。

康德指出,人的禀赋,特别是人独特的高阶智力的运用,必然会得到实现,这是大自然的隐秘计划。21世纪能力会帮助唤醒和提升人的本真性的高贵和尊严,提升社会的人道水平和全球竞争力。但大自然使人类的全部禀赋得以发展所采用的手段就是人类在社会中的对抗性。[①] 这种"非社会性的对抗",实际上也就是马克思主义所说的"矛盾",它才是事物发展的根本动力,同时也是个体高阶能力得以磨炼和发展的关键。没有矛盾的和谐,并不利于社会及个体的智力发展。

基于这种认识,怀着比较教育"借他人酒杯,浇自己块垒"的基本使命,本丛书力图在全球知识经济时代"21世纪能力改革运动"的国际视野下,尝试探讨中国新时代教育高质量发展的基本路径与对策,以帮助实现中华民族的伟大复兴,建设人类命运共同体。

于华东师范大学丽娃河畔

2019年6月12日

[①] [德]康德.康德论教育[M].李其龙,彭正梅,译.北京:人民教育出版社,2017:61-77.

Contents

目录

前　言 ... 1

第一章　学习与学习理论 ... 1

第一节　学习：人类生存和发展的基本方式 ... 2
第二节　学校学习的反思 ... 10
第三节　学习理论的发展 ... 18

第二章　学习科学的研究进展 ... 25

第一节　学习科学的兴起与发展 ... 26
第二节　学习科学的理论基础 ... 31
第三节　学习科学的研究主题、研究方法与成果 ... 36

第三章　学校教学的变革 ... 47

第一节　学校教学变革：怎么做和做什么 ... 48
第二节　作为类社会文化实践的学校教学 ... 55

第四章　学习活动的设计 ... 65

第一节　学习活动设计：教师教学设计的重点 ... 66
第二节　知识空间和活动空间的设计 ... 73
第三节　知识问题与知识空间的设计 ... 79
第四节　学习活动的设计与实施 ... 87

第五章 阅读与写作教学变革 ... 97

第一节 阅读与写作教学变革管窥 ... 98
第二节 阅读与写作教学变革案例透视 ... 106

第六章 数学教学变革 ... 125

第一节 数学教学变革管窥 ... 126
第二节 数学教学变革案例透视 ... 143

第七章 科学教学变革 ... 157

第一节 科学教学变革管窥 ... 158
第二节 科学教学变革案例透视 ... 173

第八章 社会科与历史教学变革 ... 189

第一节 社会科教学变革 ... 190
第二节 历史教学变革 ... 201

参考文献 ... 211

后 记 ... 217

Preface

前言

"如何学习最有价值?"这个问题这几年一直萦绕我心。在教育学的发展历程中,"什么知识最有价值""谁的知识最有价值"先后被认真而隆重地讨论过。但是在今天的时代,我们不难发现,知识本身的自明的价值受到质疑,知识更新加速,学习与创新等21世纪关键能力备受重视,这让我们不得不重新思考:如何学习最有价值?或者说,如何学习才能让学习者发展对他们、对社会、对未来最为重要的品质?作为教育者,我们要进一步思考的是:为了支持学生以最有价值的方式学习,获取最有价值的发展,如何重建我们的教育体系?如何变革我们的教学?

随着我国教育改革的推进,重视学生和学生的学习已经成为教育界的共识,以学生为中心的观点——虽然说法不尽相同——日益深入人心,这是我国教育在新的历史时期转型发展的良好基础。究其原因,一是从教育教学方法看,在实践中,知识传递和反复操练仍是主要的方法,教师的主导性甚至控制程度仍然很高,学生学业负担重的情况仍很普遍,这与我国确定的立德树人、全面育人、素质教育等目标或要求不相一致;二是从发展水平看,我国教育的规模和数量已经达到非常高的水平,提升质量和促进公平成为重要的发展目标,对学生中心、学生学习的关注,有利于通过改进教学方法和提升学生学习的积极性、主动性来提升教育质量,也有利于在对学习者个体和不同群体的精细考量的基础上制定和实施教育教学方案,从而有助于实现教育公平;三是从21世纪能力培养的时代发展需要看,知识社会和全球化时代对创新、合作、交流、自主性、适应性等方面能力的要求快速提升,对这些关键能力的培养正在成为教育发展目标的重中之重。这几个方面的背景是本书——也是本丛书——的出发点和重要面向。

但是,对以学生为中心、关注学生学习这些理念的认同无法自然转化为可行的、有效的实践。即便是照搬照学相应的实践做法,也可能水土不服,淮橘为枳,甚至同最初的设想和目标背道而驰,乃至最后放弃了探索,动摇了理念。

考虑到这些情况,笔者觉得需要一种从理论到方法到实践参照内在一致的探索,这正是本书想做的。本书以学习科学的发展作为理论背景,从实践变革需求的角度研究和分析学习的新理念,从这些理念出发探讨如何进行学习活动的设计,研究实践变革中有哪些探索,有什么案例可以显示变革的具体做法。一言以蔽之,本书想做的,就是尝试给出从理念到理论、从设计思路到教学模式、从实践趋向到典型案例等不同层面具有贯一性的整体方案。

全书分为八章,第一章和第二章概括了学习科学的背景、立场、发展和要义,作为一个跨学科的研究领域,学习科学的立场在于从多元、真实情境中的学习发生来理解人类学习,尤其从"学习者作为积极的能动者(active agent)"这一观念出发来理解学习的发生机制,迥异于我们习以为常的基于受控背景(如外在施予为主的课堂、简化问题的实验室)的学习状态来思考问题的方式,因而给学校教学问题的解决带来了新的视角,即如何从有效支持学习发生出发来设计教学,也有利于培养21世纪能力观所强调的自主能动的学习者和行动者。

第三章和第四章探讨了学校教学变革的方向和学习活动的设计思路。学校教学变革方向的思考是基于21世纪能力的培养,考虑什么是以及如何做"对的事情",提出学校教学是一种"类社会文化实践"。教学设计的重点是这种"类社会文化实践"的学习活动设计,从知识空间和活动空间两个层面,分析在现有学校教育系统的种种约束之下,如何从活动空间的设计入手,实现并拓展知识空间的任务。

本书的后半部分(第五章至第八章)结合对国内外相关研究和实践的考察,分析在中小学的阅读与写作、数学、科学、社会与历史等四个主要学习领域的变革进展,以及每个领域的典型教学案例。分析的视角主要是学习科学,重点分析这些变革进展和实践案例是如何与学习科学的立场与观点内在一致的,对我们国家的教学变革有什么启示和借鉴价值。

要构建理论—设计—实践三个层面内在一致、相互融通和促进的教学变革方案,无疑是一项颇具雄心的尝试:既想通过理论层面的分析提供学术的前沿信息与理论视角,回答什么是合理的,力图重塑合理性;又想通过在设计层面的探索提供实践变革的参考模式和策略,回答什么是可行的,力图构建变革的路径;还想通过实践层面的研究提供课堂教学变革的具体方法和案例,回答什么是已经做的,为什么这么做是合理的和可行的。但是,无论如何,我觉得这是值得的,因为只有从整体上回答了这几个方面的问题,对"如何学习才有价值"这个问题的探索才能真正开始。

Education Reform for
the 21st Century Skills:
China and World

第一章

学习与学习理论

提到学习,人们常常想到学校课堂上的情景:学生成排坐着,或听老师讲课,或与老师、同学讨论,或朗读课文,或埋头做作业。但是,除此之外,我们还以多种方式在学习:在和家人的共同生活中习得生活经验和道德规范,在工作中学会各种解决问题的技能,在和不同人的交往中获取多方面的知识。从空间维度上看,学习无所不在,我们通过各种正式的、非正式的、内隐的方式获取信息,了解别人的观念,发展自己的观念,通过多种实践提升自己的能力,形成自己的态度和身份感。可以说,这种学习的泛在性是社会的基本事实。从时间维度上看一个人一生的发展,不难发现,我们在离开教育体系之后,仍然获得了大量的知识能力,而且在学校外获得的这些知识能力常常更为有效、持久和新颖。在知识经济时代,终身学习已经成为适应社会发展的必然要求。今天,现代信息技术突飞猛进,大数据、人工智能的广泛应用,正在迅速改变着我们的工作和生活方式,我们唯有通过多种途径不断学习,方能应对各种新的挑战。反过来,人们对典型的学校学习方式一直存在很多质疑和批判,在知识更新速度加快的时代,这种质疑和批评更为强烈,变革的需求也更为迫切。如何看待学习,相关的研究有什么新的发展?本书将从这里开始探讨。

第一节 学习:人类生存和发展的基本方式

一、学习是人在社会中存在和发展的基本方式

"学习是在社会世界中存在的方式,而不是打算认识它的方式。"[①]如果我们将眼光投向人类历史的长河,就不难发现,人类历史的进步都与新知识的创

---

① J.莱夫,E.温格.情境学习:合法的边缘性参与[M].王文静,译.上海:华东师范大学出版社,2004:9.

造和传播密切相关,包括人类物质生产、社会生活和精神世界的方方面面的知识的创造和传播,都是基于人类的学习能力。人类的这种特有的能力,使得人类在思维方式、世界观、社会制度和器物等几乎所有的层面上都在不断发展变化,从而应对生存和发展的需要。这与其他物种在知识能力方面的基本不变形成了鲜明的对比。人类具有学习能力,具有可塑性,这个事实命题是教育一般理论的基本假设之一。对此,吴刚有如下阐述:

> 人是未完成的动物,降生伊始,人带着与别的动物同样的生物本能,单以身体的体质而论,可以说是世界上最不能自助与自卫的动物之一。但与别的动物不同的是,人在生物本能之外还禀有多种潜能,这些潜能赋予人的自身状况以不确定性。未完成或未成熟就是指一种积极的能力——向前生长的力量。正如杜威所说的:"可塑性乃是以以前经验的结果为基础,改变自己行为的力量,就是发展各种倾向的力量。"从本质上说,人并不是既定的习惯和环境的产物,他们的完成还依赖于文化训练,他们不是让自己的需求来适应既定环境,而是改变环境使之满足自己的需求。①

当代神经科学的研究进一步表明,大脑本身具有很强的可塑性和发展性,不仅仅是人类的大脑具有学习的功能,而且各种文化经验,特别是学习,还在改变着人的大脑。②

由此,"学习是在社会世界中存在和发展的基本方式",可以从如下不同方面去理解:

- 学习是内在于人类生存的(与面对世界之前"认识世界"相对);
- 学习是无处不在的;
- 学习是人类特有的(与动物界相对比);
- 学习使得人类整体和个体不断发展,生存方式不断改变,两者交互促进。

---

① 吴刚.教育理论的特质及其研究使命[J].教育研究,2005,(9):9-14.
② National Academies of Sciences, Engineering, and Medicine (2018). How People learn II: Learners, Contexts, and Cultures[M]. Washington, DC: National Academies Press, pp.62-67.

这也构成了本书所要研究的问题的基础,这些问题包括:人是如何学习(从宽阔的时间段和视域看)的?学习何以有效?在不同的学习领域,学习是如何发生的?学校里的学习是怎么样的?如何促进学生在不同学习领域更有效地学习?

二、学习方式的变迁

由"未完成的动物"到"文化的人",[①]就要在各种环境中逐渐习得各种基本生活经验,了解社会规范和文化信仰。这些是人获得社会成员身份、参与社会生活必不可少的,人也常常自然而然地在生活环境中实现这一点。这是人的学习的开始,也常常伴随着人的一生。这是亘古而有的,又是与时俱进的,特别是在具体的内容和具体的方式上。

在一切原始部落,未成年人在社会仪式中习得所在部落对于自然万物的观念,如在祭祀场景中、在庄重神圣的氛围中,获知和感受关于自然界神秘力量存在的观念和通过祭祀祈求所期望的自然现象出现的方法:

> 早期宗教与其说是一种信仰,不如说是一种礼仪。一般总是先有仪式,神话、教义、神学是后来发展起来的。原始人普遍依赖自然界,依照季节的依次更替、及时的雨水、植物的生长和动物的繁殖。按照他们的想法,除非他们举行祭祀和仪式,否则这些自然现象是不会出现的。因此,他们形成了一种求雨的仪式,把水洒在玉米穗上,装作下雨。美洲印第安人的祭祀舞蹈往往也有类似的含义。全村或甚至全部落的成员都穿上兽衣,模仿他们赖以为食的某种动物的习惯和动作。他们显然有一种模模糊糊的看法,仿佛通过模仿这种动物的生活方式,他们就能促进它的繁衍。[②]

这种寓居于仪式中的学习将内容、场景、场景中的行动(参与)融合在一

[①] Rogoff, B. The Cultural Nature of Human Development[M]. Oxford: Oxford University Press, 2003.
[②] 爱德华·麦克诺尔·伯恩斯,菲利普·李·拉尔夫.世界文明史(第一卷)[M].罗经国,等译.北京:商务印书馆,1987: 22.

起。这种仪式虽非专为学习而设计(这里,学习的发生反倒似乎是一种副作用),但是其对于下一代的教育实效却可能优于后来专门设计的教育活动。从当代学习科学的视角看,这种仪式(文化实践)中已经包含促进学习发生的多个关键要素,仪式中的年轻一代俨然已经是"合法的边缘参与者"。[①] 及至后来的家庭、教堂中的宗教活动,已逐渐将仪式与主题(内容)结合起来,甚至主题(内容)成了显性的部分,但仪式仍在隐性的层面上产生影响,如一次宗教活动聚焦某一段教义,但庄严肃穆的仪式让参与者通过对氛围的感受而产生敬畏,进而影响对于内容的态度和理解,也激发和维持了参与者的学习投入。

自古而今,基本生活经验之习得以及社会规范之了解与践行,自幼即在家庭中进行,最初语言的习得也是如此。在体制化的学校教育产生之前,家庭中的、实践中的学习成了"文化的人"的最重要的发展途径。父母或者其他看护者要求/允许/禁止孩子做什么,就是社会和家庭所认可的社会规范的反映,对孩子行为表现的态度(允许、反对、表扬、惩罚)是一种即时的反馈。社会规范、文化观念从孩子早年就开始以这种方式逐渐内化于孩子的思想观念、思维方式和行为习惯中。所以,时至今日,即使基础教育乃至学前教育已经高度普及,家庭学习和教养之重要性依旧为世人反复强调。

上述的学习主要是针对学习者作为一般的社会成员或者特定的家庭成员的身份而发生的。此外,学习者还作为从事特定职业的人而存在,从而谋取生活所需并贡献于社会。职业能力的提升是学习的另一项重要功能。

在农业及一些传统的手工业中,下一代很早就进入到职业劳作的场景中。在农耕社会,孩子自幼浸润在农业劳动中,做家长的帮手。及至年龄稍长,甚至会成为家庭中的重要劳动力。关于农时、耕作方法的众多知识就是在这种过程中逐渐习得的。传统的手工业中,许多能力也是以类似的方法习得的,经常是在学徒制的环境中进行。比如莱夫和温格曾对裁缝做了专门的研究:

> 在1973—1978年间,……许多瓦伊(Vai)和高拉(Gola)两地的裁缝将他们木制的、有着泥地面和铁皮屋顶的裁缝店集中建在商业区边缘

[①] J.莱夫,E.温格.情境学习:合法的边缘性参与[M].王文静,译.上海:华东师范大学出版社,2004.

沿河边的一条狭窄的小路两侧……每个店中都有几个师傅,显而易见地做着师傅们应该做的事情,如经营生意、剪裁衣服、监督学徒等。其学徒制,平均历时五年,学徒们有相同的、丰富的机会观察师傅、学成的工匠及其他学徒的工作,观看制作外套的全过程,当然还可以观察已经做好的服装。

裁缝们为最穷的阶层做衣服,他们的专长是缝制廉价的、成品的男裤。但他们也缝制其他的服装。各种类型的衣服实际上体现了复杂、交融的顺序形式,而对于成为一个裁缝师来说,这一过程又是不可或缺的(这是作为学徒的全部"课程")……学徒首先学习缝制帽子和衬裤,为家里的儿童缝制一些便装。他们逐渐制作外界的、正式的服装,直到最后能制作最高级的衣服。

学徒制过程的安排并不限于制作整件外套,这个过程最基础的步骤包括学习手工缝制,用踏板缝纫机缝制,以及熨烫衣服,上述步骤是不包括在主要的缝纫知识之内的。对于每种衣服,学徒必须学习如何裁剪,如何缝制。学习过程并不是仅仅按照制作衣服的顺序重现一系列的制作过程,事实上,学徒学习如何制作衣服时,其学习内容的先后顺序和衣服的制作顺序是完全颠倒的,因为学徒是从学习衣服制作的最后阶段开始(如熨烫衣服、钉纽扣等),然后学习缝制衣服,到最后才学习裁剪,这一模式将每种新款衣服的学习过程细分为几道程序,颠倒制作程序使学徒能够在为做好的衣服钉扣子缝袖口的过程中首先掌握衣服的粗略的整体构成,然后,缝制的过程能够让学徒注意到衣服的各部分缝制起来的条理性(顺序、定位),这反过来又解释了衣服为何要这样剪裁。每一道先前所学过的程序都为学徒提供了不加宣称的机会去思考前一个学习步骤是如何有助于目前的步骤的。另外,这种顺序最大限度地降低了失败的概率,特别是重大的失误。[①]

古德在研究西非这种学徒制的特征及发展史时提出:"从子女向同性别的

---

① J.莱夫,E.温格.情境学习:合法的边缘性参与[M].王文静,译.上海:华东师范大学出版社,2004:28-29.

双亲学习作为生存技能的家庭生产,到以同样的方式学习兼职的专业技能,再到向一位专家师傅学习一门专门化技能……这是对劳动分工多样化的一种回应。"①上面提到的农业实践中的学习就是孩子向双亲学习生存技能。这种学徒制的学习方式在当今社会的多数行业中不以显性的方式存在了,这也是分工进一步细化的结果,也就是,很大一部分生存技能的学习为专司教育职责的教育机构所承担。即便如此,工作场景中的非正式学习仍是必不可少的,甚至是更为重要的。当今企业界对于学习型组织、实践共同体的关注充分说明了这一点。

近代以来,学校日益成为重要的学习场所,19世纪下半叶以来学校教育陆续普及,到今天大多数发达国家和部分发展中国家实施了小学和初中的义务教育制度,高中教育普及开来,高等教育也逐步实现大众化,从幼儿园到大学构成了完整的学习环境体系。不过,对于学校教育的研究表明,它常常难以非常有效地承担预期的职责。这一方面是由于学校教育的组织方式问题(见本章第二节),另一方面是由于实践和知识本身的特点,如:实践所需的经验、技艺难以在实践之外的场景中获得;实践本身所需的知识不断发展;知识本身具有默会性质且默会知识在实践场景中具有重要的作用。②

对当代知识工作的研究揭示了这种学徒关系的隐性(非体制化的)存在及其发挥的主要作用。约翰·希利·布朗(John Seely Brown)等人写道:"虽然办公室有时会对人造成约束,但它还是能基于好的或坏的原因而将人们保持在一起。良好的办公室设计可以产生强有力的学习环境。但是这种力量中有许多来自偶然发生的学习。例如,人们经常发现他们通过坐在其附近的同事而知道了他们想了解的东西,而不是通过郑重其事地登门请教。"③因而,最理想的办公室设计应该能反映工作的社会性,也就是人们互相作为彼此的资源,而不仅仅是彼此的信息供应者。"在家里上班"的想法虽然诱人,但是由于缺乏工作场所(尤其是设计良好的工作场所)对学习的给养,因而给通过多种途径获取知识和解决问题带来了障碍,妨碍了种种非正式的

---

① J.莱夫,E.温格.情境学习:合法的边缘性参与[M].王文静,译.上海:华东师范大学出版社,2004:27.
② 参见:波兰尼.个人知识——迈向后批判哲学[M].许泽民,译.贵阳:贵州人民出版社,2001;石中英.知识转型与教育改革[M].北京:教育科学出版社,2000.
③ 约翰·希利·布朗,保罗·杜奎德.信息的社会层面[M].王铁生,葛立成,译.北京:商务印书馆,2003:72,75.

学习。

　　社会及社会经验、生产及专业知识(expertise)的学习之外,还有以个人身心愉悦为目标的学习(当然,这种学习可能和个人的职业生活相关,相关度的提高也是人们期望的)。这种内驱力更高的学习更易于让学习者利用环境中的各种给养,并为自己创造理想的学习环境(如加入某个正式的或非正式的组织或者团体、移居到更有利的地方等)。社会经济的发展为这一类型的学习创造了前所未有的条件和可能。

　　由此观之,学习是泛在的,又是常新的。

　　从时间上讲,学习的泛在性表现为学习是人类亘古而至今的行动,也是贯穿个体一生的行动——虽然终身学习的理念直到最近几十年才被国际社会强调。从空间上讲,学习的泛在性表现为学习发生于学校、生活、工作、社会交往、独处、娱乐、网络等多种场景中,有时是正式的,有时是非正式的;有时是显性的,有时是隐性的。

　　学习又是常新的,学习活动的各个要素,如学习者和教者、内容、组织方式、学习方式、学习资源、应用的媒体等,都在不断地发生变化。比如,在人类学习的发展过程中,施教者和学习者的关系(不限于学校里的教师和学生)就经历了巨大的变迁。著名人类学家玛格丽特·米德(Margaret Mead)用"前喻文化"向"并喻文化"和"后喻文化"的转变描述这个方面的变化。她在50年前写《文化与承诺——一项有关代沟问题的研究》时就提出,时代已经发展到这样一个阶段:师徒关系的形式不再是单纯的晚辈向前辈学习(前喻文化),互相学习、一起学习(并喻文化)、前辈向后辈学习(后喻文化)也已是非常普遍的现象。[①] 今天,后喻文化在某些领域(如新兴技术)甚至已经成为主流的文化。因而,施教者和学习者不再是个人的固定身份,而是具体活动时的临时身份。如果有固定身份的话,那就是人人都是学习者——无论从实然状态看还是从应然状态看。"术业有专攻",与此相对应的就是能者为师。在当今的知识经济时代,更多的情况是异质的共同体成员利用分布式知识合作解决实践中的问题,共同在创新实践中获得知能的提升。从这一视角来看,则学习的

---

① 玛格丽特·米德.文化与承诺——一项有关代沟问题的研究[M].周晓红,译.北京:文化艺术出版社,2004.

泛在性在今天的时代更加突出。

学习泛在性的必然性源于学习是人类最重要的文化传承和创新活动这一事实。人是文化性的存在,学习也就必然成为人类生存在这个社会世界的方式。

毋庸置疑,这里采用的是广义的学习概念,也就是将学习视作人在多种情境脉络中获得为了生存、发展及享受的知识和能力的活动,而不仅仅是发生在学校场景中的组织化学习。之所以从人类学习的泛在性谈起,是因为:(1)学习科学的研究关注的是人在不同情境脉络中的学习,并从这些研究中分析学习发生的认知和社会机制及支持条件;(2)尽管学校学习是人们谈到学习时产生的意象的原型,但在人类获取知识的所有方式中,这种学习只是其中的一种形式,人在一生中处于学校学习中的时间只是一小部分;(3)学校学习的种种问题可以通过与多种其他情境脉络中的学习加以对照而得到解释,并由此发现可能的解决方案,因为校外学习是一种更为"自然"的学习而学校学习有时却是对于这种自然状态的"偏离"甚至"异化"。

理解学习是人类存在于这个社会世界的方式——因而就具有泛在性——这一点,可以对当前流行的许多新理念及其意蕴有更深的认识。如,所谓"终身学习"理念,并不意味着让大家经常回到课堂上去——这种做法恰恰会因其可行性低而阻碍终身学习的实现,而是要形成一种"学习—实践—生存—发展"(无论是个体、集体、社区还是社会)内在一体的文化形态(对集体、社区、社会而言)和生存方式(对个体而言)。对于学习型社会建设的组织者来说,首要的任务是创设有效的学习环境,进行有效的知识管理,也就是建立有利于知识传播、创新和共享的学习生态。

英文的"educated"一词的演变反映出很有趣的事实。"educate"原先指的是抚养小孩,"然而从17世纪初期,尤其明显的是,从18世纪末期开始,这个词的意涵被局限在有系统的教学与教导上面","'educated'(受教育的)所代表的'阶层'意涵一直在持续地改变,以至于大多数接受教育的人竟然不属'educated'阶层"。"educated"后来演变成与"特别智能"相关联,以至"在英国经历了将近一个世纪的普及教育之后,在这个用法里,大多数人竟然被视为"undereducated"或"half-educated",但是否受教育的人(educated people)以自满或自责或无奈看待这个愚蠢的用法,则不得而知了"。[①] 可见,在学习与教育的发展史上,有系统的教学之形成与演变,影响了何为"educated people"的观念。我们还可以看到,"特别智能"通常并不是在学校教育中获得的。

第二节 学校学习的反思

一、学校教育：对学习的支持和限制

学校的产生为学习的变革带来了巨大的推动力。这种变革至少在两个方面对今天仍然影响深远：一是学校的产生使得教—学活动打破了知识载体单一化和受众有限的状况。在文字产生之前,口耳相传和共同的生产生活实践是文化传承的主要方式,因而许多知识的获得都受到偶然性(包括时间上的和地点上的偶然性)的影响。学校教育克服了这种偶然性,借助文字载体,人们在规划的时空中进行有组织的、系统化的学习。二是学校教育带来了教—学活动效率的提高。学校教育的产生是分工细化的结果(前提是生产力发展到一定程度并有了文字),也就是说,分工的细化使得一部分人从原来的生产活动中脱离出来,专门从事教育活动——教的活动和学的活动。同其他方面的分工一样,这一分工使得在这一领域里的技艺得到快速的发展,尤其是以班级授课制为基础的现代学校教育制度的形成和发展,使得教—学活动的效率得到了极大的提高。

19 世纪中后期以来,义务教育的普及和提高成为工业化国家的制度性目标。第二次世界大战以后,发展中国家也开始逐步普及义务教育。20 世纪 90 年代以来,全民教育更是成为国际社会的努力方向。而这些都是在学校教育制度的框架下逐步实现的。接受教育成为一项基本的权利,而这里的教育,主要指向学校教育,保障其实现则成为国家的责任。在知识的传播和发展上,学

[①] 雷蒙·威廉斯.关键词：文化与社会的词汇[M].刘建基,译.北京：生活·读书·新知三联书店,2005：141-142.

校教育——尤其是其发展得到了法律保障和国家支持之后——发挥了基础性的作用,为绝大多数人提供了重要的学习途径。

这些变化同时也带来了一些问题。学校教育突破了学习者只能身在现场传承文化的限制,但是却又走到逐渐远离文化实践现场的状态,以另一种载体——书面语言——为主代替实践的载体。学校教育本身作为社会分工的结果也日益相对独立于其他社会活动,这也可能加剧了与文化实践的疏离。"当学习与教学成为学校的专利时,作为教与学的对象的知识与技能被人为地从它们实际运用的情境中抽象了出来,由此造成了理论与实践的明显脱节。"[1]学校教育的组织方式也在其发展过程中呈现出某些方面的问题,今天面临着时代发展的新挑战。这都让我们不得不重新思考如何更好地设计学校教育。

二、学校教育:问题的思考

学校教育发展到今天,其中的教—学活动呈现出相对固定的模式。R.基思·索耶(R. Keith Sawyer)认为,[2]我们今天的学校是在从未进行过科学检验的常识性假设的基础上设计的,这些假设包括:

- 知识是有关世界的事实(facts)和如何解决问题的程序(procedures)的集合。
- 学校教育的目标就是将这些事实和程序装进学生的头脑。一个人要是拥有了许多这样的事实和程序,就被认为是受过教育的(educated)。
- 教师知道这些事实和程序,他们的工作就是将它们传输给学生。
- 应当先学习简单的事实和程序,再学习更为复杂的事实和程序。"简单"和"复杂",以及材料的适当排序方式,是由教师、教材编写者或者专家(像数学家、科学家和历史学家)确定的,而不是根据关于儿童实际上如何学习的研究来确定的。
- 确定学校教育成功与否的方式就是检查学生获得了多少事实和程序。

---

[1] 高文.以认知学徒模式改造现行学校教育——迎接人类有史以来的第二次教育革命[J].外国教育资料,2000(6):71-77.
[2] Sawyer, R. K.(2014). Introduction: The New Science of Learning. In R. K. Sawyer(Eds.).(2014), The Cambridge Handbook of the Learning Sciences[M]. New York: Cambridge University Press, 2014, pp.1-2.

佩珀特(S. Papert)将这种学校教育的模式称作"授受主义"(instructionism)，并认为这种教育适合为20世纪初的工业化社会培养人，而不适合现在这个技术上更为复杂、经济上竞争更为激烈的知识经济时代。①

这种学校教育模式不仅不能适应当今社会发展的要求，就连达到学校教育的传统目标都有些捉襟见肘。原因之一就是这种传输知识的模式常常使得学习变为一种枯燥单调的记忆和操练活动，丧失了理解世界和解决问题本来可以带给人们的兴奋与满足。在被问及"什么是学习"时，有个孩子做了这样有趣的回答："学习就是把老师递给我们的一块一块的水果吃下去，考试就是把这些吃下去的东西再吐出来。"尽管学科专家和教师认为这些东西很有营养，但这些东西学生愿意吃下去吗？不愿意怎么办呢？学校可能会采取一系列的方法，如课堂纪律、考试、奖惩制度等，迫使孩子"就范"。这一系列行为的背后隐藏着对于学校、教育、学习的观点。约翰·霍尔特(John Holt)认为，正规教育被三个比喻所支配和主宰："第一个比喻是，学校是一条罐装厂或是罐头厂的流水线。传送带的这一头是一排排形状各异的瓶子和器皿。传送带旁是一排喷灌装置，由工厂的工人控制。当传送带移动的时候，这些工人把各种内容，如阅读、拼写、算术、历史、科学等，按不同的比例灌到容器里去。""第二个比喻是，在学校里的学生如同关在笼子里的实验室小白鼠，被训练着做一些工作——这些工作是老鼠在自己真正的生活中从来不会做的。"小白鼠做得正确时会得到可口的食品，"错"了会遭到电击。"第三个比喻也是最具破坏性和危险性的一个。它把学校描述成一个精神医院，一个治疗机构。……'如果孩子们没有学会我们所教授的内容，是因为他们懒惰、不守纪律，或者精神不集中'。"②

学校教育的组织方式(本身也以分工精细化为趋势)让它成为模拟工业流水线最为神似的建制之一，③这造成了知识的碎片化、箱格化等状况，也造成了

---

① Sawyer, R. K. (2014). Introduction: The New Science of Learning. In R. K. Sawyer (Eds.). (2014), The Cambridge Handbook of the Learning Sciences[M]. New York: Cambridge University Press, 2014, pp.1-2.
② 约翰·霍尔特.学习像呼吸一样自然——如何鼓励儿童用自己的方式学习和认知世界[M].李颂,译.北京：电子工业出版社,2005：160-162.
③ Senge, P. M., et al. Schools That Learn: A Fifth Discipline Fieldbook for Educators, Parents, and Everyone Who Cares about Education[M]. Doubleday, 2000, p.30.

对于人的整体发展的忽视。这种状况和小白鼠、精神病院的潜在观念交织在一起,带来的许多问题屡屡为人诟病。

教师如果让学生采用记忆和回忆的学习方式,他实际上内隐地认为学生不具有自主思考和探索的能力。采用这种方式更是对于学习者的行事权(agency)的无视和对其行事能力的浪费。[①] 也就是说,在这种教—学方式下,我们实际上是低估了学习者在主动建构理解方面的巨大潜能,无视将学习者视作积极建构的学习者对于激发其动机、提升其学习效能方面可能带来的积极改变。

三、学校学习问题的解决:研究和借鉴校外学习

在反思学校教育和学校学习的过程中,不少研究者将目光投到学校之外的学习环境,从而试图去探讨:在人类发展的历史长河中和人类实践的多种环境中,人是如何实现知识、文化的传承与创新的?教育领域的研究者越来越关注对于学习本身的研究,因为学校的存在是为了支持和促进学习的发生,而学习的发生早于课程的发生和学校的产生,上一节对此已有论述。美国学者在分析其教育发展的时候也认识到,在美国成为一个国家之前,人们从任何可能的渠道获得知识,对于学习内容、年龄和顺序没有什么固定的概念。这些教育提供了个人化的环境,人们在这些环境中"直接接触到那些具有原创性观点的作者,去进行个人学习和获取知识"。后来才逐渐建立学校并将课程制度化。[②] 从这种意义上说,对人类生活和实践的多种境脉中的学习的考察,可谓是回到原点的思考。

雷斯尼克(L. B. Resnick)1987年在任美国教育研究协会主席的就职演讲中以《校内和校外的学习》为题,阐述了她观察到的两者的差异。[③] 她指出,校内学习与校外学习的差异体现在四个方面(见表1-1)。

[①] J.布鲁纳.布鲁纳教育文化观[M].宋文理,译.北京:首都师范大学出版社,2011:137-138.
[②] 约翰·D.麦克尼尔.课程:教师的创新(第3版)[M].徐斌艳,陈家刚,主译.北京:教育科学出版社,2008:6-7.
[③] Resnick, L. B. The 1987 Presidential Address: Learning in School and out[J]. Educational Researcher, 1987(16), p.9.

表 1-1　校内学习与校外学习的差异

校 内 学 习	校 外 学 习
个体认知	共享认知
纯粹的心智活动	工具操作
符号操作	情境化推理
概括化的学习	情境特定的能力

这些差异表明,"对于人们来说,学校是一个特殊的地方,它在多个重要的方面与日常的生活和工作断裂开来"。

而此前,雷斯尼克也研究了校内学习成功的关键要素,有趣的是,她发现指向于获得学习和思维技能的成功项目有三个关键特点：一是大部分项目有校外认知表现的典型特征,如,都是社会共享性的心智工作,都是围绕着共同完成任务而组织的,这样技能的各个要素都在整体的情境脉络中凸显其意义；二是许多项目都有学徒制的特征,如让隐蔽的过程显性化、鼓励学生观察和评论,让技能一点一点地获得,但即使是技能相对较差者也允许参与,将参与作为共同任务的结果；三是大多数成功项目都是围绕着一系列的知识和诠释(也就是学科知识)——而不是围绕着一般能力——组织起来的。学科知识的处理使得学生能够参与到意义建构和诠释过程,这样就避免了将符号和其所指分离开来,而这种分离正是学校学习的主要问题之一。

基于这些研究,雷斯尼克写道："当我们将思维和学习能力作为教育的目标时,校内学习和校外学习的区分看起来就不那么明显了。在教授学校学习技能方面有效的项目有一些共同的特征,如社会共享性的心智工作、更直接地运用符号之所指,而这些也正是校外认知活动的特点。这表明,从整体上需要调整学校教育的焦点,以更多地包括成功的校外学习机制。"[1]

雷斯尼克的这些观点在之前和之后都有广泛的认可。对于不同情境脉络中的学习的研究本身就有很长的历史,只是学校教育领域的研究者和实践者不是很重视,或者没有发现它们与学校学习的关联性,认为这种研究的结果对

---

[1] Resnick, L. B. The 1987 Presidential Address: Learning in School and out[J]. Educational Researcher, 1987(16), p.9.

于学校教育不适用。幸运的是,信息技术的应用给许多校外学习特征在学校内的实现提供了更多的可能。如,斯克里布纳和科尔(S. Scribner & M. Cole,1973)的研究识别了非正式学习的三个明显特征:(1)指向于人,期望的效果基于一个人是谁,而不是他有什么成就;(2)促进传统主义(因为老年人被赋予最高的群体地位);(3)非正式学习涉及情感和智力领域的融合。他们还注意到人类学家福特斯(M. Fortes)在1938年的研究中也描述了类似的学习机制,如模仿、识别和合作,将这三个方面归结为一个更一般的方式,他们称作观察性学习(observant learning),这些方式和学校中主要通过语言进行学习的方式形成了鲜明的对比。最近,研究者参考关于非正式学习的研究归纳了正式学习的特点:(1)有普适性的价值、标准和绩效标准(而非教者个人制定的标准);(2)语言是教与学的主要媒介,而不是像非正式学习那样普遍有示范和观察/模仿这样丰富的感官境脉;(3)教学和学习发生在情境脉络之外,数学符号操作就是一个范式。①

学习科学在研究人类的学习时除了参考在实验室和课堂上对于学习进行研究的成果和方法外,进一步将学习研究的场所拓展到多种情境脉络中,特别是对于专家、从业者、普通人在自己的专业实践活动和日常活动中的学习的研究,以及在各种体现了自然场景特点的人造场景(如计算机支持的协作学习环境)中的学习的研究,以更深入地理解学习的发生机制,并为学习环境设计提供理论支持。②

本书基于学习科学的研究展开。学习科学致力于探索人在各种不同的情境脉络中是如何学习的,特别是,在鲜有外在约束的条件下是如何学习的,继而以此为基础探讨如何为学生在学校情境中的学习建立相应的支持性环境。从这种视角看,教学就是要创设学习环境促进学习。因而,我们不仅仅是在已有的环境中,如在以教材、教师的讲授活动、学生的练习为基本要素的环境中,思考如何促进学生的学习,而是去探索如何基于多境脉的学习研究而创设更

---

① Bransford, J. D. et al. Foundations and Opportunities for an Interdisciplinary Science of Learning. In R. K. Sawyer (Eds.), The Cambridge Handbook of the Learning Sciences[M]. New York: Cambridge University Press, 2006, pp.23－24.
② 约翰·D.布兰思福特,等.人是如何学习的——大脑、心理、经验及学校[M].程可拉,等译.上海:华东师范大学出版社,2002.

有效的学习环境。这样或许更接近我们变革教学的目标——变革从其根本意义上讲是一种人工制品,是生成新的东西或者实现已有东西的转换。

四、参与:学校学习革新的普遍追求

对于学校教育制度和其中的学习方式,批评和反思较为容易,而建设则困难得多。毫无疑问,我们所应该做的,不仅是揭示学校教育和学校学习的种种问题,而是试图从多个方面思考这些问题的形成原因,摸索学校形态和学习形态转变的可能前进方向,汇集和提炼在这个方向上的理论逼近方式和实践探索成果。

例如,针对前面提到的知识与情境相脱离的问题,就有研究者探讨以认知学徒的方式加以解决。柯林斯(A. Collins)等人提出,现今的学校教育是伴随着工业革命的兴起而形成的,它最先产生于工业化国家,两个世纪的发展形成了所谓正式的学校教育范型,该范型已被世界各国和全社会视作培养年轻人的普遍方法。但是在学校教育中,作为教与学对象的知识与技能,被人为地从它们实际运用的情境中抽离出来,由此造成了理论与实践的明显脱节。当人类社会正在步入崭新的信息时代,实现从工业社会向知识社会的逐步转型,现行学校教育模式的种种弊病已清晰突现,特别是割裂知识与能力、知识内容与其产生的丰富情境以及知识内容与其价值取向的密切联系。然而在传统的学徒制方法中,作为学习对象的知识与技能是镶嵌在它们实际运用的情境之中的,熟练的从业者在教学的过程中,始终使用着这些技能。而且,对于正在学习的学徒来说,这些知识与技能则是完成有意义任务所必需的工具,正是在这些技能与知识镶嵌其中的社会性和功能性情境中,学徒进行着面向真实复杂任务的学习。"学徒制"概念强调经验活动在学习中的重要性,并突出学习固有的本质——依存于背景、情境和文化适应。柯林斯等人以认知学徒制的方法作为未来学习文化的典型,该方法让学生获取、开发和利用真实领域中的活动工具,从而支持学生在某一领域中的学习。与此相一致,20世纪80年代末,西方的一些学者提出进行第二次教育革命的观点。他们认为正规学校教育的形成标志着第一次教育革命的开端,而以认知学徒模式改造现行学校教育则意味着人类有史以来的第二次教育革命已拉开序幕。①

针对授受主义的、传播式的教学方式,教育理论家和实践者都在探讨促进学生参与的方式。变革学校学习和整个学校教育的各种层面(包括教育研究、国家和地方的教育政策、教师的课程教学行为)的努力,都在不同的程度上、以不同的方式朝着促进学习者参与的方向前进。斯法德(A. Sfard)曾经将学习方式粗略地按获得模式(acquisition mode)和参与模式(participation mode)两种隐喻分类,获得模式注重知识和概念的获得与发展,参与模式注重参与到一个共同体的实践。② 在学校情境中,只强调任何一种隐喻都是危险的,也是不可能的(因为两者无法截然分开,即便在参与隐喻的模式中,知识和概念的获得也是预先确定的明确目标之一,对于学校教育而言不可或缺)。但是,对于参与的强调,尤其是对于在未来参与共同体实践的能力的强调,却是各国在教育实践变革中的普遍主张。在我国,教师讲授、学生听课和操练是最为常见的教学方法,对参与的重要性无论如何强调都不为过。

从理论上看,不同的学习理论在其提倡的学习品质与方式方面形成了众多共识。如,建构主义强调学习是学习者主动建构知识的过程,而不只是接收信息的过程;活动理论强调主体在活动系统中(包含规则、分工、共同体等要素)借中介手段而面对客体;生态观强调学习者作为具有给养价值的环境的探测者;情境观强调学习者参与到真实物理情境和社会情境中的实践等,这些都与讲授—接受式的教学范型、信息接收—储存和记忆—提取方式的学习形成了鲜明的对比。细察这些观点中的共同之处,不难发现重要的一点就是让学习者介入(engage)对于事物、问题的探索和认识过程之中,而不仅仅是让学习者接收他人对于事物进行探索和认识的结果。换言之,学习在活动目标和方式上越来越接近人类的文化实践活动本身,而不仅仅是为了以后参加这种活动而接收和储存大量的备用知识,后一种方法难以培养知识社会所需要的适应性专长(adaptive expertise)。

现今的社会环境和教育环境一方面为创设新型的学习环境提供了新的可

---

① 高文.以认知学徒模式改造现行学校教育———迎接人类有史以来的第二次教育革命[J].外国教育资料,2000(6):71－77.
② Sfard, A. On two metaphors for learning and the dangers of choosing just one[J]. Educational Researcher, 1998, 27(2), pp.4－13.

能,如强调创新、强调学生的全面自由发展、强调面向21世纪的核心素养或关键能力等;另一方面,社会和学校的现行运作机制本身也会给真正的变革带来种种障碍,例如评价制度、家长的选择、学校的传统等。正是在这种时刻,需要基于新理念进行新的探索,应对时代对于人的发展的新要求,这是教育研究和实践变革面临的新挑战。

第三节 学习理论的发展

一、理论的多样性与贯一性

按照很多人习惯的观点,在论及一个问题的时候,应该首先对于这个问题涉及的概念给出一个定义,比如这里的"学习""学习理论"。如果你是一个学习和教育的研究者,你可能会发现并不存在一个统一的概念;如果你是一个教育实践者,你可能会发现没有哪一种关于学习的理论和方法能够满足教学内容和学习者的多样性的诉求,你甚至会觉得概念和定义完全无关紧要,你最关注的是实践的方案,尽管在种种实践背后都有着关于学习和教育的种种观点。以学习为例,下面是两个定义:

- "学习是行为或按某种方式表现出某种行为的能力的持久变化,它来自实践或其他的经历。"
- "泛指有机体因经验而发生的行为的变化。"

这两个定义都提及行为或者能力的变化,但是许多的学习的结果并不一定能够产生可见的变化,有很多的变化是以内隐的方式表现出来,或者只在很少的情况下或经历了很长时间后才有机会表现出来。比如关于通识教育,哈瑞·刘易斯引用多明哥斯(Jorge Dominguez)的话说:"通识教育就是,当你接受了教育,又把当初学到的内容忘记,最后还剩下的东西。"[1]若此,我们如何去认定"行为"或者"能力"发生了变化呢?

---

[1] 哈瑞·刘易斯.失去灵魂的卓越——哈佛是如何忘记教育宗旨的[M].侯定凯,译.上海:华东师范大学出版社,2007:9.

与学习定义的多样性相一致,学习理论也是非常多样化的。理论是解释框架。在现实世界中,每个人都会很自然地建构关于世界是如何运作的理论,对于学习也是如此。不过,鉴于每个人关注的重点和目标不同,对于学习的理解也就明显不同。很难说何种理论才是对的,因为每种理论都有其合理性和局限性。

面对学习理论的多样性,有研究者倡导"贯一设计"(grounded design)的方法。这种设计"强调核心基础和假设的精致协调,强调方法与手段以与其认识论相一致的方式相联系。贯一设计并不是提倡和假设某种特定的认识论和方法论对设计具有内在的优先权,而是提供一个框架,将不同的设计实践和相关思想系统的基本信条融合在一起。"①通俗地说,在考虑理论及其和开发与实践的关系时,重要的不是要考虑何种理论是最佳的,而是考虑理论的自洽性、适切性,以及理论与开发、实践的内在一致性。

从本书所关注的学习科学与教学变革的主题看,在实践层面,对于适用的学习观及其实践方式的关注比对于时髦学习观的刻意模仿有更大的价值。在教学的现场,我们常常看到声称"先进"理念指导的教学实践实则体现了相当陈旧的理念,甚至和所宣称的理念截然相反。比如,在一些标以合作学习的课堂上,教师提出一些课本上的简单问题,让学生各自去做题,然后小组讨论,而小组讨论的内容就是一起看看答案是不是一致;在一些标以建构主义的课堂上,教师给学生布置几个问题,学生根据问题在书上和网络上查找材料,然后到讲台上将找来的材料读给全班同学听。也难怪有些教育实践者对于建构主义等理论非常反对,他们反对的实则是他们看到的建构主义教学,以及他们以这些教学实践为基础形成的建构主义教育观。还有研究表明,看似传统的教学方法实际上对于一些内容的学习反而比"先进理念"指导下的教育方法更具有适应性,如在学生获得认知技能的开始阶段,向学生呈现良好的样例会比用问题解决方式的学习更为有效。这种看似比较直接的教学方法,再辅以旨在促进自我解释的引导,有助于学习者有效地获得问题解决程序中的各种策略,以在解决新问题的时候对这些策略重新安排而形成解决问题的途径。与此相对,在技能学习的早期阶段就以真实问题解决的方式安排学习活动,反而可能

---

① 戴维·H.乔纳森,等.学习环境的理论基础[M].郑太年,任友群,译.上海:华东师范大学出版社,2002:2-3.

使得学生因认知负荷过重、缺乏把握复杂问题的能力而无所适从。

因而,从理论—开发—实践一体化的角度看,追求贯一性和适应性比追求理论的先进性更重要。我们应该抛却对于单一理论的不切实际的向往,抛却简单划分"先进"理论和"落后"理论的做法,转向对于多样化的理论的了解,对于理论发展的基本方向的把握,以及在理论与实践的互动中发展理论和革新实践。

二、学习理论的"多"

关于学习的理论有多种,戴维·乔纳森(David Jonassen)等归纳出 13 种典型的观点:[1]

(1) 学习是大脑的生化活动;
(2) 学习是相对持久的行为变化;
(3) 学习是信息加工;
(4) 学习是记忆与回忆;
(5) 学习是社会协商;
(6) 学习是思维技能;
(7) 学习是知识建构;
(8) 学习是概念的转变;
(9) 学习是境脉的变化(contextual change);
(10) 学习是活动;
(11) 学习分布在共同体中间;
(12) 学习是根据环境给养调适感知;
(13) 学习是混沌。

上述种种学习理论从不同的角度提出对学习的解释。其中学习是大脑的生化活动的观点试图从生理的角度解释学习,生理是学习的基础,但是学习的

---

[1] 戴维·H.乔纳森,等.学会用技术解决问题——一个建构主义者的视角(第 2 版)[M].任友群,等,译.北京:教育科学出版社,2007: 2-6.

复杂性使其无法仅仅从生理方面加以解释。学习是相对持久的行为变化的观点，主要是根据对于动物的实验室研究的结果得出的结论。尽管这种观点的出现在其早期是为了适应个体的差异的需要，也使对于学习的研究转向外显的、可见的行为的变化，为更加精细地控制学习的进展提供依据，但是这种观点将学习仅仅视作刺激—反应的外部联结，忽略了人类意识的目的性和创造性，无法解释学习的内部过程。将学习看作信息加工和记忆与回忆的观点，是以计算机为隐喻来解释人类学习在头脑内的发生过程。这两种观点和目前学校的大部分教学方式是一致的，但是将学习看作是信息的接收和储存的观点，依旧无法揭示学习者在这个过程中的作用，有的批评者认为这种观点本质上仍然是行为主义的。关于学习的这几种观点解释了人类学习的某些方面，更为适合简单行为和事实性知识的掌握，给课堂教学的设计提供了一些有借鉴价值的方法（如小步子、及时反馈、知识层次分析等），但是对于人类学习的理解过于简单化了，尤其是无法适应当代社会日益强调的培养适应性专长和创造力的要求。

相比较而言，其他相对较晚出现的学习理论在两个方面出现了新的特点：一是有学习者的学习，也就是说，学习不仅仅是外部的强化或者自外而内的信息输入，作为学习者的人具有建立理解和制定意义的独特能力；二是复杂的学习，具体地说，在这些学习环境的构建中注重了学习发生过程中的多重因素，如学习过程中的他者、情境脉络、学习活动的整个系统、学习过程复杂多变的特征等。对于这种复杂性的揭示，使得这些学习理论视野中的学习更接近人类学习和人类实践的真实状况。虽然这些理论从不同的视角解释人类的学习，但是这种"多"中也呈现了一定程度的"一"。

三、学习理论的"一"

尽管理论丰富多彩，但是每一个时代的理论中也会出现一些共享的基本假设和核心观点。雷斯尼克在1989年就关注到学习理论发展中强调的三个要点：（1）学习是一个知识建构的过程，不是知识记录和吸收的过程；（2）学习是知识依赖的（knowledge-dependent），人们利用已有的知识建构新的知识；

(3) 学习是高度受其所发生的情境调节的。① 乔纳森在世纪之交时指出,20世纪90年代"见证了在历史中学习理论发生的最本质与革命的变化。……我们已经进入学习理论的新世纪。在学习理论相对短暂的历史上(一百多年)从来没有这么多的理论基础分享着如此多的假设和共同基础,也从来没有关于知识与学习的不同理论在理念和方法上是如此地一致。"他进而归纳出当代学习理论中体现的三个基本转变:"首先,学习是意义制定过程,而不是知识的传递。人与世界中的其他人、与人工制品进行互动,并自然地、持续地试图理解这样一种互动。……当遇到疑惑或问题时,学习者必须清晰地表述出试图理解这些现象的意图,然后与之互动,有意识地对这些互动的意义进行反思。"这种观念挑战了将心智与行为视作独立现象的二元论的信念,认为"我们不能将我们有关某一领域的知识跟我们在这一领域的互动分离开来。我们也不可能认为能脱离在我们进行建构的境脉之外的活动去建构知识。""第二,当代学习理论越来越关注意义制定过程的社会本质,……学习就本质而言是一个社会对话过程。""假设的第三个基本变化与意义制定的地点有关。"意义不仅产生于脑,"知识不仅存在于个体和社会协商的心智中,而且存在于个体间的话语、约束他们的社会关系、他们应用并制造的物理人工制品以及他们用于制造这些人工制品的理论、模型和方法之中。知识和认知活动分布于知识存在的文化与历史之中,知识是由人所运用的工具为中介的。"② 在后来的研究中,乔纳森以"有意义的学习"概括这些理论所共同强调的学习的本质特征:主动的(可操作的/关注的)、有意图的(反思的/调整的)、建构的(清楚表述的/反思的)、真实的(复杂的/情境的)和合作的(合作的/对话的)。③

从学习理论的发展中我们可以看出,将学习看作一种复杂的、主动的探究世界和建构知识的活动,这正是多种学习理论中的"一"。相应地,为这种活动提供良好的支持环境,是教师的重要职责,教师可以考虑在自己的教学中探索如何设计一种能够体现上述特点的学习环境,促进学生的有意义学习。这是

---

① L. B. Resnick, (Eds.). Knowing, Learning and Instruction: Essays in Honor of Robert Glaser [M]. London: Lawrence Erlbaum Associates, 1989, p.1.
② 戴维·H.乔纳森,等.学习环境的理论基础[M].郑太年,任友群,译.上海:华东师范大学出版社,2002:3-4.
③ 戴维·H.乔纳森,等.学会用技术解决问题——一个建构主义者的视角(第2版)[M].任友群,等译.北京:教育科学出版社,2007:6-11.

有关学习的新理论在实践意蕴方面的"一"。概括地说,这些理论层面上的创新,其实践意涵主要包括以下方面:(1)优化学习环境促进知识的建构;(2)组建学习者共同体,促进知识的社会协商;(3)鼓励社会参与,进行意义与身份的双重建构。① 基于这些观点设计学习环境,将从微观上推动学习的创新,并有利于培养面向21世纪的关键能力。

---

① 高文,郑太年.学习科学:研究背景与理念[M]//高文,等.学习科学的关键词.上海:华东师范大学出版社,2008:13-19.

Education Reform for
the 21st Century Skills:
China and World

第二章

学习科学的研究进展[①]

[①] 本章内容主要在下列文章的基础上改编而成：赵健,郑太年,任友群,裴新宁.学习科学研究之发展综述[J].开放教育研究,2007,13(2): 15-20;高文,郑太年.学习科学(1):研究背景与理念[M]//高文,等.学习科学的关键词.上海: 华东师范大学出版社,2009: 3-29;赵健,郑太年.学习科学(2):研究进展[M]//高文,等.学习科学的关键词.上海: 华东师范大学出版社,2009: 31-49.

第一节　学习科学的兴起与发展

一、学习科学兴起的背景

学习科学最初是一门认知科学，它是站在认知科学的肩膀上发展起来的新兴学科。正如达菲（T. M. Duffy）所定义的："学习科学是认知科学的一部分，它重点关注真实世界的境脉中的思维。"[①] 在20世纪80年代，一些在认知科学领域卓有建树的科学家，如柯林斯（A. Collins）、科罗德纳（J. L. Kolodner）等人，普遍感到"对当时的认知科学感到沮丧"。[②] 沮丧的原因是他们认识到，来自认知科学的关注对象和研究方法过于远离人在真实世界中认知发展的实际状况。比如：

- 众多研究人员把注意力集中在"无足轻重"的问题上，这些问题中只需推理者在很少的事情上作出决定，问题的背景仅限于狭隘的界定，而忽略掉的正是任务的复杂性以及它们和个人经验的联系。
- 认知科学文献中有太多来自"纯净"研究的报告，而缺少那些从"琐碎拉杂"然而包含了真实境脉的视角进行的研究。布朗和杜盖德（J. S. Brown & P. Duguid）等人则借用人种学和社会学的研究，反思了认知科学把复杂的实践抽象为"规范的实践"，而反映真实世界逻辑的"不规范的实践"则遭到忽视或排斥的状况。[③] 然而，知识的理解和创新正是在

[①] Duffy, T.M. Theory and the Design of Learning Environments: Reflections on Differences in Disciplinary Focus [J]. Educational Technology, 2004, XLIV(3), pp.13 – 15.

[②] Kolodner, J. L. The Learning Sciences: Past, Present, Future [J]. Educational Technology, 2004, XLIV(3), pp.34 – 40.

[③] Brown, J. S. & Duguid, P. Organizational Learning and Communities of Practice: Toward a Unifying View of Working, Learning, and Innovation. In M.D. Cohen & L.S. Sproull (Eds.). Organizational Learning [M]. SAGE, 1991, pp.59 – 82.

这种"不规范的实践"中孕育的。
- 认知科学的方法论(句法分析、计算建模以及传统的语言学和心理学方法论)决定了它所探索问题的"抽象性"和"纯净性"或"规范性"。就这样,真实世界的复杂性在许多认知科学研究中被忽视了,传统认知科学中所发现的认知规律,是将人从其所处的社会世界与自然世界中抽离出来的结果。

于是,在传统认知科学的队伍里走出这样一些学者:他们从事教育和工作场所中的绩效研究,他们一再体验到认知理论和真实世界中发生的事情之间的差异,他们对于当时的认知科学的狭隘视点直言不讳。正是这些学者成为新兴的学习科学的奠基者。于是,正如科罗德纳所说,学习科学的共同体"开始是认知科学的一个分支,现在它包含许多其他类型的研究者,不再是认知科学的分支了"。[1]

关注真实世界中的认知,决定了学习科学又是一门跨学科的领域,"它吸收了有关人的科学的多种理论视野和研究范式,以便弄清学习、认知和发展的本质及其条件"。[2] 确切地说,学习科学是认知科学家在思考传统的以实验心理学和计算机科学为主要支柱的传统认知科学的局限和困境中,吸收了认识论、社会学、人类学以及脑科学的研究成果和方法所展开的一个新的研究领域。事实上,通过20世纪70年代到90年代这二十多年来的总结,学习科学家们在有关学习的一些基本事实上达成一致:深度的概念理解的重要性,聚焦于学而非教、创建学习环境、在学习者先前知识上建构知识的重要性,以及反思的重要性。

因此,可以说,学习科学萌发于20世纪70年代末以来对人类学习本质的多学科深究,当各领域中有关学习的假设达成一致并形成一些相对独特的方法论,并且积累了若干设计实践后,学习科学在20世纪90年代后开始走向成熟,开始作为一个独立的学科领域脱颖而出。随着研究的深入,这一新兴学科已经开始影响课堂教学、校外教育、学习产品设计、学习组织设计、教师教育、职业培训、教育政策等诸多方面的变革与创新。

---

[1] Kolodner, J. L. The Learning Sciences: Past, Present, Future. Educational Technology [J], 2004, XLIV(3), pp.34-40.
[2] Barab, S. A. Using Design to Advance Learning Theory, or Using Learning Theory to Advance Design [J]. Educational Technology, 2004, XLIV(3), pp.16-19.

二、学习科学学术共同体的兴起

特定的专业研究机构、专业协会以及定期举办的专业学术会议、定期发行的专业学术刊物,是一个学术共同体形成并走向成熟的标志,也是一个学科及其研究者对自己的研究领域进行界定,并获得学术身份的必备条件。经过20世纪70年代以来的不断酝酿,在20世纪80年代末以后,学习科学逐渐夯实了这些标志性的学术基础。

1987年,美国西北大学开风气之先,率先承担起学习科学这个新兴学科的建设。著名认知科学家香克(R. C. Schank)受聘领导新成立的学习科学研究所(ILS)。同时期以学习科学为研究主题的学习科学研究团队还有:布朗(J. S. Brown)和格里诺(J. G. Greeno)以及施乐公司首席执行官科恩斯(D. Kearns)共同建立的施乐学习研究所,推进了关于学习的情境观点,用互动分析等方法研究真实情境中的推理和学习;美国范德堡大学(Vanderbilt)成立的学习与技术研究小组,把认知科学的成果运用到基于技术的课程材料的开发上,开发了著名的杰斯珀系列学习项目;佩帕特(S. Papert)创立的麻省理工学院媒体实验室,运用Logo程序语言来帮助学生学习,等等。2002年,国际学习科学协会(International Society of the Learning Sciences, ISLS)成立。

1991年的"人工智能与教育"会议被视为最早的学习科学年会。1996年召开了第二届学习科学年会,并于随后固定为每两年召开一次。随着国际学习科学协会的成立,该会议的组织工作成为协会的常规项目。国际学习科学协会还举办了另一个与学习科学领域密切相关的国际会议,即计算机支持的协作学习会议(Conference of Computer Support for Collaborative Learning)。该会议也是两年一届,和学习科学会议间隔举办。(参见国际学习科学协会官方网站:http://www.isls.org)

为了"让各种认知科学家发表他们关于真实环境中学习的文章,并把我们所知的学习理论用在这些情境中,来促进学校和其他教育平台中更好地学习",[1]《学习

---

[1] Kolodner, J. L. The Learning Sciences: Past, Present, Future [J]. Educational Technology, 2004, XLIV (3), pp.34-40.

科学杂志》(Journal of the Learning Science)于1991年初创刊。该期刊"把技术作为自己的关注焦点,但它会主要介绍学习、研究学习的新方法论,以及促进学习的新技术运用方面的新视角"。[①] 作为学习科学共同体的促进者,该杂志广泛关注了学习的计算模型、学习涉及的发展和推理问题、对促进学习的软件的提议、描述和评估、课堂研究、在情境中研究学习的方法论等主题,并极力推进学习科学方法论的建设,例如,关于言语基本句子分析、关于互动分析,尤其是对基于设计的研究和实验方法论的梳理和讨论。

与此同时,欧美国家的政府部门、基金会和大学也开始大力资助学习科学研究项目和成立专门的研究机构,并开始招收学习科学专业的硕士和博士研究生。在我国,华东师范大学、北京师范大学等大学陆续开展学习科学领域的研究,并招收学习科学专业或者方向的研究生。

与上述机构同样进行着学习科学研究的还有许许多多的研究机构,在对学习的新观念高度共享的基础上,致力于理解和改进课堂、家庭、工作场所和其他虚拟共同体及现实共同体中的学习环境,对教学设计的认知、社会和技术方面都给予跨学科的研究,致力于将创新的技术应用于改进学习。

三、学习科学的发展

作为一门新兴的交叉学科,学习科学是在多种学科理论日趋成熟的基础上发展起来的。科罗德纳形象地形容,学习科学的研究共同体"包括来自认知科学、科学教育、教育技术、教育心理学、发展心理学和认知心理学、计算机科学、信息科学、人类学的'移民'和'游客',甚至有一些来自教学系统设计。我们中的'移民'们继续参与到认知科学、科学教育的会议,继续属于我们所移居而来的共同体……"因此,学习科学作为一门学科的发展,并不是一个画地为牢的学科限定的过程,而是围绕学习为中心,在跨越多种学科的边界上不断拓展新的研究空间的过程。

在发展过程中,学习科学形成了关于学习研究的一些关键特征:经验性、

---

① Kolodner, J. L. The Learning Sciences: Past, Present, Future [J]. Educational Technology, 2004, XLIV(3), pp.34 – 40.

跨学科、境脉化和行动指向。① 自20世纪初以来，一些学习研究就追求这一取向。克里斯托弗·霍德利(Christopher Hoadley)总结了20世纪以来这一取向的学习研究(见表2-1)，很好地概括了学习科学的史前史和发展轨迹。

表2-1 学习科学研究4个特征的发展历程

	经验性	跨学科	境脉化	行动指向
20世纪初	对于学习的经验研究源自医学、生物学和物理学	教育从前学科迈向成为一门学科	杜威和行为主义路向之争	教育刚刚开始和研究关联起来
20世纪50年代至80年代	教育心理学中确立起来的实验范式	心理学作为一个学科建立起来。教育学成为一个准学科，课程与教学、教育心理学成为重要分支；认知科学开始将多个学科带到一起	方法之争显示在教育学院中量化和质性(境脉化)路向之间的张力；大多数研究在认知框架内解释文化	教学设计和课程设计仍在美国的教育学院中，但是和学习理论的发展分割开来
20世纪90年代至21世纪	教育学趋向于将随机控制的临床试验作为"黄金标准"，其他形式的经验方法受到挑战。而学习科学对于各种经验方法及新方法兼容并蓄	教育学执于作为一个学科。学习科学明确地援引认知科学和计算机科学的成果	情境认识在学习科学以及主流教育学中成为一个支柱；学习科学链向文化历史活动理论和生态心理学这些更早的理论	学习科学通过新方法论(基于设计的研究)的应用，将设计和研究加以联系，从而与教育研究加以区分；当认知科学日益不注重应用的时候，学习科学关注在学校进行的应用研究
21世纪以来	学习科学继续链接各种新形式的经验方法，包括运用学习分析和教育数据挖掘进行建模的新方法	作为一个共同体，学习科学寓居于其他学系(计算机科学、教育学、传播学、心理学、信息科学等)，更为成熟	学习科学从主要研究个体认知到更加强调实践、团体、文化和语言、身份	学习科学的设计取向继续关注学校情境和技术，但也走向跨境脉、终身的学习环境设计。基于设计的研究及其变式被其他学科采纳

资料来源：Fischer, F., Hmelo-Silver, C. E., Goldman, S. R., & Reimann, P. (Eds.). (2018). International Handbook of the Learning Sciences[M]. New York: Routledge, 2018, p.20.

---

① Fischer, F., Hmelo-Silver, C. E., Goldman, S. R., & Reimann, P. (Eds.). (2018). International Handbook of the Learning Sciences[M]. New York: Routledge, 2018, pp.11-23.

学习科学在这四个方面的发展历程逐步定义了学习科学的面貌,它日益成为采用多学科方法对于真实情境中的学习进行以改进和创新行动为指向的研究领域。尽管学习科学研究者个体可能会采取一项具体的方法研究某一个具体的问题,但是作为一个整体,学习科学研究在研究方法和主题上的开放性最大限度地适应了学习的复杂性特征。对于境脉的关注,体现了立足于真实情境研究学习的一贯立场。行动取向,意味着注重通过设计改进现有的实践,所以学习科学是一门设计科学;同时,基于设计的研究在设计时基于已有理论主张并通过研究和行动发展理论,因而连接了理论和实践,所以学习科学也是连接的科学。在研究过程中,致力于推动实践的变革与创新,这也是设计本身的指向。也正是基于对学习科学发展历程及趋向的这些理解,本书撷取学习科学的核心观点,探索如何从这些观点出发设计学习活动,并结合基础教育主要学习领域的相关实践,进一步分析教学如何变革和创新,以适应时代发展的需求。

第二节 学习科学的理论基础

根据索耶主编的两版《剑桥学习科学手册》及其他相关的研究分析,[①]学习科学的理论基础包括建构主义、认知科学、信息技术、社会文化研究、知识的社会学研究、知识与学习的情境观等。这里对这些方面加以概述,并简要分析它们对学习的研究产生的影响。

一、建构主义

建构主义认识论近些年对于教育领域产生的冲击,可能有甚于任何一种其他的哲学思想。建构主义的核心命题是:每一个个体的先拥概念引导他们

---

① Sawyer, R. K. (Eds.). The Cambridge Handbook of the Learning Sciences[M]. New York: Cambridge University Press, 2006; Sawyer, R. K. (Eds.). The Cambridge Handbook of the Learning Sciences (Second Edition) [M]. New York: Cambridge University Press, 2014.

的理解;关于外部世界的知识是人类建构起来的。儿童和成人所掌握的知识的差异,除了由于儿童掌握知识的量少于成人外,更重要的是,儿童的头脑中存在与成人不同的知识结构。建构主义提醒人们,儿童所不同于成人的这种知识结构,决定了他们与成人之间不同的思维方式,正如学生把数学题目做错,可能不仅是因为他们没有努力学习或者遗忘太快,而且常常是由于他们以不同于老师所期望的那种方式进行思维,而数学教育没有为纠正这些错误概念而设计。[①] 因此,如果没有针对儿童的先拥知识和错误概念而设计学习环境,学生就很难通过聆听老师讲解或阅读课本进行深入学习,因为儿童只能依赖自己原有的认知结构建构出新的观念。在科学学习领域,这种情况也非常普遍。儿童对于自然和世界中的现象有自己的理解逻辑和观点,这些朴素的观点对他们的学习产生着直接的影响,是他们建构新观念的基础。

因此,基于建构主义认识论的学习观和教学观,给学习和评价带来了不同的诠释。学习是基于个体原有知识而主动建构或者创造新知识的过程,不是知识传递的过程。学习依赖于个体的意义建构,同时,建构意义的过程总是镶嵌在一个特定的、个体融于其中的社会场景中。教学应当为学生创设这样一种环境,学生有机会在其中应用、质疑和改变自己原有的知识及其结构。在学习科学的发展中,自始至终强调学习者的中心地位,强调学习者作为主动的、能动的参与者(active agent),体现了建构主义的核心观点。

二、认知科学

脱胎于认知科学的学习科学,仍然将认知科学中的许多重要概念作为自己的核心概念,比如表征、专长知识、反思、问题解决和思维等。在20世纪70年代和80年代,认知心理学仅仅在实验室里,将学习者从真实场景中孤立出来对这些概念进行研究,而学习科学家在吸收这些概念时,除了重视计算机对心理过程的建模,也参考了人类学和社会学关于日常生活中人是如何运用知识的考察等新的视角,并将它们运用到逼真场景和真实场景中人的学习的研

---

① Sawyer, R. K. (2014). Introduction: The New Science of Learning. In R. K. Sawyer (Eds.). (2014), The Cambridge Handbook of the Learning Sciences[M]. New York: Cambridge University Press, 2014, pp.5-6.

究设计中去。比如,表征是用来隐喻知识如何在头脑中组块化的,通过研究专家知识的表征,并用人工智能程序模拟出来,可以将它运用于一些知识密集型领域中(如医学、制造业、通讯和金融等);通过比较专业作家写作的过程和学校学生写作的过程,发现专家善于发展出自己的写作目标和写作计划,而学校学生缺乏计划和反思,在其他学科中同样存在类似的问题。于是,学习科学家就把学习的问题转化为新手通过培养反思能力向专家逼近的问题。在运用计算机支持反思、学习过程中通过反思建构知识、通过设计将反思应用于课堂教学等方面,学习科学也已经积累了许多研究。

三、信息技术

信息技术的快速发展产生了不断改变着人类产生、分布和接受符号的工具系统,即媒体。[1] 媒体的进化对于学习的影响,不仅体现在丰富了我们接收信息的生物学渠道(视觉媒体、听觉媒体和嗅觉媒体等),而且改变了信息授受之间的物理介质,拓展了我们用以呈现和加工信息的技术手段(从纸笔到电视、幻灯、投影等),更重要的是,在使用新的媒体技术如计算机和网络、超媒体、人工现实等过程中,教者与学习者、学习者彼此之间的社会关系发生了重新组合,在学习者和作为认知工具的媒体之间的分布认知系统中,学习者的心智模型不断为认知媒体所塑造。因此,信息技术在生物学、物理学、技术学、社会学、文化和编码方面对于学习的深刻影响,已经成为我们今天谈论学习的基本语境。这种认识启发我们,以信息技术改革学校教育,首先要摆脱授受主义(instructionism)和行为主义以及计算机辅助教学系统的理念和思路,不只是重视各种信息设施在传递信息的途径、呈现表征的方式上面的作用,重视信息技术对教师传递信息的帮助,更要重视将学生置于学习活动的中心,让技术成为学习伙伴,成为支持知识建构的工具,成为支持做中学的情境脉络,成为支持社会性协商的媒体。[2] 虚拟学习、开放学习、基于资源的学习、基于网络的学

---

[1] 罗伯特·D.坦尼森,等.教学设计的国际观(第1册):理论·研究·模型[M].任友群,裴新宁,主译.北京:教育科学出版社,2005:35.
[2] 戴维·H.乔纳森,等.学会用技术解决问题——一个建构主义者的视角(第2版)[M].任友群,等译.北京:教育科学出版社,2007:14.

习共同体、虚拟现实的学习实验室等,都是信息技术的进步所启迪的人类学习新的形态和空间。在各种新技术的支持下设计和创建学习环境,已经成为信息科学和学习科学所共同关心的主题。

信息技术给学习变革带来的最大潜力也许在于"把令人激动的、基于真实世界的问题引入课堂",把学生与一线科学家联系起来,让学生参与探索和解决问题。[1]

四、社会文化研究

在20世纪70年代,人工智能和认知心理学及其相关的研究活动十分繁荣。然而到了80年代,许多学者开始意识到,他们理解和在计算机上模拟人类智慧的目标,仍然遥不可及,以至于到了80年代,对人工智能梦想的幻灭导致"人工智能的冬天"的来临。研究者开始回顾和反思,为什么认知科学没有期待的那样成功。最有影响力的解释来自一系列相互关联的研究途径,包括社会文化研究、情境认知研究和分布式认知研究。社会文化学家开始发现,所有的智能行为都是在一个复杂环境中实现的,这是一个充满工具和设施的人为环境,也是一个充满合作者和伙伴的社会环境。一些著名的研究考察了儿童如何在非学校环境中学习、学徒如何在工作中学习,在缺乏正式学校教育的非西方社会里学习是如何发生的。这些研究揭示,除了正式学校,几乎所有的学习都发生在复杂的社会环境中,如果将学习仅看成是一种发生在孤立的学习者头脑中的心智活动,那么学习简直不可思议。

社会文化研究对于学习科学所涉及的几乎所有领域的研究转向,都产生了重要影响:人工智能领域借助20世纪80年代以后网络技术的快速发展,开始将分布式认知纳入研究中;认知心理学开始研究团队学习、合作学习、小组动力学,以及认知发展中的社会境脉的作用;教育研究则开始研究课堂合作、学生小组中的合作式对话以及学习项目团队等。

---

[1] 约翰·D.布兰思福特,等.人是如何学习的——大脑、心理、经验及学校[M].程可拉,等译.上海:华东师范大学出版社,2002:229-235.

五、知识的社会学研究

在20世纪初叶,主要的工业化国家都已经意识到科学和工程在快速增长中的重要作用,许多学者开始分析科学知识的重要性。在20世纪的前50年,哲学家就科学知识的本质达成一致:科学知识是由关于世界的陈述以及这些陈述中所运用的逻辑运算构成的。这种一致形成了我们所熟悉的逻辑实证主义。逻辑实证主义与行为主义和传统的课堂实践相结合,就形成了教育中的授受主义(instructionism):原理性知识由事实和程序构成,教学就是给学生传递这些事实和程序。

从20世纪60年代开始,社会学家、心理学家和人类学家开始研究科学家到底是如何开展工作的,他们日益发现,科学知识不仅仅是大量的陈述和逻辑运算。科学知识是一种关于如何着手做科学的理解,它是和有关模型的深层知识结合在一起的,是和相关的综合概念框架的解释性原理结合在一起的。科学实践包含实验、试误、假设验证、争辩和论证。科学不是一种单干的活动,科学家需要与科学共同体中的同侪经常打交道,他们常常要评价其他科学家的观点,思考如何最大限度地支持某个观点或反驳某个观点。[①]

从这种新的视角出发,科学知识应当看作是情境化的、实践的,是合作生成的。而在传统的科学课堂里,教师讲课、学生亦步亦趋地按照规定程序在实验室做实验,完全忽略了上述科学要素。这种新的知识观已经从科学工作延伸到其他类型的知识工作,比如,人的读写能力包括知晓如何参与到一系列复杂的读写实践中,像阅读处方、浏览分类广告寻找某个产品、给同事写封电子邮件等;历史学家之所以是专家,是因为他们知道如何参与到历史探究和论辩的复杂实践中。任何知识和能力都和它们所嵌入的情境和运用它们的实践分不开。

---

① 参见:高文,任友群.知识生产与习得的社会学分析[J].华东师范大学学报(教育科学版),2004,(2):7-13;迈克尔·马尔凯.科学与知识社会学[M].林聚任,等译.上海:东方出版社,2001.

六、知识与学习的情境观

有关知识、学习、理解的情境性研究是多视角的,其中包括以莱夫(J. Lave)、温格(E. Wenger)为代表的人类学的视角,以布朗(J. S. Brown)、柯林斯(A. Collins)和杜吉德(P. Duguid)为代表的心理学的视角以及以格里诺(J. G. Greeno)等为代表的强势知识情境观。尽管上述各观点在研究的侧重点上,使用的语言上以及所提出的解决问题的方案上存有差异,但是情境理论发展的主要因素都包括两个方面:其一不满现行的学校教育实践,其二是构建一种对发生在学校以外的学习进行解释的理论。为此,情境理论的研究既关心对传统学校教育的改革,但其关注点又不局限于学校内部的学习,而是拓展到对日常生活中普通人学习的研究以及对各行各业从业者学习的研究。而且,所有的情境理论都强调认知与学习的交互特性,个体、认知、意义正是在互动中以社会和文化的方式建构的。同时,情境理论都强调实践的重要性,并认为,实践不是独立于学习的,而意义也不是与实践和情境脉络相分离的,意义正是在实践和情境脉络中加以协商的。这一切都为研究和理解学习的社会、历史、文化的本质开辟了新路。[①]

第三节 学习科学的研究主题、研究方法与成果

一、学习科学的研究主题

作为一个新兴的、跨学科的领域,不同的研究者对于学习科学有不同的理解,具体的研究工作也有不同的侧重,这一点从本章第一节对于各学习科学研究中心的介绍中就可以看出。尽管如此,这一领域的研究者也对于学习科学有很多共识。学习科学领域的开拓者之一、美国西北大学教育与社会政策学

---

① 约翰·D.布兰思福特,等.人是如何学习的——大脑、心理、经验及学校[M].程可拉,等译.上海:华东师范大学出版社,2002:译丛总序9-10.

院的学习科学家在维基百科(wiki.pedia.org)上提供的对于学习科学的解释,基本上概括了这一领域所包含的重要问题:学习科学是一个跨学科的研究领域,它致力于对"学习"产生更科学的理解,并对学习变革进行设计和实施。研究聚焦于人类学习的认知—心理基础和社会—心理基础,同时关注学习环境的设计(诸如智能导师、程序语言、学习管理系统等教育软件)。研究者还将研究焦点拓展到课程、非正式学习环境、教学方法和政策变革的设计等方面。总的来说,学习科学研究是以下三股相互关联的研究力量的交汇。

- 认知:建立学习与教学的结构与过程的科学模型,使学习者能够获得组织良好的知识、技能和理解。
- 设计:建立学习与教学的环境,将多媒体、人工智能、计算机网络和创新的课程及教学活动结构结合起来。
- 社会境脉:考察学习和教学情境的社会、组织和文化动力,包括课堂、学校、学区、博物馆、企业和家庭。

正如索耶在《剑桥学习科学手册》中所指出的,学习科学区别于传统学习研究之处在于:

> 学习科学是一个研究教和学的跨学科领域。学习科学家研究多种场景中的学习,不仅包括学校课堂中的较为正式的学习,也包括发生在家庭中、工作中和同伴间的非正式学习。学习科学的目标是更好地理解产生最有效的学习的认知和社会过程,并运用这方面的知识去重新设计课堂和其他学习环境,以让人们更深入、更有效地进行学习。[①]

学习科学研究的主要框架是围绕学习的发生过程建构起来的。主要聚焦于两大方面的研究:一是对于学习发生机制的研究;二是对于学习环境创设方法的设计研究。此外,还有一些对于学习科学理论基础、研究方法论以及研究成果的实践推广和相应的政策变革等主题的讨论。

1. 关于学习发生过程的研究及相关观点。对于学习是如何发生的,过去

---

① Sawyer, R. K. (Eds.). The Cambridge Handbook of the Learning Sciences[M]. New York: Cambridge University Press, 2006, p.xi.

几十年来,研究者一直从三个方面进行不懈研究:脑的研究和内隐学习、非正式学习、正式学习。研究者分别从其中的某个方面去揭示学习发生的机制。事实上,从美国国家科学基金会 2004 年起所资助的学习科学研究中,我们能够清晰地看到,今天的学习科学仍然在这三个领域内探索学习的本质,但是整合性更强,研究视角和研究背景更加宽阔。换言之,当代学习科学研究致力于探索在广泛的学习情境中的学习基础——从细胞水平上的学习过程,到涉及不同脑功能区的复杂过程,到个人行为,到课堂互动,到非正式场景中的学习,到由计算机算法所执行的学习,等等。从广义上说,学习科学的研究涉及理解这些复杂问题的智力的、组织的和物理的基本结构,为设计支持性方案、改善学习绩效提供基础。

从脑的学习机制、非正式环境和正式环境方面的学习等不同角度获得的对于学习发生的"实然状况"的描述和理解,逐渐在学习机制上达成了诸多共享的观点,这些观点深深地影响着学习科学所关注的问题和应用的方法。这些共享的观点主要有:学习是知识建构和意义制定的过程,而不是知识的接收的过程,而知识的建构和意义的制定是学习者在已有知识和经验的基础上进行的;学习具有高度的情境性,学习是高度地受其所发生的情境调节的,同意义制定的地点(共同体)有关;学习具有社会性,个人与社会是知识的一个重要维度,知识的这一维度正是通过个人与社会之间表现为互动、中介、转化等的张力形式来构建一个完整的、发展的知识观,从这种知识观出发,学习被认为是知识的社会协商过程,意义制定的社会本质成为观察分析学习不可或缺的视角;学校场景中的学习和校外学习(领域专家、从业者、普通人的学习)具有明显的差异,这种差异在一定程度上导致梅里尔(David Merrill)所说的学生和学习者的差异:学生是说服自己从教学中获取特殊知识和技能的人,学习者则是从自己的经验中建构自己意义的人;工具和技术(尤其是现代信息技术)是学习的有力支持、中介和伙伴,使得基于真实任务的复杂学习在多种学习环境中成为可能。所有这些关注点都与对于学习的传统研究的反思分不开。也就是,对于学习的反思要超越传统的实验室方法的研究,走向真实的学习环境,研究的对象相应地拓展到不同情境脉络中人的学习的研究。上述这些描述性研究对于学习环境的设计或者重构具有深刻的意蕴。

2. 关于学习环境的设计研究及相关问题。在一个学习环境中到底发生了什么,它是如何有助于学生表现的和改进的?这一问题始终贯穿学习科学研究的历程中。这里的学习环境包括多个要素,如:环境中的人(教师、学生和其他人)、环境中的计算机及其发挥的作用、物理环境和设施,以及社会文化环境等。当研究对象从传统的对于学习的某一个方面(如感知、记忆、动机)转向学习发生的整体环境,从抽象的人转向具体活动中的人(儿童、专家、普通人等),相应的研究问题就转化为:不同的学习环境如何对不同人的学习产生不同的影响?关于真实实践中的学习的研究就是从这个角度展开的。

研究表明,当学生所参与的活动与某一专业领域的专家的日常活动十分相似的时候,学生将会学到更为深入的知识。[①] 这就是"像专家一样学习"的含义所在,而且这一观点已经被纳入教育政策和实践中。例如,学习历史就要运用历史学者所使用的历史分析法和历史观,对基本的史料进行历史探究,而不是记忆事件的日期和发生次序;学生参与科学探究,则意味着要求他们建立起对科学现象的解释,并提供检验这些解释的论据。当然,计算机等新型媒体技术对这种真实学习的支持,是实现这场学习的革命不可或缺的要素。

学习环境的研究,并不是把"学习的发生过程"研究中获得的解释性原则或原理简单地付诸应用,而是在理解那些原则、原理的基础上,面向实践和创新的需要,创造性地进行设计和开发。具体而言,这个方面的研究问题包括:我们是否能够通过改进学习环境的设计而促进学习,如何创设新型的学习环境(如软件的设计、教师角色的设计、具体学习活动的设计等),教师在学生的学习过程中应该提供哪些以及如何提供脚手架,促进深度学习的有效组织方式是什么,等等。

这种研究带有"规范性"研究的意味,重点探索学习环境的"应然"状况。索耶将学习科学概括为我们可以如何应用所有的科学知识去设计最有效的学习环境,因而认为学习科学也是一门设计科学。[②]

[①][②] Sawyer, R. K. (2014). Introduction: The New Science of Learning, In R. K. Sawyer (Eds.). (2014), The Cambridge Handbook of the Learning Sciences[M]. New York: Cambridge University Press, 2014, p.4.

二、学习科学的研究方法

除了采用相关学科领域已有方法外,学习科学的研究者越来越致力于寻找一种整合的解释方法,而不仅仅是从某个单一的角度对人类的学习作出整体性的解释。与此相适应,研究方法也需要适应这种整合的观点,而不仅仅是控制某些变量后对局部变量进行观测。学习科学关注的是多种情境(尤其是真实情境)中的学习与实践。研究者也发现,在复杂的社会和技术环境中,深度学习更有可能发生。这就决定了,学习科学研究中注重运用对于真实情境进行整体记录的方法,特别是人类学、社会学、文化研究中常用的现场研究的方法(如人种志、会话分析、社会文化心理学的研究方法)。

著名的如莱夫和温格(J. Lave & E. Wenger)用人类学方法对助产士、裁缝、军需官、屠夫和戒酒的酗酒者的学习过程的研究,他们以对这些人的学习发生过程的现场深描和结构化分析为基础,勾勒了学习者在这个合法的边缘性参与过程中,在认知、实践能力和身份上发生的转变。[①] 索耶采用互动分析法记录和分析:学习者之间的关系、互动类型和历时性的变化,学习者参与实践的过程及历时性的变化,以及个体学习等。再如,格里诺(J. G. Greeno)建议使用情境法(situative perspective)对学习活动进行研究。他将分析的重点从传统心理学关注的个体转向活动系统。在他的视野中,活动系统是一个复杂的社会组织,包括学习者、教师、课程资料、软件工具和物理环境。他认为,需要在更为总体性的互动关系中考虑个体的认知,分析活动系统中的表现和学习。例如在探究型课堂上,学生在形成和评估问题,提出和争论概念和理解的不同意义时,学生的理解是为大家所分享的。分析的时候,可以考虑个体学生的行动是否对于班级在获得共享的理解方面作出贡献,而不是仅仅去展现学生先前在与课本、教师和计算机的互动中已经从认知上建构起来的理解。他的分析不仅包括信息结构的出现和转变,也包括在学习活动进程中的社会性安排和活动结构(即参与者在能力、权威和责任

---

① J.莱夫,E.温格.情境学习:合法的边缘性参与[M].王文静,译.上海:华东师范大学出版社,2004.

方面的位置)。因此,在具体的研究方法方面,强调对于互动(而非语言报告)的记录、信息结构在活动系统层面上的生成过程以及表征的方式(而非表征)。

近年来,录像(视频)研究在学习科学研究中受到广泛关注。录像分析不仅有助于全面地记录学习发生的真实过程,更有助于形成分布式的协作研究共同体。随着技术的进步,数码录像的录制、处理和分析越来越方便,研究者已经将录像研究用于家庭中、同伴间等非正式环境中学习的研究和课堂上的学习的研究。[1]

适应学习环境创设方法的研究,基于设计的研究方法(design-based research)或称设计研究(design research)应运而生,并已经广为应用。基于设计的研究,是指在研究者设计出来的并系统加以改变的环境中进行的学习研究,因而这种研究指向于自然化的情境脉络中的学习。在研究过程中,研究者通过历时性地、循环往复地、系统地改变学习环境,使之逼近学习的复杂性特质。也就是说,研究者根据学习理论的某个具体观点,对学习环境进行设计并逐步实施改变,不断验证和提炼在理论上自洽、在实践中有效的观点和方案。基于设计的研究的实质,是记录和分析"人造的"真实场境中的学习的发生,因而前述现场研究的方法也是必不可少的。

基于设计的实践,不是简单地"将理论应用于实践",而是通过对于设计的环境中的学习发生状况的分析,精制甚至重构关于学习发生机制的"猜想"和"观念"(不是有待检验"假设"),因而既是通过理论改进实践的过程,也是通过实践发展理论的过程。所以,这种研究方法是沟通"实然"和"应然"的桥梁,它的目标和结果指向理论、实践和设计之间的互动,即同时关注实践的提升、理论的验证和精制,以及人工制品(如学习产品)的开发等多个方面。[2] 之后,研究者还进一步考虑学习科学的研究、政策和事件三者之间的关联,以更好地推动研究成果的应用与提升,发展出基于设计的实施研究方法

---

[1] Goldman, R., Pea, R., Barron, B., & Denny, S. J. (Eds.). Video Research in the Learning Sciences[M]. London: Lawrence Erlbaum Associates, 2007.
[2] 杨南昌.学习科学视域中的设计研究[M].北京:教育科学出版社,2010; Puntambekar, S. Design-Based Research. In F. Fischer, C. E. Hmelo-Silver, S. R. Goldman, & P. Reimann (Eds.). (2018), International Handbook of the Learning Sciences[M]. New York: Routledge, 2018, pp.383-392.

(design-based implementation research)。①

三、学习科学的研究成果

美国国家研究院行为科学、社会科学和教育委员会学习科学开发项目委员会在20世纪90年代主持了一项主题为"人是如何学习的"的研究,研究小组系统总结了关于人类学习的研究的最新成果,出版了《人是如何学习的——大脑、心理、经验及学校》一书,②展现了学习科学研究取得的重要进展。与此同时,社会学和人类学等领域的研究也增加了对于人的学习的认识。主要研究成果摘要概括如下。③

1. 有关专家知识与专家学习的研究。主要从专家和新手的差异这一视角展开。研究表明:专家能识别新手注意不到的信息特征和有意义的信息模式;专家获得的是大量有组织的内容知识;专家的知识是围绕着核心概念或"大观点"(big ideas)组织起来的结构性的知识;专家的知识包含知识应用的情境脉络,这些知识与解决具体任务相关,是受一系列环境的制约的"条件化的"知识;专家能够顺畅、灵活地从自己的知识中提取重要内容;专家具有适应性的专门知识,能以灵活多样的方法应付新情境。

2. 有关儿童学习的研究。儿童出生时就有学习的本能,是积极的问题解决者。脑科学的研究发展迅速,在很大程度上揭示了后天经验对于脑的塑造作用。有关脑的研究表明,发展不仅仅是预先编制好的程序模式的展现,经验可以通过修正大脑的结构建立人的心理结构,在复杂环境中经验的多少与大脑结构改变的程度有很大的相关性。儿童与外部环境的不断互动会影响脑和心理的发展,越来越多的证据显示大脑的发展和成熟是随学习的发生而在结构上产生变化的。

---

① Fishman, B. & Penuel, W. Design-Based Implementation Research. In F. Fischer, C. E. Hmelo-Silver, S. R. Goldman, & P. Reimann (Eds.). (2018), International Handbook of the Learning Sciences [M]. New York: Routledge, 2018, pp.393 – 400.
② 约翰·D.布兰思福特,等.人是如何学习的——大脑、心理、经验及学校[M].程可拉,等译.上海:华东师范大学出版社,2002.
③ 赵健,郑太年.学习科学(2):研究进展[M]//高文,等编著.学习科学的关键词.上海:华东师范大学出版社,2009: 31 – 49.

3. 有关学习的迁移的研究。学生将学习到的知识迁移到新情境中的能力是判断学习成果的重要指标,这一能力取决于初始学习的程度、学习是否是理解性学习、学习的情境的多元性、学习者对于主题和原理的提取和理解、教学过程中对于影响学生正迁移和产生负迁移的因素的关注及引导等。

4. 有关普通人与从业者的学习的研究。20 世纪后半叶,很多教育学家、心理学家和人类学家在反思存积了将近两个世纪之久的现代学校教育弊病时,不约而同地提出两个问题:其一是在现代学校诞生以前人是怎样学习的;其二是同样一个人作为学生在学校文化环境中的学习与他们作为普通人在日常生活中的学习有什么不同。据此,学者们从 20 世纪 80 年代开始将普通人和从业者列为有关人的学习的研究对象。以莱夫等为代表的人类学家在对人的学习和日常活动的研究中揭示了这样一个事实:正是文化与活动赋予所学东西以目的与意义。他们认为,某一领域中的活动是由其文化规定的。活动的意义和目的是通过现今与过去成员之间的磋商而以社会方式构建的。因此,一切有意义、有目的的活动都是真实的。这种真实活动可以最简单地定义为日常的文化实践。普通人日常解决问题的方式不同于课堂上的学生,而更接近于从业者、专家的活动。所有这些活动都发生在他们所处的文化之中,他们在这一文化中切磋意义,构建理解并在他们实施的活动范围内详细地说明问题和寻找解决问题的方法。人类学家还对多个领域从业者的学习活动进行了研究。研究表明:学习不是一个孤立的过程,而是生活实践的一部分,学习是无所不在的;人总是以一种由情境性活动支持的无痕迹的方式在活动中学习的;人总是基于错综复杂的问题去学习知识的;人的知识总是在运用中经历建构和变化的;知识与学习是分布在个体情境活动的综合性结构中的,即存在于活动中的个体、任务、外在工具以及环境的关系之中;学习就是对正在进行的活动的理解或参与。

5. 对传统学徒制的研究。对学校出现以前曾经是人们学习的最普遍的方式的学徒制的研究表明,传统学徒制的方法不包括学校教育中通常使用的说教式教学,而普遍采用观察、交流、训练和逐渐地接近成功的方法。在学徒制的方法中,作为学习对象的知识与技能是镶嵌在它们实际运用的情境之中的,熟练的从业者在教学过程中持续使用着这些技能,而且这些知识与技能对于从事学习的学徒则是完成有意义的任务所必需的工具,他们正是在这些技能与知识镶嵌其中的社会性和功能性的情境中解决真实复杂任务和进行学习的。学徒制提供学习者大量实践的机会,学徒获得的有关行动的指示基本上不是来自教师的教学,而是来自对从业者如何从事同一工作的观察。在这一过程中,师傅作为"教师"始终参与同一实践活动,他们的实际操作为学徒构建了标准,而作为学习者的学徒则在观察、模仿、训练、交流等的过程中逐渐被一个专家的实践共同体所接纳,从而由边缘进入中心。

在反思传统学徒制的基础上,认知科学家试图建构一种将各种关键要素融为一体的认知学徒模式,并进行了一系列开发有效学习环境与课程的尝试。认知学徒模式的建立立足于改造传统的学校教学环境,试图消除学术性教育与职业教育之间通常存在的差异,并将其目标定位于接纳新手进入专家的实践共同体。

2018年,由美国国家科学院、工程院和医学院发起成立的"人是如何学习的(Ⅱ)委员会"历经多年,再次对于学习科学的研究成果进行汇总,出版了《人是如何学习的(Ⅱ):学习者、境脉与文化》[1],对于前一版《人是如何学习的——大脑、心理、经验及学校》的成果和观点进行了确认,并进一步概括新世纪以来学习科学研究领域的新成果。新版中的关注重点从学校学习为主到包含各种不同情境和领域的学习,关注的时间段也拓展到整个一生。综述的结论主要包括:进一步认识学习者的多样性和差异性,以此作为理解人是如何学习的这一问题的核心。这种多样性源于学习者在生活、前期学习、发展中形成的一系列独特的认知资源,源于包括脑在内的生物因素和包括学习、文化等在内的后天因素的相互影响。主要结论包括以下五点。

1. 学习包含多种类型,个体学习者为了应对遇到的挑战需要有意无意地整合多种类型的学习,需要协调大脑中涉及不同网络的多个过程。这种整合协调能力的发展需要学习者能够对于自己的学习进行监控和调节。

2. 先前知识和经验会对于学习产生多重的影响,学习者通常会对所积累的信息产生自己的新理解,并通过在信息之间建立逻辑联系扩展知识。在检

---

[1] National Academies of Sciences, Engineering, and Medicine (2018). How People learn Ⅱ: Learners, Contexts, and Cultures[M]. Washington, DC: National Academies Press.

索信息方法方面给予学习者指导、鼓励学习者总结和解释学习的材料、支持学习者在多种情境中应用知识等方法,有利于学习者进行有效学习。

3. 学习动机是影响学习的重要因素,学习者对于学习环境的归属感、学习者在学习环境中的自主性和意图性有利于学习动机的激发,教师可以通过帮助设立学习目标、创建学习者珍视的学习经验、支持学习者的自控感和自主性、发展学习者监控学习过程的能力感、建立支持性无威胁的学习环境等方式,激发和维持学习动机。

4. 有效的教学取决于教师对于学习者各种特质的关注、学习者监控和指导自己学习的机会和能力、学习者连接校内外情境学习的机会、在各学习领域中深度理解的发展,以及对于学生学习的有效评估及评估信息的合理利用等。

5. 人在一生中不断学习和成长,他们的选择、动机和自我调节能力,以及他们所处的环境影响着他们学习的程度以及学习迁移能力。

四、学习科学的核心观念——基于我国教育教学变革需求的概述

基于我国教育教学变革的需求,笔者将学习科学的核心观念概括为:学习,就是通过积极参与探究和实践,建构知识,发展能力。其中:

- "积极参与"意味着学习者在学习过程中有很高的自主性和能动性,不是被动的知识接收者。
- "探究和实践"说的是,学习过程面对的是现实世界和真实问题,学习者主要作为一个问题研究者、文化实践者而学习。
- "建构"是指学习者形成和发展自己的理解,找到自己的方法,在这个过程中会调用自己的知识、经验、观点、信仰等,并将自己的观点和方法表达出来,在合作的状态下还通过对话、协商、交流不断发展自己的观点。
- 发展起来的"知识、能力"包括多个层面:事实性和程序性知识、结构化知识、学科的大观念,以及各种通用性的知识和能力。从知识的形态上看,除了包括编码的知识,还包括包含情境因素的、方法性的默会知识。

这些观念似乎并不新奇,这是因为在日常生活、专业工作、研究工作中,人们很多方面的知识、能力、专长都是通过这种方式发展起来的。在教育改革

中,不少创新性的学习项目和教学方法,也在不同的方面与其中的某些主张是一致的。

但是,在实践中,教师讲授和示范、学生听讲和操练还是一种很普遍的模式。从学习科学的观点看,在学校教育这种特定的学习环境中,教师应将培养目标和课程内容转化为一系列学生主导的探究和实践活动并组织实施,学生在这个过程中不断探索、发现、交流,形成和发展自己的知识、观念和方法,达成课程目标的要求。教师在学生活动过程中监控学生的活动进程和知识建构状况,提供必要的支持和引导。

从学习所涉及的众多要素角度分析,基于学习科学的教学是以学生学习为中心的教学,教和学的各要素及这些要素之间的关系呈现以下特征:

- 学生:学习活动的主体、知识建构者。
- 教师:学习活动设计者、组织实施者、学生建构和探究的支持者和促进者。
- 知识:既包括事实性和程序性的知识,也包括知识结构、学科大观念、通用性知识。编码知识和情境化、实践性知识都予以关注。
- 知识及与真实世界的关系:知识是有效理解真实世界和解决问题的工具和方法,不是真实世界的表征或者代表。
- 学生与知识、真实世界的关系:学生建构知识和知识结构,而不是接收和记忆它;学生通过探究真实世界的问题建构理解世界的观点和发展实践能力,而不是以记诵知识、程序代替对于真实世界的探索。
- 教师与知识、真实世界的关系:教师不是呈现知识和程序来教会学生理解世界和解决问题,而是设计活动让学生解决问题和建构知识。
- 教师与学生的关系:不是教师讲、学生听和练,而是学生探索和建构,教师设计活动并组织实施,指导和支持学生的探索与建构。
- 学生与学生的关系:合作关系。

对照我们的学校教育方式和教学过程现状,不难发现,这些要素及其关系的特征与这里所分析的基于学习科学、以学习者为中心的特征有着很大的不同甚至本质的差别,尽管我们在政策文本和教师话语中经常谈到学生为本,学生为中心。由此可见,基于学习科学进行教学变革的实践探索才刚刚开始。

Education Reform for the 21st Century Skills: China and World

第三章

学校教学的变革

学校教学的变革，在实践中有不同的取向，出发点也可能是多种多样的，理论基础或者假设——不管是明言的还是隐含的——也会有所不同。比如，有的侧重在更高水平上达到现有评价方式所确定的标准，如在外部考试（统考、升学考试）中取得更好的成绩，从而巩固和提升学校的竞争力；有的从时代发展对人的素养提升的新要求出发，着重通过教学的变革培养新的能力，如近年比较注重的创新能力；有的从实践者的教育理想出发进行探索，这些理想常常和历史上的某些教育思想家相一致，如，对人的自由发展的重视，实践探索者在新的时代背景下赋予这些理念以新的实践途径；有的则从前沿的教育理论出发进行的实践，比如建构主义和情境观、后现代观、多元智能等理论，都有相应的教学实践。本章将从这些教学变革的实践中概括出一些共同点，力图为教学变革的探索者提供指引和借鉴。

第一节 学校教学变革：怎么做和做什么

著名管理学家彼得·德鲁克（Peter F. Drucker）曾经区分了"正确地做事"与"做正确的事"。他进而提出，领导者和管理者的区别在于，前者是"做正确的事"，后者是"正确地做事"，前者关注效率，后者关注效能。[①] 参照这种分类方法，我们也可以将教学变革的努力方向大致区分为两类，一类是正确地做事，就是更好地完成现有的教学目标，另一类是做正确的事，就是重新思考教学目标，使其更为合理，并探索达成新目标的途径。教育的研究者和实践者不仅要从管理者的角度出发去解决问题，更要从领导者的角度出发去界定问题。

---

① 彼得·德鲁克.卓有成效的管理者[M].许是祥,译.北京：机械工业出版社,2005.

一、正确地做事：途径的变革

根据"正确地做事"的思路，教学，尤其是站在教师的角度看，就是要有效地完成外在地给定的任务，这种任务表现为完成教学大纲或者课程标准中框定的教学内容，达到所规定的学习结果。在现实中，完成任务可能进一步简化为提升学生考试成绩，在升学竞争普遍存在时，这一点也成为不少学校和教师的选择。这一方向的教学变革，重点在于精制已有的方法，或者找到更好的方法去达到这些目标。也就是说，这种变革的重点是方法的变革、路径的变革。比如，在教学中，教师还是以讲授和学生的操练作为主要的教学方法，但是可以在讲授中更注重知识的结构性，更注重通过问答和即时的练习了解学生的接受程度；相应的操练中更注重习题的针对性和多样化，通过精心的设计，习题能够发挥巩固所讲授知识的作用，能够适应不同学生的特点，能够富有变化，从而让学生得到全面的练习。变革性的方法则有多种形式，在历史上曾出现过的程序教学和掌握学习就是明显的例子，这些方法在今天也还在得到应用。在教学中，教师将教学内容分成尽可能小的单元（小步子原则），学生自己根据学习材料逐个单元进行学习，完成一个单元后参加小测试，测试合格则继续学习下一单元，不合格则进入补充学习阶段，有的是重新学习一遍原有的材料，有的是进入一个专门针对未通过单元测试者设计的学习活动，直至学习者成功完成这一单元的学习后才能进入下一阶段。很明显，这种教学严格遵照已有的教学内容和目标，但是在方法上改变了教师讲授为主的方式，代之以学生自学为主；改变了统一步调的方法，代之以学习者自定步调；改变了只有部分学生达到目标的结果，代之以绝大多数学生都能达到目标，只是所用时间有差异（掌握学习就认为，只要有充分的时间，绝大多数学生都能够达到掌握的标准）。

为达成既定目标而寻求有效教学方法，这一直以来也是研究的热点问题之一。布罗菲（J. Brophy）将好的教学的原则概括为 12 条：[1]

---

[1] Brophy, J. (Eds.). Subject-specific Instructional Methods and Activities[M]. Oxford: Elsevier Science Ltd., 2001, pp.1 - 22.

1. 支持性的课堂氛围：学生在有凝聚力、关爱的学习环境中学得最好。

2. 学习的机会：当大部分时间用于与课程相关的活动、课堂管理系统强调让学生参与到这些活动中时，学生学到得更多。

3. 课程的整体性：课程的所有要素都统一起来以产生一个整体的项目，来达到教学的目标。

4. 确定学习的指向：教师能通过提供初始结构来明确预期的学习结果和提示期望的学习策略，从而让学生为学习做好准备。

5. 内容有条理：为促进有意义的学习和保持，内容的解释要清晰，开发内容时要强调其结构和联系。

6. 富有思想的对话：对问题加以规划，让学生参与到围绕有力的大观念(powerful ideas)进行的持续对话中。

7. 练习和应用活动：学生需要充分的机会练习和应用他们正在学习的东西，并获得促进提升的反馈。

8. 支撑学生参与任务：教师提供学生所需的帮助，让他们能够有效参与到学习活动中。

9. 策略教学：教师在学习策略和自主策略方面给予学生示范和指导。

10. 合作学习：学生常常受益于配对学习或者小组合作学习，这有益于他们建构理解或者在掌握技能方面互相帮助。

11. 目标指向的评价：教师用大量正式的和非正式的评价来监控学生迈向学习目标方面的进展。

12. 成绩期望：教师确定并且坚持对于学习结果的适当期望水平。

寻求教学方法的改进也是学校面临的经常性任务，在教育改革进程中尤其如此。比如在我国当前的基础教育课程改革中，教师寻求改变自己教学方法的内外动力较强，行动也多种多样，变革的程度和实际的成效也会迥然不同。

教师和学校对于教学方法变革的探求，体现了常规条件下人们对于学校工作方式内隐的观点。尽管我们可以质疑现存学校体制及其目标的合理性，但是我们不能否认,对于教师而言,教学的目标和学校的当前关切实实在在地影响着——甚至决定着——他的行为选择。在与中小学教师的交流中,我们时时会感到他们面对这些客观因素的无奈感和他们寻求突破时的挣扎:他们常常不得不面对外部考试的压力以及来自学校和家长的压力。从另一个角度看,对于教师而言,他们如果能够有效地完成外部规定的任务和目标——哪怕是学生考试成绩的提高,他们随后的探索空间才会出现。也就是说,有了有效达成既定目标的基础,更自由的创造才有可能。

在教学途径变革的实践中,实际产生的效果往往也不仅仅是更好地达成既定目标。一方面,成功的教学变革实践可能在学生身上产生常规教学目标以外的结果,当然,这些结果可能是更为根本性的教育目标所包含的。比如,不少的教学变革都注重学生的自主学习,这种自主学习的经验有助于自主能力和学习能力的形成,正所谓"无心插柳柳成荫"。另一方面,这类教学方法变革的探索还可能让教师更好地理解学习过程和教学过程,更深刻地领会教育的原则,因而为更进一步的变革探索提供基础。

在实际的教学变革实践中,这种方法和其他方面的探索也常常结合在一起进行,并非如这里叙述那样让人觉得彼此截然分开。教学活动过程是一个整体系统,系统中一个要素的变化常常会引起一系列的变化。例如,一个教师为了解决学生在学习某一部分教学内容上的困难而尝试某种新的教学方法,比如通过联系学生的生活经验去理解某个抽象的概念,但是在此过程中,学生将不同的经验带到课堂上交流,转而使得课堂教学中增加了多种形式的对话和互动,而且在对话和互动中又延伸出许多新的观点,这些观点涉及新的概念,教师由此又开始关注知识的结构性。如果教师进一步尝试,发现可以用对话的方法开展教学,从而逐步改变整个教学的形式,教学的目标指向也发生了转变,比如更注重学生自主探究的能力。

我们应当看到这一路径的局限性,那就是,现实的教学中常常将更为整体性、前瞻性的教育目标分解得过于简单化和操作化,从而忽略对于学生整体发展的综合考量。在实践中,如果学校和教师将"当前教学目标"仅仅理解为学生能够知晓内容知识或者有效应对考试,则使得教育促进学生全面发展的目标难以实现。所以,教学的变革要指向于有效达成现有的教学目标(不是政策的或者文本的,而是关注实际的,后者距离前者常常有一定的距离),但是不应以此为限。

二、做正确的事:目标的重新定位

"做正确的事"则要求教育研究和实践者铭记并不断反思教育的目标,然后付诸实践行动。佩珀特指出:①

> 教育心理学通常关注人是如何学习知识实体(entities)的,这些知识都是彼此孤立的,而生成新观念的最深层的根源也许是发明新的知识实体。随着这种可能性在我们的共同体内逐渐变得明晰,我希望拓宽我们研究的焦点,从研究人是如何学习的拓宽到研究人学习什么。

他以数学运算为例,假想我们生活在罗马数字运算时代,很少有人会做乘法,按照罗马数字的表征方式,乘法的学习是一件非常费力的事情。对此,从"如何"入手的解决方法是应用关于学习的原理去解决这一问题,而从"什么"入手的解决方法则可能是发明一种新的表征系统,比如后来出现的阿拉伯数字系统,这种新的系统使得乘法的学习变得简单、易于普及。当然,在历史上,阿拉伯数字不是为了教育的目的发明的,但是如果能够发现(发明)其他的"什么",做其他的"什么",而不是简单地寻找"如何",问题的解决就更为圆满。

同样,在探讨教学变革的时候,我们在思考怎么做的时候,更应当进一步思考:什么样的结果是我们真正希望得到的?也就是说,我们要做"什么"?达到什么目的?这些目的是不是不能简化为我们现在习以为常的箱格化的知识?用德鲁克的话说就是"什么是正确的事情"。我们至少应该站在两个高度上衡量这种希望得到的结果:一是我们现有的教育目标,这是我们"应该做什么"的总体导引。教育目标见诸法规文件,如我国关于教育目的的表述是"培养德、智、体等方面全面发展的社会主义事业的建设者和接班人","全面发

---

① Papert, S. Afterward: After how comes what. In R. K. Sawyer (Eds.), The Cambridge Handbook of the Learning Sciences[M]. New York: Cambridge University Press, 2006, pp.581 – 582.

展"则是教育目标之指向;二是人的发展和时代发展的需要,比如现在经常强调的创新精神和实践能力,这被认为是知识经济时代的必备品质。这些对于"什么"的规定是教学变革的重要指向。在探究教学变革的时候,不仅要思考现有的课程教材体系规定的具体任务如何完成,还要考虑从教育目标和人的发展、时代的发展看应当努力的方向。前者是实践变革的基础性要求,后者是实践变革的发展性要求。

一个典型的例子是关于数学学习的。不少人潜在地认为,数学就是计算,就是解题目,一个学生数学好,就意味着他解题能力强。最近听到的一个留学生的经历让我深有感触,他在国内数学成绩一直非常优秀,但是到国外攻读博士学位不久就放弃了学业,在那种环境中,他深刻地感受到他擅长的是解题,是计算,而不是学习数学、研究数学。如果师生在数学课堂上将大量的时间花在计算、做题目上,而不是在用数学的方法界定问题和解决问题,这种教学就难以培养真正的数学能力,尽管学生在常规的考试中可能也会取得不错的成绩。

因而,好的教学不仅仅是有效率的教学,更应该有新的效果,即从当前教育目标及人的发展和社会发展看的合理效果。当教师将自己的日常教学活动同这种目标联系起来的时候,这种目标就赋予了教学活动方向和意义,教师也可以通过指向该目标的创新活动而对学生的发展和社会的发展有新的贡献。

对于什么是期望的效果,关于"适应性专长"(adaptive expertise)、"适应性能力"(adaptive competence)的研究值得关注和借鉴。在变化已经成为社会生活常态的今天,教育工作者面临的一个重要使命就是帮助人们对新情境保持适应性,即能够不断发现、明确和解决新情境中的问题。由此,关于专长知识(expertise)的研究者关注某些知识的组织方式是否比其他的组织方式更佳。比如波多野谊余夫等比较了两位日本寿司专家:一个以按照固定食谱做寿司见长,而另一个拥有"适应性专长"(adaptive expertise),能创造性地加工寿司,更有灵活性,更能适应外部的要求。这就是"工匠"(仅有技术的人)和"艺术大师"(高创造力的人)的区别。这种差异在很多工种中都是存在的。信息系统的设计者身上也有这类区别。信息系统的设计者严格按照顾客所列要求去设计,目标是建构出让人们能有效地储存和提取信息的系统。工匠专家自动地鉴别顾客所需要的功能,趋向于接受顾客所提出的问题和限制。他们处理新问题的手法是,把问题看作是运用已有的专业知识更有效地完成同类任务的机会。艺术大师型的专家也很尊重顾客的要求,但他们把这看作是"设计探究的起点",把顾客的要求看作是探究和拓展目前专业知识水平的机会。适应性专家能够灵活处理新情境并成为终身学习者,他们不但应用他们所学到的,还运用元认知不断挑战他们现有的专业知识水平,并且设法超越它。他们不只是力图更有效地做同一事情,他们还希望把事情办得更好,并做不同的产品。① 与适应性专长(专家)相对应的是常规性专长(专家)(routine expertise/expert)。两类专家都在一生中学习和进步,但是方向有别。常规性专家会发展出一套核心能力,一生中在越来越高的效率水平上应用它,而适应性专家会在需要时或者有兴趣时不断使其核心能力得到演进,更有宽度和深度。这要求他们经常作为一个"聪明的新手"进入相关的领域,在那里他为了学习新的东西一开始会比较辛苦。最后的结果是,前者走向效率,而后者走向创新。研究者以适应性专长的两维图对此进行了描绘(见图3-1)。② 在学生的学习过程中,常规性专长和适应性专长应协调发展,因为常规性专长的熟练掌握、自动化的提取和应用使人能够节约认知资源和注意力,从而集中于基本问题。从这一点看,我国基础教育界经常强调的"双基"(基础知识和基本技能)必不可少,关键是教育的指向不能仅限于此。

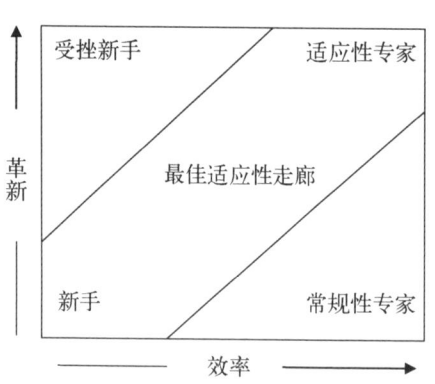

图3-1 适应性专长的两个维度

为了培养学生的适应性专长,学习环境应包括反思和元认知丰富的活动,使学习者参与"知识建构"而不仅仅是"知识讲述";应该将重点放在理论建构和理论证伪的系统探究,而不是仅仅遵循程序找到结果;应该设计促进变革的

---

① 约翰·D.布兰思福特,等.人是如何学习的——大脑、心理、经验及学校[M].程可拉,等译.上海:华东师范大学出版社,2002:45-48.
② Bransford, J. D. (2006). Foundations and Opportunities for an Interdisciplinary Science of Learning. In R. K. Sawyer (Eds.), The Cambridge Handbook of the Learning Sciences[M]. New York: Cambridge University Press, 2006, pp.26-27

"好使的"(working-smart)的环境,以提高效率。学生学习指向于有效解决未来出现的问题这个一般性目标,也要鼓励他们去为这种问题作好准备,通过接受、修改和发明聪明的工具去帮助他们更有效地工作。[①]

学习科学致力于从人类学习的根本方式反思和重构学校的学习环境,推动学习的变革,这种变革不仅仅体现在对教育教学方法的重新探索,也体现在对教育教学目的的重新定位。在各国的教育实践中,人们也不约而同地关注教育目标和教育方法的变革,在实践中也产生了鲜明的效果。最近几年在国际教育界产生巨大影响的两项国际教育成就评价项目——TIMSS(国际数学和科学学习趋势,由国际教育成就评价协会发起)和PISA(国际学生评估项目,由经济合作与发展组织发起)——都十分关注在评价内容中体现对于"什么"的关注和对于"如何"的关注。如,在问卷中强调分析与推理能力、知识应用能力等,这体现了对于"什么"的关注;对于教学方式的调查则反映了对于"如何"的关注,如数学和科学课堂上是否采用探究式的教学[具体的问题涉及教师是否经常要求学生开展大量的科学探究活动,如学生在课堂上进行如下活动的情况:(1)观察教师演示实验或调查,(2)设计或规划实验或调查,(3)做实验或调查,(4)分小组实验或调查,(5)对所观察的现象及其原因作出书面的解释]。

近年来关于关键(核心)能力(胜任力、素养)的讨论和政策集中体现了对于"做正确的事"的关注,也就是,重新定义适应21世纪发展的教育目的,将自主学习能力、创新能力、合作能力、沟通交流能力、批判性思维等置于重要的地位,这反映了时代发展的需要,也必将引起教育教学方法的变革。

第二节 作为类社会文化实践的学校教学

一、授受式学习—社会实践

无论从学校教育实践的发展看,还是从相关领域(如课程研究、教学研究、

[①] Bransford, J. D. (2006). Foundations and Opportunities for an Interdisciplinary Science of Learning. In R. K. Sawyer (Eds.), The Cambridge Handbook of the Learning Sciences[M]. New York: Cambridge University Press, 2006, p.28.

学习科学研究)的研究者倡导的观点看,教学变革的方向之一就是促进学习者更好获得知识,能够用这些知识解决现实世界中的问题,同时能不断发展学生的自主性和创新能力,从而更有效地面对知识社会带来的种种挑战。而在传统的传播模式的教学,教师仅仅将知识告诉学生,学生接收之后进行记忆和操练,学生获得的仅仅是表层的知识而没有很好地提升思维能力,难以进行知识迁移,无法有效解决问题,更无法发展自主能力和创新能力。

我们可以将这种授受式学习和真实的社会实践作为一个连续统的两端。如本书第一章所述,参与社会实践是人类学习的一种基本形式。在社会实践中,知识和方法、已有资源、约束、限制、可能性等都存在于共同体的实践之中,学习者在实践活动中习得知识和方法、发展理解、建构意义。早期学习中,儿童通过和成人共同参与的活动从家庭环境和社会环境的支持中受益,这种学习早在儿童进入学校前就已发生。社会实践中的学习为我们提供了一个反思学校学习的视角。社会实践中的学习的特点在于知识与应用情境的完全融合,这种情境赋予了知识直接的意义。举例来说,当我们在计算装修房间需要买什么材料、多少材料以及花费多少钱时,我们需要选择合适的单位、丈量长度、计算面积、对购买材料的数量和所需的支出进行估算,这些过程中所涉及的数学知识和技能,乃至色彩的选择、整体的决策等多个方面,都通过当前实际的任务而具有明确的意义。比如其中的涂料(油漆)选用,就涉及面积的计算和估算(包含测量、计算不同图形的面积)、计算涂料(油漆)量、选用不同涂料(油漆)的成本等,如果选择自己调配颜色,还涉及不同颜色的涂料(油漆)的量(包括确切的量和相应的桶数)的组合。一些并未受过太好教育的装修工人,或者当时在学校里数学学得不太好的家庭成员,在面对这样的问题时也可能游刃有余。在解决这些问题的过程中,各种数字及计算,都有具体的现实所指,正是这些真实任务使得相应的计算问题具有实际意义,问题解决也因有了实际意义而有了动机和程序上的支持。在这一过程中,还常常会出现几个人一起计算,又相互检验,方法也可能很多样,除了从估算面积到需求量到总价格到方法外,也可能直接根据房间面积估算涂刷面积,甚至直接在另外一次装修中的实际用量和总价的基础上按照一定比例折算。在实践中,连精确到何种程度都会基于情境活动而确定。

在学校的数学课堂上处理这一问题的方式可能是完全不同的。比如,教师的安排可能是先进行计算(包括四则运算、面积的计算等)的学习,不同的计算又是分别教授的。而且,学习计算的过程和现实世界中的具体问题关联甚少,通常是在计算熟练之后再运用到具体的事例中,如,在应用题学习和练习中,而这一部分常常被编排到计算部分的内容学习完成之后,就连考试中也常常是这样——仿佛解决问题只是为了巩固计算学习的成果,而不是像在现实生活中那样将问题解决作为目的。

概而言之,社会实践是在实践中学习(学习可能不是外显的目的,但是常常产生了学习的结果),而授受式学习是在脱离实践的场景中学习抽象的概念、原理、方法等,然后用于解决那些模拟真实的问题。

教学的变革也因而有两种不同的选择,一是授受制的完善,二是走向社会实践方式的学习,以这种方式弥补传统授受式学习的不足。问题在于,在学校、在课堂内,能否实现社会实践式的教育以及如何实现。

因而,我们需要对社会实践进行分析,从中离析出核心的要素,以此作为设计学习活动的原则。如第一章所述,当代种种学习观共享了诸多观念,而大多数观点背后的研究都指向人的社会实践活动。这里所说的社会实践活动,不同于走进社会、走进工厂农村的实践工作岗位的活动,也不同于在我国基础教育改革中增加的综合实践活动课。具体地说,社会实践活动形态的学习特征体现在三个方面:

一是活动形态。学习是一种探究性的活动,通过知识向任务转化,同时关注个体和共同体,注重活动的动态性和非预定性,回复学习的意图性、复杂性。

二是实践指向。实践指向要求学习的知识镶嵌于探究世界、完成任务的活动之中,知识的获得是为了更深刻地认识世界和解决问题,而不是相反,不能仅将与世界的关联(尤其是去情境化学习之后的关联)作为促进抽象知识学习的手段。

三是社会属性。学习的社会属性体现在学习过程处于复杂的社会关系之中,学习的知识是社会建构的结果,具有社会文化属性的语言、符号是学习的中介手段,更重要的是其体现在:学习的过程是参与学习活动的各方合作和互动的过程。这种合作和互动首先基于对于每个人的经验、知识、观点的尊重,他们的经验、知识、观点进而又为他们的社会文化环境所形塑,对这些因素的关注意味着尽力为每个参与者提供机会呈现他们建构的知识的意义。基于个体意义之充分呈现的合作和互动,通过提供支持和引发冲突,促进了意义协商和知识建构。

需要指出的是,对于学习的"理想状态"的描述并不是给实际的教学活动设计增加新的规定,而是为了给变革的教学活动的设计提供某种取向上的描述和整体性的建议。从根本上讲,贯彻基于某些理论的主张本身不是实践的目的和义务,实践最多是借鉴了理论、证实或者证伪了理论和促进理论的发展。对于学校学习的理论阐述和实践探索之间的关系,也应该如此来看。

二、从计算观走向文化观:来自布鲁纳的观点

布鲁纳(Jerome Seymour Bruner)区分了关于心灵的计算观和文化观。[①] 在他看来,计算观将心灵看作一种计算性的机械装置,关注的问题是信息处理,也就是,关于世界的一些有限的、编码的、明确的信息是如何被写定、分类、存档、核对、提取以及如何使用计算的机械装置来进行处理的。布鲁纳质疑计算观本身对于心灵如何运作的问题是否提供了足够的视野,因为"心灵如何运作"取决于它所能运用的工具,比如一个系统收集史料的历史学家,他的"心灵"运作方式和一个古代社会里的"讲古者"的心灵(其中存储的乃是许多可以任意结合的"类神话模组")必定是大不相同的。所以,"只是计算装置的存在(以及一套关于它们的运算模态的理论)就一定会改变我们关于心灵如何运作的想法"。布鲁纳从心灵的文化观这一角度提出,心灵是通过文化生存下来的,"因为人类的心灵乃是和一种生活方式的发展紧密相连,在其中,'现实'经由一种符号构成(symbolism)而再现(represented),这种符号构成又是由一个文化共同体的成员所共同分享的,他们必须透过这种符号构成来组织和构想他们的技术/社会生活"。他论述道:

---

① J.布鲁纳.布鲁纳教育文化观[M].宋文理,译.北京:首都师范大学出版社,2011:99-159.

"文化乃是超有机体的(superorganic)",但它也一样会塑造各个个体的心灵。它在个体表现上与生俱来的方式乃是意义的生成(meaning making),也就是对于各不同场合里的各特定事物都赋予意义。意义的生成包含了和世界遭逢时的事态,以及将此事态置入文化的合宜脉络里,以便能知道"那是怎么回事"。虽然意义是在"心灵里",但意义的根源和重要性却来自文化,因为它确实是在文化里创制出来的。意义的这种置身在文化事态之中的性质(cultural situatedness)正是它之保证可以商议、可以沟通的道理。①

布鲁纳进一步阐述,学习与思考是置身在文化情境里,并且需要依赖文化资源的使用。他比较了计算论和文化论的不同:计算论关注的是将信息加以组织运用的各种方式,其目标是"把形式完整信息之流动的任何一个和整体全部管理系统都予以设计成一种形式上的再描述",②心灵就像某种特定的"电脑"一样,须用特定的方式加以"程式化",以便能够有系统地运作,或运作得"有效率"。而文化论关注人类如何在文化的社群中去创造和转换意义。两者的关联在于,一旦意义建立之后,它总要被程式化到完整的范畴系统之中,而这就是计算论的规则可以处理的。

关于文化论,布鲁纳写道:

> 文化论的工作任务是双重的。在"宏观"层次,它将文化视为一套包括各种价值、权利、交换、义务、机会和权力的系统。而在"微观"层次,它检视文化系统的要求如何影响了那些必须在其中运作的人。以后者的精神来说,它专注于个体人如何建构"诸般现实"(realities)与各种意义,以便能使它们适应于系统,同时也注意在此行动中个人要付出什么代价,以及他们可以期待什么结果。③

从文化论的观点看,教育就是一个文化生活方式最重要的体现,而不只是

---

① J.布鲁纳.布鲁纳教育文化观[M].宋文理,译.北京:首都师范大学出版社,2011:101.
② 同上:103.
③ 同上:110-111.

它的预备。我们可以通过更有潜力的符号系统之助而得以超越心灵上的先天秉性限制,那么,教育的功能之一应该就是用这些必要的符号系统来把人类装备到足以达成此事。"教育必须被理解为这样一项工作:协助年轻人学会使用那些意义生成和现实建构的工具,以使得他们更能适应他们所身处的世界,以及在过程上协助他们去使之发生必要的改变"。①

与文化论相应的教学,布鲁纳从四个方面加以界定:②

1. 行事权(agency):指的是对于自身的活动有更多的掌控权。
2. 反思:不只是学得原生材料,而是将所学之物转换成意思和理解。
3. 协作:将教和学之中所交织的人类资源予以共享。
4. 文化:指我们透过建构、协议、体制化等方式所形成的生活及思维方式。

行事权和协作是密切关联在一起的。行事权强调的是"心灵具有前摄性(向先前推溯影响来源)、有问题意识、能集中注意、会选择、有建构能力、朝向目的而努力"。"行事的心灵并不只是积极主动,而是会寻找其他的积极心灵来作对话论述。也正因为有这种对话论述的历程,我们才知道积极的他者和他的观点、他的故事。由于和他者之间的论述,我们才学到关于世界,乃至关于自身的巨量知识。"③

对于反思,布鲁纳强调要把只是看见、听见的东西转为学到的东西,甚至转到思考自己的思考。为此,要在因果解释之外,进行理解和诠释,特别是采用叙事法。这有助于达成真正的理解,而非仅仅接受知识。

布鲁纳认为,当今的学校存在着对于文化的漠视,许多现实社会中的现象——比如贫富不均——成了学校避而不谈的问题。"像这样不能讲的事情多到某一个程度,学校就开始呈现一种异化疏离、隔岸观火的世界观,让千千万万的学童发现那个世界里竟然找不到他自己和他的朋友们可以涉足之处。"针对这种现象,他提出,"学校本身就是文化,而不只是文化的'准备',不只是文化的暖身运动"。"文化是一个由技术和程序组成的工具箱,用来理解和管

---

① J.布鲁纳.布鲁纳教育文化观[M].宋文理,译.北京:首都师范大学出版社,2011:119-120.
② 同上:211-228.
③ 同上:219.

理人所面临的世界",是"用来因应人类问题的模式,其中包含人类各种各类用象征符号来进行的交易"。因而,课堂上更多地关注叙事结构,能帮助学生理解他们对世界所建构出来的故事。而且,布鲁纳强调的重点在于,"探索的程序和心灵的用法是维持诠释社群和民主文化的真正核心",其中一个步骤是"选择重要的问题,特别是正在催使文化发生变化的问题","应该让那些问题和我们对于该问题的思考程序成为学校和教室运转的目的"。[①]

从布鲁纳的论述中,我们可以看出其中与当代学习科学研究相一致的教学变革方向:

1. 学校的文化就是现实的文化,课堂要纳入当代的问题,特别是使文化发生变化的问题。因此,学校进行的实践本身就是文化实践活动,是整体的社会文化实践活动的一部分,这种实践同样具有推进文化变革的价值。"把'一个文化'理解为一套已经建构完成,且带有几乎不可逆反之稳固性的想法、信仰、动作、判断,这样的理解早已是无用的虚构。文化总是在不断改变的过程之中,而其改变的速率还随着我们透过移民、贸易、资讯交换而日渐交缠杂错的命运一起日渐加快。"不难推论,对于已经建构完成的不可逆的文化,学校为之作准备或许尚能胜任,但对于变革迅速的文化,学校若此则难以适应。而注重"探索的程序和心灵的用法"的学校文化,则是文化发展的一部分,也是文化发展的促动力量。

2. 注重教学活动中学生的实践和参与。学生是通过实践探索形成和发展自己的理解的,这里的实践是学习知识的方式,而不是将学习的知识加以应用的方式。布鲁纳通过行事权的概念,强调了学习者有意识的积极参与和主动建构。也有的研究者用探究的所有权(ownership)来表示这一层意思。在我国,研究者常用"学生的主体地位"来表述在教学过程中对于学生地位的重视,但是研究者的指向各不相同。例如,有的研究者强调的是情感上的关怀,有的研究者引用的课堂教学的例子中主要体现为学生高涨的情绪(如,学生争先恐后地回答老师的一系列提问),这些主要是从教师和学生关系的角度加以界定的。而这里谈到的学生的实践和参与,更多的是从学生和知识之间关系的角

[①] J.布鲁纳.布鲁纳教育文化观[M].宋文理,译.北京:首都师范大学出版社,2011:224-225.

度加以探讨的,重点指的是学生通过自己的实践参与体现其对于知识(客体)的主体地位。

  3. 注重合作。当学习不是被视为头脑内的信息加工,而是被视为一种探究活动的时候,合作的重要性自然显现。研究者从提供认知支持和引发认知冲突两个方面研究了合作对于学习的促进作用。如,在提供认知支持方面,合作:(1)有利于共同分担思维责任:思维的负担分布于参与的成员之间,不但有助于相互间的思维激励,也有助于减少情感上的焦虑;(2)有利于将认知过程的模式显性化,通过聆听别人的阐述和多途径的互动,参与的各方有机会了解和体验其他人的思维过程,如确定问题、发现重要影响因素、指向先拥知识和相关信息、论证过程、观点的改变、自我评价等;(3)有利于促进知识共享:合作性的学习中存在着大量的信息流、知识流,这些信息和知识可以是关于不同问题或领域的,也可以是关于一个问题或领域的不同方面的,也可以是一个问题或领域的某一个方面的不同来源或者不同观点的。信息和知识的共享迅速有效地促进了各参与者知识的增加,使每一个成员在知识建构的过程中拥有了更多可利用的资源。通过引发认知冲突,合作能够:(1)促进精制化:成员在展示自己的观点时,处于一种被审视的状态,听众的存在要求陈述自己观点的人将自己的观点清晰化、精制化并为观点提供辩护;(2)促使学习者保护和支撑自己的观点:在观点受到挑战时,学习者必须设法为自己的观点提供保护;(3)促使学习者了解和思考其他的观点。[①]

  4. 注重反思、元认知。元认知能够帮助学习者控制自己的行为,有意识地确定学习的目标,监控达成目标的状况。在教学中,教师通过安排学生在学习或者解决问题时进行自我解释、自我评价、活动后反思等方法,让他们意识到自我学习的过程。需要特别注意的是,反思和元认知的能力不是脱离具体内容的学习而发展起来的。研究者强调,反思和元认知策略的培养需要在学科领域的具体情境脉络中进行。指导学生在一个学科领域的学习时需要意识到学科的认识标准。比如,在问"这个观点的证据是什么"的时候,不同的学科就有着不同的要求。对于数学而言,重要的是正式的证明;对于科学而言,应尽

[①] Resnick, L. B. (Eds.). Knowing, Learning and Instruction: Essays in Honor of Robert Glaser [M]. London: Lawrence Erlbaum Associates, 1989, pp.397–408.

可能进行正式的证明,但是实证观察和实验数据也很重要;对于历史而言,要寻求多个来源的证据,对于写作者的视角和写作的意图的关注特别重要。这样,正在学习的学科知识就影响了学习者有效监控自己理解和评价自己和他人观点的能力。[①]

可见,布鲁纳的观点虽然是从文化心理学的视角切入,探讨学校教育和教学体系的变革,但是他的观点和当代学习科学关注的要点是非常一致的(似乎他不大论及技术问题,而这一点为多数学习科学家所重视)。在对于学校教学变革的思考上,不同出发点和关注点的研究者可谓是殊途同归。布鲁纳的观点所蕴含的上述教学变革的方向,在汇集学习科学研究最新成果的《人是如何学习的(Ⅱ):学习者、境脉与文化》中也有明显的体现。

[①] Donovan, M. S. & Bransford, J. D. (Eds.). How Students Learn: History, Mathematics, and Science in the Classroom[M]. Washington, D. C.: The National Academics Press, 2005.

Education Reform for
the 21st Century Skills:
China and World

第四章

学习活动的设计

约翰·D.麦克尼尔(John D. McNeil)在《课程：教师的创新》①中写下了这么一段对话：

萨拉：你能告诉我一个死气沉沉的课程和一个有活力的课程的区别吗？

梅尔：前者试图覆盖一门学科，而后者是激发了个体，所以呆板的课程就是没有血肉的骨架。你呢？什么时候用什么课程？

萨拉：一个富有生机的课程是教会学生在探究某个问题时学习许多新东西，反之，呆板的课程就是在学生面前呈现了很多的内容，学生却一无所获。

对教师而言，如何开发有活力的课程呢？本章尝试从学习活动设计入手进行探索。

第一节 学习活动设计：教师教学设计的重点

一、学习科学视角下的教学问题

学习科学的研究重点关注学习者通过参与探究性、实践性的活动获得知识和发展。基于这种价值观，这种学习注重学生(或者学习者共同体)的积极介入和参与，从而主动建构知识。对学习者而言，他们不是去获知一项关于世界的认识结果或者关于某一问题的解决程式，而是在问题和任务的引导下，借

---

① 约翰·D.麦克尼尔.课程：教师的创新(第3版)[M].徐斌艳,陈家刚,主译.北京：教育科学出版社,2008：235.

用多种资源,必要时在教师或者在该领域有专长知识的人的支撑下,去建构知识、探寻方法和发展能力。在教学中,教师的任务是什么呢?如果我们将学习看作接受知识的过程,那么教学就是传授—接受知识的活动了,教师的任务就是传授知识。因而,教师要对知识的结构、难易程度、内在关联等进行分析,以便确定呈现知识的适当顺序和方法。如果我们将学习看作是学习者通过探究、实践活动建构知识的过程,那么,教学活动就是组织学生进行探究、实践活动,教师的任务因而就变成设计和组织实施学习活动了。在后一种情况下,教师要从教育目的、教学目标和学生状况出发,设计学生能够积极参与其中并通过参与而建构知识的学习活动。也就是说,教学问题就是设计一个学习活动,让学生有效参与其中,以建构知识的问题。

这里,我们以小学数学中的"除法"学习为例,分析这一取向的教学中师生的活动、任务和所蕴含的观念。在这个主题的学习中,教师提出了一个问题,让学生用一节课的时间,通过小组协作的方式进行探讨,再用一节课的时间让学生呈现解决问题的方法和结果,并展开讨论,最后引出除法的概念。以下是课堂片段:[①]

(第一节课)

教师:最初的自动售货机只放可乐。我和一位女士聊天,她告诉我如果装满的话能够放156罐。因此我开始思考。如果是6罐为一箱的话,能放几箱?但是,在教师办公室里面还有一台自动售货机。它也能装156罐可乐。但它不是装可乐。它装了6种苏打水。我的问题是,每种苏打水分别能装多少罐。

(学生合作解决问题,讨论)

(第二节课)

教师:你们做得很棒。我今天非常高兴。我们来看看这个问题大家研究得如何。

(迈克尔和乔安娜结合自己画的示意图呈现他们的解决方法)

[①] 本课堂片段来自东京大学综合学力研究中心研究项目《日本、美国、中国、新加坡教师的教育观的国际比较》(2004—2007)中美国研究者提供的录像资料。

迈克尔：关于第一个问题，到60分别数6种。需要10次。然后是，再数10次，就到了120。此后再数到156。然后我在20次以后数还需要多少次，是6次。从20次以后还需要6次。所以我知道答案是26。

教师：有什么问题吗？

学生A：为什么要每6个来数呢？

迈克尔：为什么，是因为问题是在156中有多少个6罐装。

学生A：到60的时候，你怎么会知道？

乔安娜：我知道是因为10乘以6等于60。

学生A：为什么不以26为一个单位数呢？

乔安娜：因为我们想知道有多少个6罐装。

迈克尔：和26有什么关系吗？

教师：布兰登（学生A）的问题是，为什么他们不以26为一个单位数？

迈克尔：在这种情况下我们还不知道是26次。

教师：那么，你知道了什么？

迈克尔：知道的是，在自动售货机里能放156罐。我们试着算出有多少个6罐装。如果我们想知道的话，就不得不数26次。

教师：关于他们对问题的解法，谁能用自己的语言来总结一下。

学生B：他们以6罐为一个单位数的。他们知道了6乘以10是60，6乘以20是120，然后再加上6次就得到了156。

（另外两个学生C和D用六种颜色的156块玩具积木组合成6个一条共26条的排列图，他们来到黑板前解释他们的方法）

学生C：这个时候我们已经知道了是26次，在自动售货机上写下来。从上面开始数，一直到156。另外，我们还计算是第几次。

任何种类都是26，总计为156。

教师：在最初的图画上他们看到了有6种，每种分别为26罐。用同样的图画，看到了在每一条上有6个。以此类推，6个为一组的条有26个。

和旁边的人商量一下。他们发现的关联你们明白了吗？

教师：说明一下你所做的东西。这样的话，有利于别人更好的理解。

学生C：有6种，分别有26个，因此6罐装有26个。26乘以6是156。

迈克尔：你怎么知道应该在什么时候停下来？

学生C：因为我知道26乘以6是156。

学生C：这好比是6罐装的箱子。如果你取出一条的话，这就是6罐装的一箱。

迈克尔：你怎么知道？

学生D：只要每6个数一下就行了。

乔安娜：你是不是想说这好比一个6罐装的箱子。有26个，一共是156。因此，拿出一条的话，那就是6罐装的一箱。

教师：（从玩具积木中拿出有6种不同颜色的一条积木块）于是你再拿出一条的话，那就是第二个6罐装的一箱，再拿下一条的话……他们的方法有什么不同？

学生E：她是用道具为我们讲解的，前面的同学是用画图为我们讲解的。

教师：这和图片有些相似。我知道这里有6种。每类分别有26罐。但是，当乔安娜取出一条的时候，你会知道每一条有6个。然后是另外一个6罐装，然后再另外一条……，那么让我们来总结一下。你们注意到了有两个不得不解决的问题。我们知道了什么？

学生F：26。

教师：在最初的时候我们知道吗？

学生（集体回答）：不知道。

教师：我们知道了一共有苏打水156罐。也知道了有6种。我们不知道的是什么？

学生（集体回答）：有多少箱6罐装？

教师：我们不知道有多少箱6罐装，或者说不知道是26。每种有多少个。

学生G：不知道应该数到什么时候。

教师：我们不知道是26个。但我们知道有156罐苏打水。也知道每一箱都是6罐，分别有6种。不知道的是有多少箱6罐装和每一种分别有多少个。

教师：有一种记录方法，也就是数学纪录的方法是……156÷6＝26（在黑板上写出）。我们知道的是156罐苏打水被每6罐为一箱来除，或者说被6种除……

在这一节课上，学生的学习过程不是从教师那里听到除法的标准概念以及对于除法概念的阐释，然后去记住这个概念，而是探索如何解决"能够装156罐的自动售货机，装6种不同味道的苏打水，每种可以装多少罐"这样的真实问题。学习者就像面对这个真实问题的人一样，先利用自己已有的知识经验去解决这个问题，然后教师引导他们去认识这个问题的实质所在。也就是，师生面对真实的问题，合作界定问题，然后引出数学中的记录方法和除法的概念。教师的任务，在课前阶段，主要是设计问题，这个问题的解决将是学生学习活动的直接指向（而非我们在不少的示范课上看到的那样，教师仅仅将真实的问题作为引入教学内容的铺垫或者序曲），问题解决和交流过程有助于学生形成一个新的概念。在活动实施阶段，教师的主要任务是组织学生讨论，并不断引导学生明晰这个问题的关键所在，如：什么是已知的，什么是未知的，从什么条件推导出什么结果。而概念的引入和阐释是在学生完成探究和交流过程之后进行的，这个概念似乎只是一个注脚，一个总结，一个记录问题及其中蕴含的相关的量之间关系的符号。弄清问题是什么，问题中包含的量是什么关系，这才是重要的，学生的课堂探究和交流活动是围绕着这些内容展开的。

二、学习活动设计：学校教师进行教学设计的重点

史密斯（P. L. Smith）和雷根（T. J. Ragan）在其所著的《教学设计》中是这样定义教学设计的：

> 教学设计，指的是把学习与教学原理转化成对于教学材料、活动、信息资源和评价的规划这一系统的、反思性的过程。

他们将教学设计的工作看作类似工程师的工作：

通过这一系统过程,工程师和教学设计者都可以描绘出问题的解决方案是什么。通常,问题的解决方案是一项完成的产品。他们都需要为方案写具体的说明(计划),但是并非一定要把具体的说明转化为产品。他们通常要把自己的方案提交给专长于制作的人(对于工程师来说,他是建筑承包商;对教学设计者来说,他是软件开发者或者媒体制作专家)。……某些教学设计者,例如具备制作技能(计算机编程、视频制作、印刷材料开发)的人,可能是自己把这些具体说明转化成最终的教学材料。课堂中的教师,通常自己执行自己的教学计划。但是无论如何,一旦完成了具体说明,教学设计者就要开始产品制作或实施计划。①

换言之,不同的教学设计者可能做着不同的事情,产生不同的结果。古斯塔夫森(K. L. Gustafson)和布兰奇(R. Branch)就曾经建议根据教学设计成果将教学设计模式分为三类:课堂教学类、教学产品类、大型教学系统类。② 也就是说,教学设计的结果既可能是活动形态的(古斯塔夫森和布兰奇所说的课堂教学类,史密斯和雷根定义中所说的活动和评价),也可能是物质形态的(古斯塔夫森和布兰奇所说的教学产品类、大型教学系统类,史密斯和雷根定义中所说的教学材料、信息资源,以及评价中的相应材料——如试卷)。活动形态的成果,其表征形式可以是物质形态的,也就是用文本或者示意图等形式写出来的活动计划。从这个角度看,教案可以看作教师的教学设计的成果。有的时候,教学方案未必以书面的形式写出来,而可能只是对于教学活动的"系统的、反思性的"头脑内的计划而已,这个计划过程也应看作是教学设计的过程。当教师将这个计划付诸实施的时候,计划就变成了课堂教学活动。在学校这个特定的情境中,这也构成了教师这种专业工作者的主要职责。而开发物质形态的产品(比如教学材料、信息资源)这一教学设计的传统阵地则常常不是学校教师的"主营业务"。教学设计越来越趋向开放、多元和包容的路线,教师作为教学设计者也得到了认可(高文,2005;裴新宁,2005),③这不仅拓展了教

---

① P.L.史密斯,T.J.雷根.教学设计(第三版)[M].庞维国,等译.上海:华东师范大学出版社,2008:4-5.
② 转引自:R.A.瑞泽,J.V.邓普西.教学设计和技术的趋势与问题[M].王为杰,等译.上海:华东师范大学出版社,2008:20.
③ 裴新宁.面向学习者的教学设计[M].北京:教育科学出版社,2005.

学设计的研究领域,也使得教学设计和教学实施更为密切地融合在一起,因而使教学设计更具情境性。另一方面,现在的教师确实越来越多地参与教学产品、教学材料、信息资源等的开发,比如教师在自主开发校本课程或校本教材时就是如此。

从教师角度看,其教学工作中与教学设计直接相关的部分包括以下几个方面。

1. 将教材内容转变为教学活动。这是大部分教师的主要工作,也就是所谓的"教教材"或者"用教材教"。不同教材的编制方式各不相同,有的教材比较注重系统地呈现学科知识,而后加上一些练习题目,而有的教材则提供了学生活动的具体建议。无论采用哪种方式编写的教材,教师都要考虑如何将其转变为教学活动、转变为什么样的教学活动。比如,在使用注重系统呈现学科知识的教材时,有的教师采取"教师讲授+学生练习"的教学活动,有的教师设计出更多的学生参与的活动。在使用主要以学生活动方式呈现的教材时,教师也需要在分组安排、时间分配、支持策略等方面进行设计。为更好实现教学目标,需要注重针对不同学生的特定需求而设计教学活动,教师不能完全按照教材的设计亦步亦趋地教教材,而是需要根据当前学生具体特点和需要设计教学活动。

2. 学科领域内教材内容的拓展。尽管学校教育中的科目(subject)常常能够反映相应学科(discipline)的基本知识体系和方法,但是两者毕竟不同,能够反映和实现的程度也各不相同,每个学习阶段的教材中所呈现的内容更是极为有限。再者,教材的呈现和相应的教学安排常常是线性的,而学科的知识结构往往更加多样化。在诸如此类的情况下,教师可以根据学科课程的目标或标准,对已有内容重新加以编排和设计,或者对教材中已经呈现的主题加以情境化、深化或者拓展。在这种情况下,教师的教学设计任务不同于前一种的直接转化,而是涉及对于学习需求的重新分析、学习目标的重新设定以及相应教学策略的规划和选择。设计的成果除了教学活动方案外,可能还包含教学材料和信息资源。与第一种任务的不同在于,这种任务是从学科目标本身出发而非直接从教材内容出发设计的。

3. 自主性的课程开发和教学设计。在这类任务中,教师要完成从目标制定到教学活动设计、实施、评价等多个方面的任务,比如校本课程和校本教材的开发。教学设计的产品形式既有课堂教学活动(有时还包括课外活动),也可能包括教学材料(比如自主开发的校本教材)和信息资源(比如支持学生进行综合探究的资源包)。从已有的实践看,教学设计过程中确定目标的出发点常常是教育目的本身,而教育目的可以追溯到对于学生发展以及社会需要的认识,特别是其中难以通过现有的常规课程和教学达到的目的。比如,当代教育目的中普遍强调科学探究能力和科学精神的培养,但是在传统方法为主的科学课堂上有时会无法实现;有些学习内容从社会发展角度看是必需的(像环境保护、传统文化、心理健康等内容),但是学校的常规课程中一时难以列入;或者尽管有但是还不够具体和深入(比如有音乐课,但是没有深入学习某种乐器的机会);或者主要是适应当地社会需要的知识。这时,有的学校或者教师就在课程政策允许的范围内自主开发课程,教师在这种情况下承担的教学设计任务就属于此类,这类任务往往更为复杂。

在当前的教育实践中,总的来说,教师面临的主要任务还是第一种和第二种,尤其是第一种。换句话说,教师面临的教学设计任务主要还是设计活动,这种设计常常是以学科课程标准为依据、以学科教材为基础(上述第一种)或者是以学科整体目标为基础(上述第二种)。这一现实既是学校教育中教师进行教学设计的出发点,也是教师进行教学设计的实际限制。

第二节 知识空间和活动空间的设计

一、双重空间设计的内涵

知识空间和活动空间是课堂学习活动设计的两个主要层面。这种设计架构旨在解决两个方面的非预期倾向:一是有知识无活动,这里所说的无活动是指学生在知识建构阶段无探索活动,课堂上由教师满堂灌,学生的活动主要是听讲和操练。二是有活动没有知识。比如在一些名为"活动课程""活动教学"或者"探究性学习"活动中,教师在设计和实施活动中为活动而活动(有时美其名曰"注重过程本身"),学生专注于活动的趣味性、生动性的成分,而不知道为何活动,最终使得活动流于形式。在有的课堂上,活动进行得轰轰烈烈,但是学生和老师对于活动的目标指向不明确,以至到了最后,还要通过教师的讲授来进行教学。也就是说,学习内容并没有真正地融入活动过程之中。

本书的主旨是用学习科学的理念变革常规的课堂,不是谋求在常规的课堂之外进行教学的变革,因而探索的是如何通过学生学习活动的设计来改变学生在知识建构过程中的"非介入"状态,从而更有效地建构个人和社会发展所需的知识。而只注重知识讲授——接受的课堂,常常使学生感到厌倦乏味,获得的很多是惰性知识;只注重活动的课堂,难以有效地完成教学任务,到头来损失的也是课堂实效。

目前在课堂上所见的学生活动为中心的课堂教学多有基于问题的学习(problem-based learning 简称 PBL)或者基于项目的学习(project-based learning 简称 PBL)的影子。赖格卢斯(C. M. Reigeluth)在讨论基于问题的学习的时候,提出了"问题空间"和"教学空间"的设想。他认为基于问题的学习的核心前提是教学从一个对学习者重要、与学习者相关的问题开始,让学习发生于问题解决的情境脉络中。在问题解决过程中,应将学习者看作在两个"空间"行动的人,一个空间是"问题空间",在这个空间中学习者直接去解决问题。但是当学习者缺乏与问题解决相关的知识或技能的时候,应让他们跳出问题空间而进入"教学空间"。在教学空间中,学习者去获得必要的知识、技能和态度。在教学空间中,针对的是具体的知识、技能、态度的发展,可以采用从直接教学到建构主义教学的各种方法。通过教学空间的活动使得学生在低级技能方面达到熟练乃至自动化,可以释放学习者进行有意识加工的认知资源,他们可以将这些资源投入到高阶的、战略性的活动中。问题解决的过程很少能够提供足够的多样化实践以使很多技能达到较高的准确性和自动化水平,这使得基于问题/项目的学习(PBL)很容易造成技能发展不足,除非在教学空间中提供充分的、适当类型的实践。[①]

以问题空间和教学空间的划分为基础,我们重点考虑在学校课堂这一特

---

① 查尔斯·M.赖格卢斯.教学设计的理论与模型:教学理论的新范式(第2卷)[M].裴新宁,郑太年,主译.北京:教育科学出版社,2011:81-82.

定情境中,将"问题空间"拓展至"活动空间",将"教学空间"改变为"知识空间"。同时将这两个空间从前后相继的空间转化为相互交织的空间。

活动空间指的是学生在教师(或学习领域其他更有能力的人)的支持下,利用多种资源进行自主知识建构活动的空间。通俗地说,就是让学生做些什么事情,探索些什么问题,参与些什么活动,特别是,有多大的空间可以让学生展开自己的探索。比如说,学生在学习一篇课文的时候,如果只是听老师讲课文的主题思想和写作方法,那么他的活动空间就限于记录、记忆和理解。如果老师提出一连串的问题和学生对话,学生的活动空间就是对这些问题逐一思考和应对。如果开展的教学活动以学生的阅读、集体讨论和分享为主,学生的活动空间就是自主阅读、理解课文,交流对于文章思想和写作方法的观点,在出现不同观点时和同伴进行讨论,以及援引多种资源来捍卫或者精制、发展自己的观点。这里之所以将"问题空间"拓展为"活动空间",是因为在课堂教学活动中,促进自主学习和知识建构的活动不仅仅包括问题解决(尽管这是很常见的一种),也包括其他多种形式的学习活动,如举行一次讨论或者辩论、完成一项调研任务、进行一项设计、举办一次集体活动等。

知识空间指的是期望学习者通过学习活动所获得的知识。这里的知识是广义的知识,不仅仅是指事实性的知识,也包括程序性的、方法性的、情境性的知识。对于学校情境中的课堂学习而言,这种知识的范围体现在课程标准及其物化形式——教材中。这里用"知识空间"而不是沿用赖格卢斯所说的"教学空间",是为了突出学习活动的目标指向,即见于课程标准或者教学大纲的"知识",而不是突出学习活动中的某一个阶段或者学习活动的具体指向。赖格卢斯所区分的"问题空间"和"教学空间"中的教学空间,突出强调了针对具体知识技能的教学活动。

关于知识空间,需要注意的是,从知识本身的结构性看,知识的外部边界并不是完全清晰的,因而,每一个主题或者每一个单元的知识包含哪些往往只能近似地确定。在讲授式的教学中,教师往往假设这些知识是可以明确地分割开来,分别加以传授,相关的技能也能够分别地加以培养。旨在促进学生自主进行知识建构的学习活动,可以让学习者有效地体认知识之间的关联问题。这也从另一个方面证明了通过参与性活动建构知识的重要性。

二、双层空间设计的意义

由活动空间和知识空间构成的双层空间来表示关于课堂教学设计的构架设想有几个方面的考量。

第一点,通过参与活动学习是本书主张的学习的主要形式,这种学习虽然不同于真实实践,但同真实实践有很多本质性的相似,比如将知识镶嵌在情境之中、注重知识之于活动或者任务的工具性质、注重学习者积极主动的参与和建构。

第二点,活动空间和知识空间是同一活动的两个层面,而不是前后相继的不同时间段的活动(比如一段时间进行问题解决,另一段时间进行直接教学)。在这两个层面上,活动是明的一层,探讨的是课堂上学生和老师在做些什么,知识常常是隐的一层,置身于进行活动的过程中(见图4-1)。从最宽泛的意义上说,这里的活动可以包含各种形式的学与教的活动,比如较为传统的讲授—接受的活动,只是这时学生的活动空间相对较小。从学习科学的视角看,有效的学习活动是参与性的、实践性的知识建构活动,基于此,本书强调尽可能多地设计和实施学生能够自主建构和合作交流的活动。可以说,这一框架强调的是活动和知识的相互指涉,活动是围绕着某一主题的知识而设计和实施的。

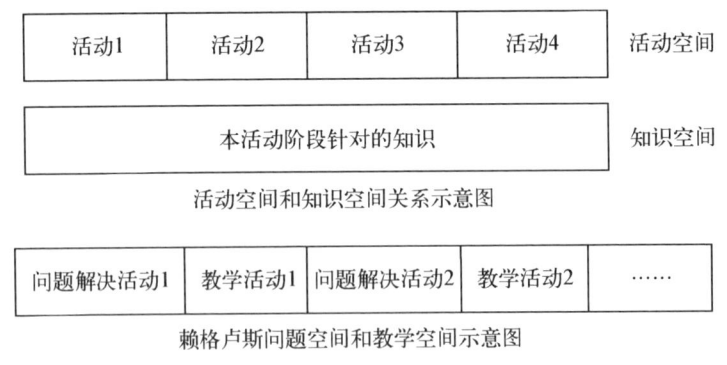

图4-1 双层空间示意图(及与赖格卢斯问题空间和教学空间示意图对照)

第三点,突出空间,尤其是突出学生的活动空间。突出学生的活动空间,就活动和知识的关系而言,强调通过有指导的自主活动去获得知识;就活动本身的特点而言,强调学生有足够大的空间。比如,在课堂教学中,教师经常让学生在做练习时进行合作,但是学生往往是各自做自己的习题,完成后和同桌或邻桌同学互相核对一下答案。这种合作性的学习活动既谈不上合作,本质上仍然是在各自学习,也没有什么活动空间,往往只是操练刚刚学习的知识,如套用某一个公式或者计算程序。相反,如果教师能够针对课上所涉及的知识空间,安排学生分头做有更多变式的练习题,然后让学生对其中的类别和不同的解决思路加以辨识和讨论,学生的活动空间就大得多。

第四点,力图提供一个设计教学的参考框架,尤其是设计学生活动为中心的教学,这种框架同时也可以作为反思和评价教学的参考。作为设计的框架,双重空间从分析知识空间入手,将知识空间转化为学生的活动空间。作为反思和评价教学的框架,教师可以参考双重空间,逐步分析课堂上开展的教学活动,尤其是在各个时间段内学生所从事的活动,这样,课堂教学是否以学生活动为中心便一目了然。教师也可以进一步从活动空间和知识空间之关联的有效性,看设计的活动是否达到了设计的知识空间中所指向的教学目标。

三、案例 WW2010 中的双层空间设计

我们可以参考 WW2010(Weather World 2010,简称 WW2010)的例子来看"问题空间"和"教学空间"的构架。"气象世界 2010"是由美国伊利诺伊州立大学香槟分校大气科学系开发的一个学习项目。该项目旨在通过网络技术的强大功能,为学习者提供学习气象及相关知识、进行气象领域科学探索的网上平台。在这一平台上,所有学习和研究的内容、工具和活动方案均可以通过网络获得,网址为 http://ww2010.atmos.uiuc.edu/(Gh)/home.rxml。WW2010 提供的基本网络资源包括五个部分:(1) 在线向导;(2) 历史档案;(3) 当前天气;(4) 关于 WW2010;(5) 帮助索引。在线向导利用多媒体技术和网页的动态效果,直接提供了大量的学习资源和学习活动指导,包括气象学、遥感、阅读和理解气象信息图、项目与活动四部分。前三部分提供了以文本、图表、动画、计算机模拟、音频和视频等形式呈现的学习资源,介绍这个科学领域的主题和概念,以及基本的技能(阅读和理解气象信息部分,包括阅读和理解世界

时间、温度、地面观测图、地面图、高空观测图等。)项目与活动部分则提供了气象探究的指导和建议,包括开放项目、课堂活动和教师参考三个部分。如,在开放项目有一个"我来预报天气"的活动,学生可以在导航系统的帮助下,利用网上的实时信息资料,对自己所选取地区未来几天的天气进行预测,并可以同实际天气情况进行对比,以检验自己预报的准确性。这是典型的以问题和任务为核心的学习活动。学习者可以和教师一起,进行预报天气的活动。但是,进行这个活动中需要一定的气象学基本知识和技能。在课堂活动中,教师和学生可以首先理解这种科学活动所涉及的基本概念,练习阅读、理解和应用气象信息资料的基本技能,然后再进行科学探究活动,比如可以选择一个城市或地区,通过互联网获得该地当前的气象资料,并利用资料评估工具(在线提供的应用软件,网上提供)对获得的资料进行分析,然后作出预报,之后可以对天气实况进行观测和记录,以和自己的预报结果进行比较。对学习者而言,这类活动无疑是令人兴奋的。为了支撑学习者的探索活动,网络提供了预报天气的主要技术性知识,如:观察天气状况,寻找可能影响所在地区天气的重大天气特征(低气压中心、暖锋、冷锋等);获取12小时以前的天气图,看这些特征在这段时间内的移动速度,用趋势法(trend method)估计这些特征何时影响到所选的区域;利用预报模式……对于天气预报过程涉及的基本概念和与这些概念相关的气象知识,网络提供了超级链接,对此不够熟悉的学习者,可以"遇河搭桥,逢山开路",立刻链向这些内容,或者通过帮助索引进行查询,通过站内链接转向这些内容。如对暖锋不了解,就可以链向暖锋的页面,该页面告诉学习者什么是暖锋、暖锋在气象图中的表示法、暖锋对天气的影响等。①

在这个例子中,在知识空间中包含气象学的基本概念、进行气象工作的基本技能(如阅读各种气象信息资料),这些知识是这个领域的核心知识。但是学生的学习却未必是直接将这些概念体系和技能系列逐一记忆和操练。相反,学习者可以借助这个集学习—工作—研究于一体的平台,进行逼真的气象工作,如预报天气、综合分析典型的气象学案例。这些活动都给学生学习运用

---

① 详见 WW2010 网站,网址为:http://ww2010.atmos.uiuc.edu/(Gh)/home.rxml;参见:郑太年.学校学习的反思与重构——知识意义的视角[M].上海:上海教育出版社,2006:107-116;李妍.美国中学科学教的可视化协作项目[M]//高文.学习创新与课程教学改革.广州:广东教育出版社,2007:258-269.

气象学基本知识和技能提供了实践的舞台,赋予气象学知识和技能以现实意义。我们能够从基于这个平台的气象学学习和探索活动中看到上述的几个方面的特征:(1)参与活动是学习的基本形式,在这里,学生不是简单地去记忆这些概念,而是将这些概念学习镶嵌到气象研究和气象工作的实践活动中。(2)活动空间和知识空间具有并行性,概念和技能的掌握和气象探索活动是相互促进相互支持的。在实际的学习过程中,也可能出现抽出一段时间集中学习和巩固概念和技能,但是概念、技能的学习和实践活动未必是截然分开的。(3)诸如预报天气和分析典型气象事件的活动为学习者的活动提供了广阔的空间。活动空间具有广阔性是由于在活动过程中,学习者能够综合运用相关知识,有选择地开展学习与探究活动。比如,一个小组的学习者可以分别预报不同地方的天气情况,在合作交流的过程中,每一个学习者向小组成员展示他收集的气象信息资料,解读这些信息资料的内涵,阐明自己是如何进行自己的气象预报的。这样,他就将自己的实践思维过程外化,并置于其他成员的审视之中,置于气象变化实况的检验之中。相反,如果教师逐个讲授气象学概念和解读气象资料的方法,然后分别加以操练,学生活动的空间就非常小。(4)教师在运用这个平台进行气象学的教学时,可以借鉴双层空间的框架进行设计和反思。比如,在设计时,教师先对主要的概念和技能进行分类,然后针对一组概念(比如关于气流的概念和技能)设计活动(如:分析一批气象图中关于气流的信息,预报气流状况对某地最近几天天气的影响)。在分析和反思教学时,教师(或者教学研究小组)可以记录整个教学活动过程中学生实际进行的活动,分析活动和目标知识的关联性以及学生的知识建构空间等。借助这个简单的分析框架,教师可以从学生的视角分析学习的进程及其激励性和有效性。

第三节 知识问题与知识空间的设计

一、学习科学视野中的知识问题

教育学界对于知识问题的关注在宏观和微观层面上有所不同。在宏观层面上,知识问题表现为应该为学校教育选择的知识的范围及选择标准,这个问题属于课程内容选择的问题。在微观层面上,知识问题则涉及如何将选定的知识加以处理,特别是,这些知识怎么加以分割,对于知识的各个部分如何加以排序,如何加以传授,以便能够适应学校教育的运作方式。传统意义上,这个问题是教学研究领域的重要问题。仔细考察一下,这两个层面之间经常出现的分离基于一些未经证实的假设,这种分离也会在实践中带来种种问题。宏观层面的知识考量决定什么知识重要,假设了这些知识必须教给学生,这样就导致知识目标实现的可能性问题:课程内容选择者(常常是学科领域的专家或者社会其他方面的权威)看来"必要"的知识未必能为学生所理解,或者只有在某种特定条件下才能为学生所掌握。从学校和教师的层面看,内容选择者认为合理的知识范围、知识部件的排序方式和具体的教学方法未必和外部规定的相一致。在实践中,从内容选择到课程实施多是自上而下进行的,知识内容选择的结果成为知识学习的强制性前提,两个层面处理知识方式的不统一问题就愈加明显。在课程与教学的一体化远未实现的情况下,这一难题将持续存在。原因之一是,宏观层面和微观层面的知识考量都没有充分考虑教育活动中的学习者和学习活动本身,而且都内含了将知识看作可以传授—接受的物品的观点。

本书前面已经提到,20 世纪末崛起的学习科学,在理论研究中走出实验室和学校教育的樊篱,将研究的目光投向人类在生活生产实践场景中的真实活动,分析人在这些真实活动中是如何解决问题、获得知识能力和发展起身份感的,从中得出关于知识和学习的一系列新观点。因而,在知识的性质上,学习科学秉承建构主义关于知识之主观性和客观性统一、个体建构与社会协商相统一的理念,以及情境观所强调的知识与实践相统一的理念。学习科学视角中的知识是学习者在实践活动中,借由自己的已有知识与经验,在与环境、他者、客观知识等要素相互作用过程中的生成物,这里的学习者既可以是学校中的学生,也可以是实践者、研究者,后者也是不断通过实践形态的学习而不断增加知识的人,这是终身学习社会的应然形态;成果既可以是学习者个体意义上的知识建构(学校学生的学生主要如此),也可以是集体知识的增长甚或是人类社会水平上的知识创造(科学研究者主要如此)。

概括地说,学习科学视野中的知识问题不是如何选择知识然后加以传授的问题,而是如何分析或者设计一个蕴含或促进知识探究的学习活动的问题。

从学习科学的视角探索课程教学的变革的挑战来自两个方面:一是学习科学本身的研究取向,关注各种真实情境中的学习,因而以研究结果为基础来设计教学具有挑战性;另一个是学校教育实践本身的限制,如既定的知识目标、定期的外部考试、固定的时间和进度安排、有限的资源条件等。面临这些限制,学习科学的研究者抽取实践活动所蕴含的知识和学习的本质特征,用于学校情境中的学习活动设计,比如通过"做"来学习这一本质特征。学习科学的研究者说,

> 今天,学生们需要理解他们知识的目前状态,并建设之、改进之,而且在不确定的情形下做出决定。约翰·杜威把知识的这两点见解视作为以前的文化成就和置身于积极的过程的"记录",以"做"来表示。比如说,做数学包含着解决问题、抽象、发明和证明,做历史包含对历史文献的建构与评价,做科学包含诸如通过实验及观察检验理论的活动。社会期待学校系统的毕业生们能够识别、解决问题,并且终身为社会作出贡献,期望他们展示他们的"适应性专长"的质量。①

换言之,在探索学校情境中的知识问题时,学习科学依旧强调通过"做"的过程实现个体(和共同体)知识的生长,强调知识与活动的内在统一。这也和学习科学研究的整体思路是一致的,即,先将"教"和"学"加以分离,考察学习本身,分析人类学习是如何进行的,然后去反思学校教育在哪些方面限制了这种有效的学习方式,并以研究和反思成果为基础进行学习环境的设计,比如这里关于"做"的活动的设计。

二、知识中心的学习环境

学习科学强调学习环境设计的四个视角(见图 4-2)②:学习者中心、知识

---

① 约翰·D.布兰思福特,等.人是如何学习的——大脑、心理、经验及学校[M].程可拉,等译.上海:华东师范大学出版社,2002:149.
② 同上:149-163.

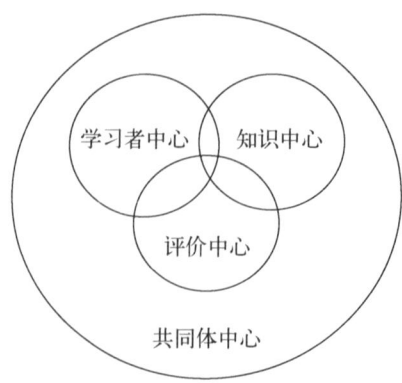

图 4-2 学习环境透视

资料来源：约翰·D.布兰思福特,等.人是如何学习的——大脑、心理、经验及学校[M].程可拉,等译.上海：华东师范大学出版社,2002:149.

中心、评价中心和共同体中心。这四个视角相互联系、相互支持,其中,"学习者中心"强调的是将学习者的知识、技能、态度、信仰带到学习环境中,并且在学习的过程中建构自己的意义;"知识中心"强调的是认真对待学生的需要,帮助学生理解和掌握学科领域的知识和专长;"评价中心"强调的是通过评价提供反馈和回溯的机会,这种反馈和回溯将为教师理解学生建构知识的进展和进行适应性的教学设计提供支持,也为学生元认知能力的发展提供支持;"共同体中心"强调在学习过程中的合作互动的重要性,关注了共同体的几个方面,包括把班级、学校作为共同体,学生、教师、管理人员认为与之联系的更大的共同体还包括家庭、企业、社区和地方、国家甚至整个世界。

学习者、知识、评价和共同体构成了学习环境设计的四个核心要素或者说出发点(有四个"中心"似乎不符合我们的思维习惯)。其中的"学习者"要素关注的是学习者的已有知识和学习者在学习过程中的自主建构,而"知识"要素关注的则是学习者的目标知识,即,要掌握的知识。将这两者加以关联,我们可以看出学习环境设计的一条主线就是:在学习共同体中,通过学习者的主动建构(自然还有教师的支撑),将学生的已有知识经验和目标知识桥接起来,从而掌握目标知识。在这个过程中,教师通过形成性评价确定学习的进程并对环境要素进行设计和调节。

"发展性定型"的主张很好地揭示了学习者中心和知识中心的关系,将学习过程视作从学习者已有知识经验走向目标知识的过程。发展性定型的具体做法是,以学生已有的非正式想法开始,逐渐地使学生看清这些想法怎样得到转换和定型。教师在教学中鼓励学生将他们的非正式想法作为基础渐渐地——但是是以结构化的方式——去建构一门学科的过程和概念。美国国家数学科学教育研究中心和弗洛伊德索尔学院开发的教材《情境中的数学》是运用这种方法的一个典型案例。这种方法的过程是：学生用自己的话、画或图表来描述数学情景以便组织他们的知识，并解释他们的策略——学生逐渐使用符号描述情景，组织他们的数学问题，表达他们的策略（学生发明自己的符号或者学会应用一些非常规的概念）——学生逐步使用标准的、规范的代数符号来书写表达式和方程式。在整个过程中，学生可以在不同的规范性层次之间迁回。这个学习环境兼有学习者中心和知识中心，呈现了从学习者已有知识向目标知识迈进的过程。[①]

我国教育界曾热烈讨论教育改革是否存在轻视知识的倾向。从学习科学的视角看，问题不在于是否轻视知识，而在于师生在一个什么样的学习环境中开展学习活动，学生以什么样的方式掌握知识。不少人常常简单化地假定：重视学生活动或学生探索就会忽略系统的知识（在实践中确实存在这样的倾向），重视系统的知识就意味着不能放手让学生讨论和探究。而知识中心的学习环境恰恰努力走出这个非此即彼的困境，探索通过学生的探究和建构活动通达学科和领域知识，并将知识中心作为设计学习环境必不可少的支柱。

对于知识中心的关注是以对专家知识的研究为基础的。学习科学关于专家知识特征的研究表明，专家思维和解决问题的能力并不是他们有一套一般的思维技巧或者思维策略，而是因为他们有一整套组织得很好的知识支持他们进行计划和有谋略地思考。学生要在学校获得在社会上立足的知识和技能，学科领域的知识是不可或缺的。

概括起来说，知识中心的学习环境对知识的关注有几点是值得重视的：一是关注知识，同时关注由学习者已有知识发展为目标知识的过程。二是在经由已有知识发展至目标知识的过程中，主要的活动不是教师的讲授、灌输，而是学生的探究、建构。教学活动的主体部分是学生的活动，而不是教师的活动。因而，在知识中心的学习环境中，"学习类似于学会在环境中生存：学习周围的世界，学习什么样的资源可以利用，学习怎样利用这些资源来使自己的活动既富有成效又充满乐趣"。三是所关注的知识主要不是事实性的、程序性的信息，而是结构化的知识，因而，如何培养对于学科的整体理解成为创设知

[①] 约翰·D.布兰思福特，等.人是如何学习的——大脑、心理、经验及学校[M].程可拉，等译.上海：华东师范大学出版社，2002：152-153.

识中心的环境的重要问题,"掌握知识的全貌才能保证整合知识结构和了解适用性条件的信息",而要使学生有效地进行这样的学习,就要"将学生暴露于自然的问题情景中,从这些情景中产生出学科领域的主要特点"。①

三、知识分析与知识空间设计

将教学理解为创设学习环境、学生通过探究和建构活动掌握知识的过程,要明确活动所指向的目标知识,②因而,要从活动设计的需要对目标知识进行分析,设计的活动以目标知识的主题为单位进行。针对一个主题的活动可能在一节课内完成,也可以是几节课、几周甚至更长的时间。可见,学习活动不是机械地以固定的时间段为单位的,而应该根据活动本身进程的需要来设计。从实践看,教师更习惯于将一节课(一个课时)作为一个单位进行设计,从这一实际出发,在设计时可以考虑教学中的自然单元和课时(一个课时或者几个课时)两个层面。对于拓展性的、研究性的课程,则重点从整体或者活动的单元考虑。

因而,知识空间设计的第一步是分析目标知识的结构。这一方面的分析可以从不同的层面进行,比如:科目、科目之基本领域、学习单元、学习主题(以一个课时或者为数不多的几个课时内可以完成为参考标准)。以小学数学为例,该科目的基本领域包括:数与代数、空间与图形、统计与概率等。不同的教材对于每个学期的学习单元有不同的安排,大都考虑了教学时间进度,教师可以直接以教材的主题为线索设计教学活动。

知识结构的另一个方面是知识之间的关联,包括每一主题与整个学科知识整体之间的关系。知识之间的关联使得知识是一个整体,而不是各个独立部件组成的碎片集合。从知识的保持看,良好的结构为新知的理解和固着提

---

① 约翰·D.布兰思福特,等.人是如何学习的——大脑、心理、经验及学校[M].程可拉,等译.上海:华东师范大学出版社,2002:153-154.
② 在完全真实的实践环境中并没有明确的目标知识指向,以任务的完成或者问题的解决为目的,学习是自然发生的,知识和能力是自然增长,从这种区分中我们可以发现,学校教育的意识性和系统性仍旧存在,而不至于走向非学校化(deschooling)的主张。也唯有将(学生)活动与(目标)知识统一起来,才能克服"放羊"[有(学生)活动没(目标)知识]和"填鸭"[有(目标)知识没(学生)活动]的偏颇。

供了基础。从知识的应用看,良好的结构为知识的顺畅提取提供了有益的线索。从获得知识的过程看,能够让学习者在已有知识上建构新的知识是进行有效学习的必要条件,学习的这种知识依赖性为当代学习理论所普遍关注。对于一个知识主题而言,作为它的基础知识有哪些,它又能为后来的哪些知识的学习奠定基础,这是教师在进行知识分析的时候需要重点关注的。一个有经验的教师,善于不露声色地将这些方面妥善地加以处理,让学生觉得自己不断地在知识的长廊中前进。从知识空间的角度看,如何从作为建构新知识基础的知识走向要建构的知识,构成了教学要面对的知识空间。相应地,在设计这一空间的时候,教师要考虑的问题包括:当前学习知识主题的要点是什么?与这一知识主题相联系的知识是什么?可以引导学生从哪个知识主题走过来?从现在的知识主题可以通达未来的哪些知识主题?在结构性较强的学科或者逻辑性较强的学习领域,这些方面的考虑尤为重要。

每一主题的知识如何体现学科知识特征,或者说学科的"大观念"(big idea),是设计知识空间时要考虑的一个更为上位的问题。学生的学习是同时在两个层面上进行的,一个是具体知识内容的层面,一个是学科整体的层面,即,学生通过具体知识的学习逐步掌握和领会一个学科的核心观念、思考方式、行动方式,这些并不是简单地通过单独讲授学科方法论之类的内容可以为学生所掌握的,而是需要学生在与教师共同进行的学科探索实践中进行体认和内化。知识空间设计中,设计者要考虑的则是如何通过具体知识主题的学习而让学生逐步体认乃至践行学科或者领域的方法。有人比较了文学和数学的特征:文学是将一变为多,将同类的事情、道理、情感等方面的纷繁多样运用文字形象地传达出来,从而让读者看到世界的丰富多彩;数学是将多变为一,数学舍弃了个别事物的具体特征,而抽取出数量等方面进行研究探索。这可能不是很精确的概括,但也可以给我们提供一些思考:我们如何通过日常的教学活动推进学生对于这些学科的特征的感知、理解和把握。学生对于这些方面的特征的理解程度,以及据此进行认知和行动的能力方面的进步程度,是知识空间的另一个方面。学生在这一空间上的进步不是在一节课、一周、一个月中就能够明显看出来的,但是教师要有意识地将其落实和体现在具体的教学行动上。

知识分析的关键一步是分析学生从已有知识到目标知识之间的空间,以便设计活动帮助学生跨越这一空间。学生在课堂上远不是一块"白板",等待着教师来绘画,也不是一个空瓶子,等待教师来"灌水",他们有一定知识经验并且倾向于用这些知识经验来理解当前对象或完成当前任务。这种已有知识包括多个方面,主要有:(1)与当前知识主题关联的学科知识。比如,学习除法,要有关于乘法的知识,学生对于乘法的掌握情况就是教师必须了解的;学习诗歌,学生在识字、理解词句等方面的状况是教师要了解的。(2)关于当前知识主题的已有知识和经验。学习除法时,学生对于将一定数量的东西平均分为几份有大量的生活经验;学习某一个主题的文章时,学生或许有相关的生活经历或者情感体验。(3)学生对于该学科的对象和方法的掌握情况。比如,学习历史时,他对于什么是历史、历史研究什么、怎样认识和研究历史等方面的理解情况。也就是上面提到的对于学科特征的掌握和体认情况。与此相关,教师还要关注学生习惯的认知和学习方式,思考这些方式是否符合学科探索的特征。

综上所述,我们可以从以下三个角度(或者其中的一个或两个)分析和设计知识空间。

1. 从主题的基础知识和相关知识到目标知识。比如,学习语文课上的一首古诗时,基础知识和相关知识包括该诗歌中的字词、关于此类诗歌的基本知识、关于作者的知识等,目标知识就是对于该诗歌的理解和记诵以及对于此类诗歌和该作者诗歌的更多了解和理解。学习数学课上的多位数乘以多位数的乘法时,多位数乘以一位数的知识就是基础知识。

2. 从学习者对于目标知识的已有掌握水平到期望水平。比如,在科学课上,学生对于自然现象有了一些感性的认识和自己的理解,其中有的能够为科学概念或科学理解的建立奠定基础,有的则和科学概念或科学理解不一致,两者之间就是教学要帮助学生跨越的知识空间。再比如,在小学低年级数学课上学习加、减运算时,大部分学生都能够在感觉运动的水平上(比如借助掰手指、借助实物进行点数)进行加减运算,从这一水平到脱离实物支撑的运算水平,就构成了一个知识空间。

3. 从学习者当前对于学科大观念的理解水平和行动水平到期望水平。这个空间难以简单地分解到每一节课或者每一个知识主题上,但是教师在每次的学习活动中都应该加以关照。比如在历史课上,让学生阅读史料、提出观点、论证观点,或者通过阅读史料对已有观点进行评判或者质疑,通过这样的活动,让学生懂得历史探究的意义和方法。

概而言之,学习是学生由已有知识走向目标知识的过程,两者之间的距离构成了知识空间。一个学习活动指向一个较为明确的知识空间,以这种活动为主要要素的学习环境体现了学习科学所强调的学习者中心和知识中心。从已有知识走向目标知识,其中间的桥梁是能够激发学习者积极参与探索和建构的学习活动。

第四节 学习活动的设计与实施

如上节所述,学习过程是学生由当前知识走向目标知识的过程,而跨越两者之间的鸿沟,从学习科学的视角看,需要学生充分参与、积极建构知识。换言之,这种跨越主要是通过学习活动实现的。这里就将对学习活动的设计和实施问题进行探讨。

一、基于问题/项目/案例的学习——创新学习活动的典型方式

在教学研究中,研究者和实践者日益关注基于疑问(question)或者话题(topic)的、基于问题(problem)的、基于项目(project)的以及基于案例(case)的学习。[①] 其中,基于疑问或话题的学习开始于争论性问题或两难问题;在基于案例的学习中,学生通过研究真实情境中的案例(如法律、医学、社会工作等)和进行案例的归纳、诊断,来建构知识并发展必需的思维技能;在基于项目的学习中,学习者集中于相对长期的、整合的教学单元,这些复杂项目中包括多个案例,他们在项目实施的过程中对观念进行争论、计划并进行实验,交流

---

① 戴维·H.乔纳森,等.学习环境的理论基础[M].郑太年,任友群,译.上海:华东师范大学出版社,2002:84-112.

他们的发现;基于问题的学习在课程的层面上整合问题,需要学习者通过解决课程中的大量问题来进行自主学习。这些学习方式虽然在组织形式上各有不同,但共享着对积极的、建构的、真实的学习的假设。因而,乔纳森认为,这类学习本质上是一个连续统,他甚至统一用"基于问题的学习"这个术语,并用学生中心的学习环境(student centered learning environments,简称SCLEs)来标识这类学习环境的特点。他分析了这类学习环境的三个核心要素:

1. 问题情境脉络。这类学习环境描述了活动系统的情境脉络因素,包括问题的物理的、社会文化的和组织的情境脉络等,这些情境脉络有助于对项目和问题进行限制和界定。

2. 问题提出或模拟。以故事的方式呈现问题情境脉络和问题,故事中包含了一系列事件,并引出要解决的问题。问题提出是为了模拟情境脉络中的问题。

3. 问题操作空间。问题或项目空间必须向学生提供操作问题的机会,以测试不同问题元素之间的多种动力关系。

上述几种方法多发轫于专业领域的学习之中。基于问题的学习最早出现在医学教育中,基于案例的学习在工商管理领域、法学领域的学习中应用较早,成功的案例也很多,比如在今天的MBA(工商管理硕士)教育中,案例教学几乎成了最常见的方法之一。这些方法后来被用于中小学教育中,解决以前在专业教育中的类似问题,包括学习的去情境化问题、迁移问题、学习动机问题等。

目前我国的基础教育教学改革中,也出现了大量的"研究性学习""探究性学习"的课程实践案例,以校本课程、拓展性课程、研究性课程等形式开展的许多教学活动多以"研究性/探究性学习"为主要学习方式。从目前进行的实践探索看,在这类课程中,从问题/主题/项目/任务开始起步,然后由学生或者学生小组解决问题(教师的指导程度各异),最后由学生汇报交流学习成果,已经成了一个较为常见的流程。这种类型的学习同前面谈到的基于问题/项目的学习在方式上非常相似,不同设计者的出发点、具体设计方法、提供的资源支持、实施的具体方案等方面肯定有所不同,这种多样性有助于丰富学习活动设计的方法。

这类学习活动设计的典型思路是：自目标知识起步，探寻应用这些知识的典型情境，如现实的问题和任务、相关领域的工作者或者研究者面对的问题和任务，然后将这些问题和任务转变为适合学生的问题和任务。在进行教学设计时，设计者可以以下列问题为引导：

1. 在某一时间段（比如一节课、一周）内，师生要面对的目标知识是什么？
2. 什么问题和任务必须应用这些目标知识才能解决或者完成？
3. 这些问题和任务如何转化为适于学生的活动？这些活动如何安排？
4. 在这一活动中，教师在什么时候为学生提供哪些支撑？

另一种典型的方式是将相关领域中的一个现实问题或任务直接作为学习活动的对象。在目标知识的自由度较大、限制性不强时这种设计方法更为适用。在进行教学设计时，我们需要考虑下列问题：

1. 在近期，师生在日常生活或者学校活动中要解决哪些问题或者承担什么任务？
2. 这些问题和任务能够让学生获得哪些方面的知识？在哪些方面得到发展？
3. 如何安排活动，使学生在解决这些问题或者完成这些任务的过程中将活动与知识结合起来？
4. 在这一活动中，教师在什么时候为学生提供哪些支撑？

二、知识主题探索式的学习——课堂教学变革的易行选择

让学生在真实而复杂的任务中开展学习探索活动，获得智识上的收益，这是上述以学习者为中心的学习环境的主要目的。但是，不能天真地认为，学校要做的所有的事情就是模仿日常活动系统，"许多重要的智力活动和概念可能没有与其相关的合适的日常活动，因此，如果这样做的话，学生就会被剥夺重要的智力经验"。[1]

此外，现实条件的种种限制常常使得基于项目/问题的学习难以开展。很

---

[1] 戴维·H.乔纳森,等.学习环境的理论基础[M].郑太年,任友群,译.上海：华东师范大学出版社,2002：107-108.

多地方不具备开展基于项目/问题的学习的资源条件。在中小学现行的教学制度和评价制度下,教学的内容序列和教学进度有着严格的外在约束。班级授课制本身就难以提供开展基于项目/问题的学习所需的时间和空间上的自由。

在这种情况下,需要寻找一种能够让学生的行事权得以发挥的新型学习方式。将目标知识直接转变为学生探究活动的对象,而不是由教师面面俱到地讲授和示范,就是一种易于实施的方式。比如,在阅读理解课上,教师可以安排学生对文章表述的思想、情感,或者文章的写作方式及特点等,进行探索、交流和讨论;在数学课上,公式的推导、规则的归纳、难题的解答等,可以主要由学生自主完成或者通过分组合作进行;外语课上,文本的理解、语言规则的归纳,可以由学生借助工具书和相关学习资源进行,而听、说、写作、翻译等语言技能,本来就需要学生在语言实践中发展起来;科学探究则是促进学生学习科学知识和科学方法、形成科学态度和科学精神的有效方式,在科学课堂上将知识主题转变为探究活动,让学生在探究中体验科学、发现科学,这也是各国科学教育改革中普遍强调的;在社会和历史学习中,学生通过阅读分析、对话协商发展自己对社会和历史的理解与认识,可以有效地克服以记忆代替学习的现象。

基于问题/项目的学习活动的设计是从目标知识(知识空间)出发,设计一个需要运用目标知识才能够解决的问题或者完成的任务(活动空间),在实施的过程中让学生去解决问题或者完成任务,从而获得知识。在知识主题探索式的学习中,是将目标知识(知识空间)直接转变为学生探索的活动(活动空间),让学生通过探索活动获得知识。两者都是寻求知识空间与活动空间的结合。知识主题探索的设计重点在于如何将确定的某一层级的主题的知识转化为学生能够参与探究的活动。下列问题有助于引导教师进行教学设计:

1. 在某一时间段(比如一节课、一周)内,师生要面对的目标知识是什么?

2. 通过哪些以学生主动参与为主的活动能够让学生在已有知识经验的基础上获得这些知识?

3. 这些活动如何进行安排?

4. 在这一活动中,教师在什么时候为学生提供哪些支撑?

三、学习活动的空间和层级结构

如何给学生创造充分的学习活动空间,即自主进行知识建构的空间?在课堂教学中,核心的一点就是活动设计时重视活动的综合性、整体性,也就是说,将一个整体的任务和问题交给学生去探索,而不是将它分割为具体的操作后交给学生逐一完成。我们先来看一个的课堂片段:

教学内容:三角形面积的计算

教学过程:

1. 直角三角形的面积推导

(1) 各学习小组拿出两个大小形状完全一样的直角三角形,小组讨论教师提问:

- 能不能拼成一个你已学过的图形?
- 直角三角形与长方形有什么关系?

(2) 小组探讨后,教师带领学生总结说出长方形面积和直角三角形面积之间的关系,并写出长方形和直角三角形的面积计算公式

$$长方形面积 = 长 \times 宽$$

$$直角三角形的面积 = 底 \times 高 \div 2$$

2. 学生自学其他三角形的面积推导

(1) 学生自学

教师:直角三角形的面积我们是这样求得,那其他三角形例如钝角三角形、锐角三角形又是怎样求得呢?请你们自己从书上找一找答案。

(2) 得出结论:

$$三角形面积 = 底 \times 高 \div 2$$

$$s = ah \div 2$$

教师:面积我们可以用字母 s 表示,底和高分别用 a 和 h 表示,因此三角形面积公式我们也可以写成 $s = ah \div 2$

3. 课堂练习及总结交流。

在这节课上,学生首先在教师的一步步引导下探索如何从已经掌握的知识"长方形面积计算"推导出直角三角形的面积计算方法,然后通过自学教材上关于锐角和钝角三角形的面积计算方法,总结出三角形的面积计算公式,最后加以练习。总体上,学生有了一定程度的参与,教师没有直接讲授新知。但是,从活动空间的角度看,学生探索的空间非常有限。这可以归结为几个方面的原因:一是整个解决问题的思路教师已经明确地给出,也就是,从长方形的面积计算方法推导直角三角形的面积计算方法,然后再推导锐角和钝角三角形的面积计算方法;二是教师通过活动的安排将这一思路转变成几个固定的阶段,在每一个阶段内,学生的探索方向已经确定下来;三是学生在学习直角三角形面积计算方法后是通过自学教材学习锐角和钝角三角形的面积计算的,这种自学的方法等于是接受一个现成的推导思路,只不过这种推导的思路和方法不是教师讲出来的,而是教材用书面语言告知的。这样一来,学生基本上还是按照教师设计好的思路和详细方案一步步前进,在整个过程的每一个环节上的探索空间都相当有限。我们在面对很多问题(包括学校学习中的问题、日常生活中的问题、专业实践中的问题、个人感兴趣的领域的问题等),对于问题解决整体思路的探索才是解决问题的最重要一步。而在这个教学片段中,教师已经通过任务的分解、所提问题的设置、活动的安排,将问题解决思路明明白白地告诉了学生,解决问题的方法也局限在这个规定的思路内。因而,学生在这种课堂上的活动空间是非常有限的。教师可以考虑拓展活动空间的方法。比如,直接让学生去探索如何计算三角形的面积而不提供线索。笔者就曾经观察过一堂这样的课,老师仅仅在开始上课时给学生提供了一张带有小方格的纸板,上面画了三个不同形状的三角形(分别为直角、锐角和钝角),让学生比较这几个三角形的面积。然后将近30分钟时间完全交给学生,由学生个人或者和他人合作(个人自由选择)进行探索,每人在完成后和周围的同学进行交流,最后有个班级的交流。一节课下来,学生找到了六七种方法解决三角形面积的计算问题,并归纳出计算公式。学生思维的开放性和创新性令人惊讶,探究过程秩序井然,探究活动也达到了预期的效果。

拓展学习活动的空间,要求教师将一个整体的任务交给学生去探索,而不是将任务进行详细的分解之后让学生去进行具体的操作。锻炼学生识别和分析问题、分解问题、找到解决问题的思路并付诸问题解决的实际行动,是培养问题解决能力的关键所在,经历这一系列环节才能培养学生的高级思维能力。教师将问题和任务分解后交给学生的做法,恰恰剥夺了学生通过这一历程发展问题解决能力的机会。从这一视角看,在学生探究的过程中,教师进行启发和提供支撑的最好时机在于学生产生需要之时,而不是在问题刚提出之时,因为那样既简化了问题,又束缚了学生的思维。

给予学生充分的学习活动空间,就是避免将一个整体性的活动分解为若干个具体的操作。活动理论对活动结构进行了分析,从活动、行动、操作三个层面分析活动系统的层级结构。活动是有意识的过程,包括一连串行动,行动又包括一连串的操作。三个层面之间是动态的、双向的。"所有的操作在开始进行时都是行动,因为它们需要有意识的努力。随着实践和内化的进行,由于越来越自动化,需要的有意识努力越来越少,活动分解成为行动,并最终被分解为操作。但是也可能出现相反的力量:操作可能被打断而成为行动。"[1]从活动的层级结构看,在设计学习空间时,要让学生面对"活动"层面上的任务,而不是将其分解为具体的操作让学生分别执行。随着活动的推进,学生逐步善于自己将活动分解为可以入手的行动和操作,并逐步减少原先所需要的有意识的努力,最终对原先活动层面上的任务达到驾轻就熟的程度,这样才能算得上是熟练掌握了知识,发展了能力。

四、学习活动的实施

学习内容不同,具体的教学情境不同,设计出来的活动千变万化,实施过程自然也就多种多样。从学习科学理念和本章所勾勒的设计看,这些活动的实施有若干基本要求,这里将其进行简要的归纳。

第一,学生的探究和建构活动居于首要地位。这个"首要地位"有两层含

---

[1] 戴维·H.乔纳森,等.学习环境的理论基础[M].郑太年,任友群,译.上海:华东师范大学出版社,2002:84-112.

义,一是从时间顺序上看,学生的探究和建构活动在前,教师对目标知识的讲解分析在后。就是说,学生的主动性体现在建构知识的过程中,而不是在应用知识的过程(如课堂上对于习题的讨论)中;二是从活动的具体安排、时间分配等方面看,学习的建构和探究是中心的、主要的部分。

第二,学习活动具有清晰的目标。就目标而言,要建构目标知识,让学生从已有知识走到目标知识,跨越所设计的知识空间。对于自主性要求较高的学习活动,学生的注意力容易被表面的兴趣吸引。比如,在小学低年级课堂上,教师在课堂上常常选用学生喜欢的物品作为资源,而此时学生可能会关注这些物品的新奇性,教师必须掌控学生的注意力,以使其指向目标知识。

第三,学习活动具有明晰的规则。明晰的规则是自主性学习活动有效开展的保证。比如,在一节科学探究课上,教师为学生提供了20种材料,让学生分组实验这些材料是否导电。在没有良好的活动规则时,学生争先恐后地抢材料自己做实验,乱作一团,每个人只关心自己的动手机会。教师如果设计出良好的规则,活动的质量和结果就会大大改善。比如一位老师设计的方法是:小组的同学轮流选择材料进行实验,每人手里拿一支铅笔,做过之后将铅笔放在中间,表明这一轮的机会已经用过,一轮结束后大家把铅笔拿回,然后再进行下一轮实验。同时教师设计了记录纸,将20种材料分别列出来,每一位同学在选择材料并完成自己的实验后将结果记录下来并签名。[①] 在这种明晰规则的引导下,学生活动井然有序,学生在完成自己实验的同时也能完整地看到用所有材料进行实验的状况。这种安静有序的课堂活动为学生进行观察和思考提供了良好的条件,也为学生学会合作提供了锻炼机会。

第四,学习活动中教师提供适当的支撑。从相关研究看,支撑的提供应尽可能晚,而撤出应尽可能早,这样做有利于为学生提供充分的探究空间和自主探究的权利,让学生默会地感知到自己是学习活动的首要责任者。如前面提到的,如果教师在刚提出问题时就将问题加以分解,实际上就简化了问题,学生失去了从整体上分析问题的机会。从提供支撑的方式看,元认知层面的支撑同样重要。所谓的元认知层面上的支撑,就是说引导学生多去思考自己目

---

① 杨南昌.学习科学视域中的设计研究[M].北京:教育科学出版社,2010:247-269.

前的认知状况,比如知道了什么,不知道什么,自己的问题空间在哪里,过去的哪些经验和方法可以提供支撑,目前遇到的困难可以从哪些方面突破。这类的支撑能够让学生在解决当前问题和习得一般性方法两个层面上都有所收获。

第五,也是很重要的一点,是在活动中进行评价,并相应调整学习活动。在本书的语境中,教学是一个让学生从已有知识出发,经由活动,走向目标知识的过程。评价就是要在学生穿越这一路线的过程中对于行程之进展作出判断。很多教学设计都强调行进中的评价(ongoing assessment),要求教师和课程开发者在学习过程中及早安排好内容丰富的反馈,让学习者在实作活动中受到评价,即,将评价镶嵌在事件流中。[①] 如,在学生进行讨论活动时,教师就可以从中评价学生对于问题的理解,并且可以通过质疑学生的观点等手段提供反馈。学生在学习活动中出现错误或者不充分的理解时,如果教师能够及时发现并采取相应措施的话,也可以成为学习的契机。在一节语文课上,学生在老师的引导下学习《孔子拜师》一文,该文写的是孔子不远千里到洛阳拜老子为师的故事,课文中有一段描写孔子拜师路上的状况,说孔子"风餐露宿,日夜兼程"。讨论到这里时,老师问学生对此有什么想法,这时有学生说,"孔子一行好惨啊",教师对学生这一反应置之不理。在学习活动行进到这里的时候,"好惨"的回答中包含了学生的理解,教师未置可否,就失去了一次给予反馈的机会。如果教师就此提出"你为什么觉得孔子好惨呀""此时孔子惨吗"这样的问题引导学生进一步展开讨论,对于学生准确理解课文内容就会提供很好的帮助。基于行进中的评价进行的活动调整,及时对学生的知识建构进展作出反应,可以使学习活动的实施具有更强的适应性。

[①] 查尔斯·M.赖格卢斯.教学设计的理论与模型:教学理论的新范式(第2卷)[M].裴新宁,郑太年,主译.北京:教育科学出版社,2011:131-133.

Education Reform for
the 21st Century Skills:
China and World

第五章

阅读与写作教学变革

第一节　阅读与写作教学变革管窥

语言是人类交往和沟通的重要手段。人们通过口头语言和书面语言获得各种信息和知识,并表达自己的观点和想法。人类文化中的很大部分是借助语言这一手段世代传承的。今天,随着计算机和网络技术的发展,人们获取信息和进行交流的途径更加便捷,更加多样化,而语言仍然是最为重要的中介工具之一。可以说,人的社会性的实现是以语言的应用为基础的。语言学习在一个社会人的形成过程中具有基础性的作用。因而,语言教学在学校教育中,特别是在基础教育中,有着极为重要的地位。

从内容看,语言教学包括母语和外语的教学。母语教学中,研究者具体关注的子领域有所不同,其中,阅读和写作是两个重要的子领域。本节将分别对这两个子领域的教学变革状况加以概括和分析。因篇幅所限,外语教学在此不加以讨论。

一、母语阅读教学概览

在阅读教学中,欧美学者倾向于将早期阅读加以单独研究,因为这个阶段是"学习阅读"(learning to read)阶段,重点是掌握基础性的语言技能(如识字、拼读、基本语法等),而后来的阅读实质上是"通过阅读学习"(read to learn)。从阅读教学的具体实施方法角度,又分为领域阅读和阅读学习,前者强调阅读作为理解学科领域知识的途径,后者强调将阅读学习单独作为一门学科。[①] 由

---

① R. P. Carver 将阅读分为四级:第一级为阅读单词,第二级为阅读句子,在一起是 beginning reading,是 learning to read 阶段;第三级是阅读文章,reading comprehension, reading to learn 阶段;第四级阅读指的是能够对文本进行评价和批判的阶段。并不是说第一、二级不涉及意义问题,根据全语言的观点,所有的阅读都涉及 meaning 问题。转引自:Byrnes, J. P. Cognitive Development and Learning in Instructional Context (Second edition)[M]. Needham Heights: Allyn and Bacon, 2001, pp.122,159 – 160.

此也可以看到,阅读教学不仅仅以语言技能的习得为目的,也是掌握相关领域知识的一个重要途径。我们常说,"文以载道",阅读教学不仅仅希望学生能够识字、会阅读,更重要的是让学生掌握其中的"道"。从"文"中蕴"道"这个角度看,语言和文化更是密不可分的。语言领域的教学也具有很强的时代性,因而其内容必然涉及社会文化的因素,比如:都德的文章《最后一课》曾经让无数的读者感受到不能学习母语的痛楚;一种美国语文教材就是按照美国历史的线索编写的,选择的是不同历史时期有代表性的作品;[1]在我国近年的基础教育课程改革中,中小学语文教材在篇目选择方面经历了很大的变化,反映了当前社会对于"什么是必读内容"的观点在改变;外语课的开设与否、重要性若何以及开设何种外语,也与社会文化的因素密切相关。对于其他领域或者学科的学习而言,阅读能力无疑也是最为重要的基础之一,这是以领域阅读的方式实施阅读教学的合理性所在。在我国,专门对此进行的研究和实践探索还相对较少,阅读教学主要还是针对"阅读学习",其中也融合了领域阅读的一些要素,所涉及的领域主要是历史社会文化方面的内容,也有科普等方面的内容。在教师的教学过程中,关注的重点包括语言能力的培养和文本内容的理解。

对于阅读教学的研究同对于阅读理解本身的研究密不可分。关于阅读理解的研究主要关注了两方面的要素:一方面是阅读理解的结构性要素,另一方面是阅读理解的功能性要素。结构性要素方面主要是分析有经验的阅读者和写作者的知识结构特点。研究发现,他们不但有各类主题(如物体和事件)的图式化知识,还有各种文体(如记叙文、说明文)的文本图式。功能性要素方面主要是分析有经验的阅读者和写作者在阅读过程中运用的策略,包括运用多种实时加工过程(online proccss),如定向过程(orienting process)、形成核心(coherence-forming process,比如进行推理)、阅读策略(如识别主要观点、概括、预测、监控、回看)等。如果阅读者能够确定阅读目标,对于阅读主题有陈述性和概念性知识,对不同类型文本有结构性知识,能运用多种实时加工过程进行广泛阅读,就表明他已经成为一个有经验的阅读者。[2]

---

[1] 马浩岚,编译.美国语文——美国著名中学课文精选[M].北京:同心出版社,2004.
[2] Byrnes, J. P. Cognitive Development and Learning in Instructional Context (Second edition)[M]. Needham Heights: Allyn and Bacon, 2001, pp.160–182.

相应的教学建议包括：教师帮助学生回忆、识别和构建记叙文、说明文等的文本结构,教师将学生的背景知识和阅读的内容加以关联;教师指导学生监控自己的理解;教师指导学生区分重要的和次要的信息,对阅读内容作出清晰的概括;教师帮助学生以不同的方式重构他们的观点;教师对相关技能进行示范以作为支撑,并在学生能够独立完成任务时淡出。[①]

对于阅读和阅读教学的这些研究较多地遵循图式理论,尤其是将阅读理解看作阐释新信息并和将这一信息吸收和容纳进记忆结构中的过程。这一观点将阅读定义为:"通过阅读者已有知识、书面语言提供的信息、阅读情境的境脉的动态交互建构意义的过程"。这一过程中,阅读者专注于文本内容和结构,进行意义建构。另一方面,在研究思路上,这些研究也较多地采用了专家与新手对比的视角,内涵的假设是新手要在阅读理解的实践中逐步获得这一领域的专家知识与技能,这同学习科学对于专家与新手的对比研究是一致的。[②]

这一路线的研究思路内蕴了对这种思路本身的超越:对于图式建构的研究不可避免地包含了对于阅读者已有知识经验的关注,对于促进图式建构途径的探索也使得多个建构者(学习者)的互动在促进建构中的作用被纳入考虑的视野,这会使研究引向社会认知观和社会文化观;专家知识的研究不仅仅是对专家知识结构和知识状态的研究,也会进一步地延展到专家知识形成过程和专家实践场景的研究,其中的社会性、情境性的侧面就开始受到关注。

因而,关于阅读和阅读教学的研究可以是认知取向的、心理观的,也潜藏了社会文化因素的取向。阅读教学实践的发展则证实了这一点。在回顾阅读教学的发展历程时,阿尔弗曼和赫鲁比(D. E. Alvermann & G. G. Hruby)提出,在阅读教学的研究和实践中,过去一直强调运用适当的教学策略和方法,以帮助学生理解指定材料的内容。换句话说,传统的阅读教学重点在于阅读的心理方面(认知观)。不过,当前的研究和实践发生了明显的变化,开始更多

---

① Byrnes, J. P. Cognitive Development and Learning in Instructional Context (Second edition)[M]. Needham Heights: Allyn and Bacon, 2001, pp.183 – 184.
② 参见:约翰·D.布兰思福特,等.人是如何学习的——大脑、心理、经验及学校[M].程可拉,等译.上海:华东师范大学出版社,2002: 33 – 55;胡谊.专长心理学[M].上海:华东师范大学出版社,2006.

地关注社会认知和社会文化的因素。① 如果仅仅将阅读视为一种心理现象,就意味着个体如果能进行解码并拥有进行推理的必备知识,就能够正确理解文本。而社会文化和社会认知规则对于文本理解的条件给予了更多的关注,如在教学过程中关注语言和文化的多样性(在文化多元的社会中尤为关注这一点)、更多地让学生进行讨论等。

比如,在文学学习中,就有两种不同的观点,见诸不同的教学实践:一种强调直接教授经典文学作品及其文化意义、优秀作品的要素,蕴含了传播模式的学习观;另一种则基于建构主义的观点,认为经验指向的课堂实践能够促进学生发展文学鉴赏能力,提升学生的批判敏锐性和道德敏感性。②

不仅仅在文学学习领域,在整个阅读教学中,都可以粗略地看到这两种不同的倾向,一种注重探索和发现作品中蕴含的内容,另一种注重学习者的体验和参与。前一种被称作心理观,后一种被称作文学观。心理观借鉴教育心理学的研究,首重认知,将认知看作一系列的问题解答,将文本看作是信息的容器(可以从中探测到问题的答案),关注的是教给学生做这些事情(探寻信息解答问题)的策略。相应的评价方法是标准化的阅读理解测试,测试学生能否找到文本中的正确信息以解答所提的问题。而文学观主要借鉴文学研究的成果,关注经验、批判性的想象、情感,将文学作品阅读看作审美体验,鼓励学生进行欣赏和评价,将文学作品看作学生与之交互以产生这种经验的手段。也就是说,心理观关注的是阅读者如何通达文本所指示的东西,而文学观除此之外,还关注阅读者如何评价和文本互动的经验所激发的意蕴和联想。

可以说,是注重接收既成的信息、观点,接受他人(如教材编写者、教师、领域专家)建构出来的理解,还是注重学习者自身主动参与意义的建构,是这两种阅读教学的重要区分。这种区分与传统教学和学习科学视角下的"应然"教学之间的差异相映成趣。在实践中,实际的教学并不是如此的泾渭分明,教师往往混合采用不同取向的教学策略,来具体处理不同的学习内容,应用于课堂教学的不同阶段。在 21 世纪近二十年的发展中,对于读写素养的研究的核心

---

①② Alvermann, D. E. & Hruby, G. G. Content Area Reading and Literature Studies. In J. Brophy (Eds.), Subject-specific Instructional Methods and Activities[M]. Oxford: Elsevier Science Ltd., 2001, pp.56 – 57.

关注之一就是学习者的参与/介入（engagement）问题，包括学习者在活动中的介入，①学习和教学的社会文化转向日益深入。②

在具体教学策略的层面上，研究者归纳了四类常用的阅读教学策略。③

一是文本理解策略。美国的阅读研究小组（National Reading Panel）2000年通过对250项研究的分析，确定了七种有效地促进学生理解的策略：

- 对理解的监控：学生学会如何意识到他们对于材料的理解。
- 合作学习：学生一起学习理解策略。
- 运用图表和意义组织工具：学生用图表等方式对材料进行表征以帮助他们理解。
- 问与答：学生回答教师提出的问题并且得到即时的反馈。
- 产生问题：阅读者就材料的多个方面自己提出问题。
- 把握故事结构：教会学生利用故事结构帮助他们回忆故事内容，回答有关所阅读故事的问题。
- 总结：教会学生整合观点，对文本信息加以概括。

二是预先学习内容领域中的词汇。研究认为这有助于学生对于阅读内容的理解。词汇学习的原则包括：

- 学生积极发展他们对于词汇的理解，开发自己学习词汇的方法。
- 学生应将词语学习个人化。
- 学生应沉浸在词汇中。
- 学生应在多种信息的基础上通过反复接触词语来学习它们。

三是运用基于文本的讨论。这种做法有利于丰富和精制学生对于阅读内容的理解，同时有利于培养学生的高阶思维能力。讨论有利于让学生超越对于阅读内容所含信息、事实的简单回忆和再现，促使学生达到更深层次的理

---

① Hruby, G. G. et al. The Metatheoretical Assumptions of Literacy Engagement: A Preliminary Centennial History. In P. Alexander, F. J. Levine, & W. Tate (2016). Education Research: A Century of Discovery. Review of Research in Education[M]. Volume 40. American Educational Research Association (AERA), pp.588–643.
② Purcell-Gates, V., Duke, N. K., & Stouffer, J. (2016). Teaching literacy: Reading. In D. Gitomer, & C. Bell (2016). Handbook of Research on Teaching. Washington DC: American Educational Research Association, pp.1217–1267.
③ Alvermann, D. E. & Hruby, G. G. Content Area Reading and Literature Studies. In J. Brophy (Eds.), Subject-specific Instructional Methods and Activities[M]. Oxford: Elsevier Science Ltd., 2001, pp.58–73.

解。这一教学策略同对于学习的社会文化属性及对话教学的关注是一致的。

四是整合性的读写能力教学。这一策略主要培养功能性的语言能力,教师注重通过相关领域内容的阅读来推动阅读能力发展,将阅读技能作为理解领域内容的手段。

从阅读教学的研究方法上看,巴里(R. Barry)总结认为,1985年以前教学研究的主流范式是对新方法和传统方法进行实验对照,几乎所有的研究都注重借鉴自然科学传统,偶有人类学和社会学方法的研究。之后,在课堂中进行读写素养研究的数量日益增多。原先在实验室和其他场景中进行的实验研究被课堂现场的研究代替。由大学和学校教师合作进行的人类学方法的、社会语言学方法的和其他描述性的研究增加。现在,更多地运用了描述性研究和诠释框架,包括那些来自人文学科传统的方法——这些方法致力于采用更纯粹的哲学或者人文学科的价值观和信仰理解现象,特别是在与文学相关的研究中。[1]

这种转变标志着对于阅读教学的观点从行为主义和认知主义转向社会建构主义,教和学被视作社会性的、头脑间的活动。在此过程中,教师仔细倾听学生的观点,关注并引导其发展,提炼任务促进学生进一步解决问题。而这种趋势不仅在阅读教学的实践和研究中表现明显,而且在其他学习领域也是如此,关注知识的社会建构已经成为课堂学习和其他许多情境中的学习的一个共同追求。

二、母语写作教学概览

美国学者弗里德曼(S. W. F. Freedman)和戴由特(C. Daiute)曾归纳了美国学界关于写作的教学有四种不同的观点和实践,[2]我国作文教学也有大体相同的研究和实践思路。

---

[1] Barry, R. Research on the teaching of reading. In V.Richardson (Eds.). (2001). Handbook of research on Teaching (Fourth edition)[M]. Washington DC: American Educational Research Association, 2001, p.408.
[2] Freedman, S. W. F. & Daiute, C. Instructional Methods and Learning Activities in Teaching Writing. In J. Brophy (Eds.), Subject-specific Instructional Methods and Activities [M]. Oxford: Elsevier Science Ltd., 2001, pp.83 - 110.

第一种从印刷文本的角度确定写作教学的顺序,即,遵循字母、单词、语法、段落和体裁的顺序进行,由简而繁,由易到难。教学实践大体按照这种顺序进行,但并非严格遵照。

第二种被称为成熟观,主要以认知发展理论为基础,认为写作教学的进程应当符合学生分析理解世界现象的能力水平,符合操作书面语言达到与年龄水平相适应的目标的能力水平。这种观点认为,学生在掌握正式的书面语言之前可以采用多种手段,如拼写(拼写音节,类似中文中的用拼音拼出来)、绘画和戏剧表演。因而在很早的阶段(比如幼儿园阶段)就可以进行写作的练习,而不必等到掌握一定水平的书面语言之后。根据这种观点,在教学中要组织有趣的内容和活动让学生发现、表达和交流。换句话说,在作文教学中,书面写作不是唯一的活动,甚至不是最重要的活动,而"制造"出可以让学生(以多种形式)表达的内容才是关键所在。否则,学生的写作就难免落入无病呻吟的窠臼。

第三种是专长观。根据这种观点,学生在掌握基本的语词和句法、了解写作意图之后,关键的就是获得关于写作的专长知识。写作被认为是一个问题解决过程,涉及如何形成观点、如何以文本的形式来表述观点。相应地,关于写作的研究重点变成了比较写作的专家和新手在写作过程上的不同,然后设计教学活动,帮助新手采用和专家更为相似的行为,如确定写作目的、考虑潜在读者的要求、修改稿子等。在关于学习和教学的研究中,从专家知识研究入手是一个很常见的思路,对于专家和新手的研究贡献了许多新的观点。

第四种是社会文化观。这种观点认同专长观的观点,即,学生需要学习专家的写作实践方式,但是更强调将写作看作一种文化实践。这意味着教学活动关注多种价值观和多种形式的书面语言实践。根据这种观点,在教学过程中,主宰课堂的不仅是"专家"的文化,而且包括学习者自身的文化。学习活动的设计与实施关注学习者在语言、表达方式、价值观等方面的多样性和差异性,尤其是,关注学生的日常口头语言和较正式的书面语言之间的差异问题,关注社会文化背景弱势群体学生在写作活动中的话语权问题。

根据社会文化观,研究者概括了有效的写作活动的特点,提出了作文教学的三个原则:

- 原则1:有效的写作活动运用多种课堂语言,以支持写作能力发展所需的多种认知策略的发展。
- 原则2：有效的写作活动考虑不同种类书面语言的不同要求，还考虑到这样一个事实——学生必须学会以多种方式写作，为不同意图写作，面向不同读者写作。
- 原则3：有效的写作活动包括师生进行的课堂反思与评价，以监控学生在写作方面的发展水平。

概言之，写作能力发展不是获得一系列具体技能的过程，在写作教学中必须考虑学生写作的多种情境脉络：口头语言和文化、写作的意图和受众、学习者个体的意义。

写作教学研究的一个重要方面是对于写作和其他语言过程（主要是说和读）的关联的研究，对于这些关联的了解有助于教师从整体上认识语言实践，设计语言实践活动。[1]

关于写作的研究和实践的发展和学习科学的契合处表现在，教师不仅仅将学习看作获得专家/他者的一系列事实性语言知识或具体技能（对于写作而言就是专家的写作方法以及关于字词句篇的知识）的过程，而且注重学习者的自身知识、经验的融入，以及他们的观点和意义的表达，尤其是凸显了特定文化基础上的个体经验和个体意义。美国学者在对这一发展趋势的原因进行分析时强调了人口的变化以及教育理论和研究向后现代观的转变。[2] 对于后一因素，毋宁说是从传授—接受—操练—获得模式向自主表达和意义建构与协商为特点的新型教学模式的迈进。写作领域的实践和研究对于社会文化因素的关注，以及从社会文化过程角度设计写作教学和构建写作教学模式，也是学习和教育的社会文化转向的体现。在全球化信息化时代，这种趋势也在深化发展之中，学习者和学校体系处于一个新的社会文化境脉之中，社会文化因素在写作及多数学习领域的影响更为显著。[3]

---

[1] Sperling, M. & Freedman, S. W. Research on Writing. In: Richardson, V. (Eds.). (2001). Handbook of Research on Teaching (Fourth edition) [M]. Washington DC: American Educational Research Association, 2001, pp.370 – 389.

[2] 同上：31.

[3] Freedman, S. W., Hull, G. A., Higgs, J. M., & Booten, K. Teaching Writing in a Digital and Global Age: Toward Access, Learning, and Development for All. In D. Gitomer, & C. Bell (2016). Handbook of Research on Teaching (Fifth Edition) [M]. Washington DC: American Educational Research Association, 2016, pp.1389 – 1449.

反观认知角度的写作研究可见,研究者更关注关于写作的知识和具体技能。其中,写作所需要的知识分为四类:关于主题的知识、关于受众的知识、关于体裁(文体)的知识以及关于语言的知识。此外,在进行写作和修改的过程中,学习者还需要确定写作目标并运用批判性阅读和写作的能力。而写作困难者往往在某一方面存在缺失,相应的教学干预从具体的缺失项目出发进行设计,包括:教给学生关于具体文体的主要要素;写作内容选择学生最熟悉的主题,并教学生如何探索这些知识;提供有关词汇、语法结构和文章衔接方面的教学指导;教学生如何确定和达到写作目标;教学生如何修改。[①]

这种研究和思考的角度比较接近上述弗里德曼和戴由特所概括的专长观,只是将专长观所关注的作为发展专长之基础的基本语言能力(词汇、语法等)也纳入写作所需要的能力之中。如本书前文(参见第二章)所述,学习科学的研究依旧重视认知科学的研究成果,因为在目前的课堂教学情境中,其核心的和显性的关注点和认知科学的研究较为一致,具体条件的限制使得学习科学的很多新理念与学校课堂层面的实践还有一定距离。

在我国作文教学研究和实践探索中,突出的关键词包括个性化、生活化、体验式、开放式、主体性、生活作文、快乐(愉快)作文等。这些观念和相应的实践是对以往偏重具体知识和写作技能的作文教学的突破。

第二节 阅读与写作教学变革案例透视

实践是新理念的具体实现之地,也是新理念的产生和精致化之地。本节将撷取不同层面的阅读和写作教学案例加以介绍,并结合本书所总结的学习科学研究中关于学习的理念加以简要分析,为阅读和写作学习活动的设计和实施提供参考。这里所举的案例包括教材(及其所设计的学习活动)、课堂教学实例、教学方法和教学模式等不同层面。

---

① Byrnes, J. P. Cognitive Development and Learning in Instructional Context (Second edition)[M]. Needham Heights: Allyn and Bacon, 2001, pp.185-210.

一、案例:《美国语文》之第一次航海日志

(一) 案例简介

这里介绍的案例来自美国的一种面向12—18岁学生(初中、高中)语文教材。① 该教材以美国历史的发展为线索,选取不同时代的有广泛社会影响或有文学代表性的多种文体的文章,将阅读、写作、表演、讨论等多种语言实践活动安排在各个单元中,为语文教学提供了良好的文本范例和活动指南。

全部课文按照时间顺序划分为六个部分:

- 文明的交会(开始至1750年,包括《第一次美洲航海日志》《乌龟背上的土地》《有趣的故事》《弗吉尼亚通史》《罪人在愤怒的上帝手中》等)。
- 国家的诞生(1750—1800年,包括《富兰克林自传》《独立宣言》《在弗吉尼亚大会上的演讲》《穷里查德的年鉴》《从新白宫写给女儿的信》)。
- 国家的发展(1800—1870年,包括《〈日暑〉的通告》《魔鬼和汤姆·沃克》《穿越大裂谷》《自然》《瓦尔登》等)。
- 分裂、和解与扩展(1850—1914年,包括《战争插曲》《格尼斯堡演说》《内战中的声音》《密西西比河上的生活》《生活》《一小时的故事》《一场瓦格纳音乐会》等)。
- 不满、觉醒与反抗(1914—1946年,包括《乌龟》《在另一个国家》《四月沐浴》《威瑟萝奶奶的遗弃》《幽灵进来的那一夜》等)。
- 繁荣与保护(1946年至今,包括《前七年》《棕色的大箱子》《女勇士》《作了抵押的心》《稻草变黄金:日常生活中的蜕变》《家里的作家》等)。

从教材看,在每一部分的开始以"时代故事"的方式概要介绍历史背景和本时期的文学。比如第一部分《文明的交会》的"历史背景"部分,首先概要介绍道,哥伦布达到北美洲的时候这里已经有几百个土著部落,他们在语言、管理形式、社会组织、风俗习惯、房屋建筑和生存方法上有很大的不同。而后较为详细地介绍了美洲土著、朝圣者与清教徒、南部的种植者。在"本时期的文

---

① 马浩岚,编译.美国语文——美国著名中学课文精选[M].北京:同心出版社,2004.

学"部分,教材概要介绍了美国土著文学传统、清教徒的文学、南部的声音以及韦斯特奥弗的种植者。

每一课的内容包括:阅读指导、背景知识、文学与生活、文学聚焦、课文正文、问题指南、作品积累。以第一部分《文明的交会》的第一课为例,阅读指导中介绍了哥伦布的概况、航海的有利条件、哥伦布的大航海;在"背景知识"中以"历史:探险时代"为题介绍了当时的社会状况;在"文学与生活"中,教材以"联系你的经历"为题写道:

> 有一句励志格言:"只要你有梦想,你就能够做到。"然而有些梦想,例如乘小船环游世界或是发明治疗绝症的方法,不是只有愿望就能做到的。一个人要完成梦想就需要经济上的支援。即便是克里斯托弗·哥伦布也需要为他的航海事业寻求一个强有力的后盾作保证。他的很多篇航海日志都强调了新大陆有丰富的资源,这样才能够保证伊丽莎白王后在读了他的航海日志后决定继续对他进行资助。

教材还提出:有些人认为环游世界的航行不值得资助,得不到足够的回报,你怎样才能让他们接受这个想法,进行资助呢?就这个题目,在你的日志中写一篇有说服力的文章。

在"文学聚焦"里集中谈了日志这种文体,谈到日志并不一定是事实的可靠记录,因为作者本人的印象,特别当他或她置身于事件之中的时候会对事件的描述产生影响。如果写日志是为出版发行而不是私人保存,这种日志就可能更不客观了。建议读者"试着寻找他在为某些读者写作的证据"。

课文后的"问题指南"从多个角度提出问题,引导学习者对于课文内容和日志这种文体等进行多个方面的探究。如,"如果你是哥伦布航行的资助者,读到他的这段经历记录,你会有什么样的感受?""哥伦布的日志记录了欧洲人和北美洲当地人最早的相遇。这两类人有什么样的不同反应?你从文中能找到什么证据?""你怎么判断岛上的美景给哥伦布留下了深刻的印象(证据支持)?""如果哥伦布写作的目的是请求进一步的支持,那么他在证明自己探险活动的价值方面做得如何?""如果这篇描述是由一名船员(或者观察到船员们活动的美洲当地人)写的,将会有怎样的不同?""根据你的理解,哥伦布为什么经常在见到事物时想到它们的金钱价值?""在你看来,哥伦布试图表达的对美洲的印象是什么?"

在"作品累积"部分,教材安排了写作活动和项目活动等。写作活动有:"想象你是哥伦布的一名船员,从你的角度重写本文""哥伦布进行了多次的航行,但是一直没有抵达亚洲,利用图书馆资料,找一篇哥伦布后来的航海日志,在你的文章中比较哥伦布后来的日志表达出来的情感有什么不同,并解释为什么有这些不同?"项目活动有:"画一张岛上的地图,表现哥伦布登陆和探查的地点""哥伦布纪念收集,说明哥伦布对当今世界的贡献。找到以他的名字命名的重点公共场所(例如城市和公园)。了解在全国各地是怎样庆祝'哥伦布日'的。将你的发现制成一个剪贴簿。"

"作品累积"中还有"微型写作课"的内容,结合相关文体的写作方法练习要求,设计和课文内容关联或者类似的写作活动。

(二) 案例透视

因资料所限,笔者无法获知运用此教材的课堂教学活动的实际状况。仅从教材的安排看,可以设想,教材的编制者是将教材作为教师组织学生学习活动的指导材料,而不仅仅是文章和语文知识的呈现手段。可以说,教材本身就是学习活动索引。即便是一个"教教材"的教师,如果能够按照此类教材中所建议活动展开教学,学生亦能够得到较多的参与语言实践的机会。

可以看到,这一教材(和基于这一教材的教学活动)和学习科学中强调的学习理念在许多方面是一致的。教材中建议的活动体现的第一个特点是学习的探究性和建构性。教材中对于历史背景、文学与生活、文学知识的介绍简明扼要,为课文的理解提供了简单的线索。对于文章内容的理解,以及通过文本的解读所要传达的关于写作的知识,都是以问题和任务的方式隐含其中,让学生进行分析、探究和建构。在写作方面,本文通过活动安排,让学生理解写作者、写作内容和文本阅读者等之间的关系。如,提出的问题之一是"哥伦布为什么经常在见到事物时想到它们的金钱价值",为了让学生理解写作者的不同视角,文后安排了一个讨论问题:如果这篇描述是一名船员或者一名观察到船员们活动的美洲当地人写的,会有怎样的不同?教材没有以"知识拥有者"的姿态向读者传授关于写作的知识,而是通过设计相关的讨论问题让学生领会。

引导学习者进行探究/建构的任务和问题具有很强的真实性和情境性。文章的内容本身真实地反映了那个时代中探险者的真实经历,包括他们的所见所闻所感,尤其是从真实的所感(首先想到所见事物的经济价值)出发来进行记录。日志记述的既是历史的真实,也是感觉的真实。教材中所设计的学习活动则让学生以真实的语言活动去理解这种真实。真实的语言活动包括对于文本的阅读、对于文本内容的讨论、对于日志写作方法的讨论、对于写作的一般性问题(如尽可能多地纳入你最多的感官细节以使作品更加生动细致)的讨论、写作活动(如,想象你是哥伦布的一名船员,从你的角度重写本文)、项目探究活动(查找、阅读哥伦布不同时期的日志,比较其中表达出来的不同情感;哥伦布纪念资料的收集)等。这些活动是在学校之外的情境中完成类似任务时将会经历的。也就是说,语文知识和技能的获得是在运用语文的真实情境中实现的。这种真实性和情境性既为学生的学习提供了丰富生动的支撑,从而使得知识具有可接近性,又赋予了知识真实的意义,而不是将知识看作枯燥的要记忆的信息或者要重复机械操练的技能。

本教材的另外一个特点是将我们所说的民族精神教育融入语言学习之中。教材以美国历史发展为线索,选择在历史发展进程中出现的体现其民族精神的名篇或者与重大历史事件相关的文章作为语言学习的材料,这样使得民族精神的培养有了较为坚实的基础。对于民族精神的理解也需要将民族精神置于历史发展的情境脉络之中,亦即,关注知识与学习的情境性。在学习方式上,学生是通过对于历史上重要文本的讨论和学习来体悟民族精神的。比如,在这篇航海日志中,学生可以从阅读和讨论中感悟美洲大陆早期探险者的开拓精神,感受到他们经历的苦难和在苦难中表现出来的不屈精神,也能看到在特定社会环境中生存发展所需要的务实态度(如,通过强调看到的事物的经济价值而争取资助者的支持),以及在社会中从不同角度看待问题的必要性(如,在活动中,安排学生从海员或者当地原住民的视角思考或描述文中所写的事件①)。而这些都包含在美国的民族精神之中或者与之相关,如果教师能够充分地利用教材的线索设计学习活动,有助于学生以建构的方式发展对民族精神的理解。

二、案例:交互式教学

布朗和坎皮恩(Brown & Campione, 1990; Brown et al., 1994)在一项旨在构建学习者共同体的研究中,致力于用交互式教学(reciprocal teaching)和拼图法(Jigsaw method)让学生进行合作学习。交互式教学开始时先由教师做示范,再辅导学生学习各种技能,这些技能是要求他们后来去教的。较有经验的同伴和教师对学习过程进行示范,待学生掌握了这些实践方法以后,他们就扮演教师的角色。该方法称作交互式教学,是因为教师和学生交替扮演教师和学生的角色。拼图法让学生合作工作,发展他们在较大任务的某个部分上的专长。接着,学生掌握了自己这个部分的专长后,就采用交互式教学来与其他小组成员共享学到的东西。②

这项以阅读为主的教学研究中,研究者重点突出了合作在阅读能力等方面发展中的作用。研究者特别提到以维果茨基(Lev Vygotsky)的发展理论为基础。维果茨基认为发展主要受到专家支撑的。儿童先在专家在场的情况下经历一系列的认知活动,然后逐渐地由其自己来发挥类似的认知功能。具体地说,首先,由专家(家长、教师、师傅等)指导和引导儿童的活动,专家做大部分的认知工作,此时儿童是一个观察者,一个新手,只负责做很少的工作。之后,随着儿童经验的增长,他能够完成任务中越来越复杂的部分,成人在此时就逐渐减少所承担的责任。成人和儿童一起来分担认知工作,先由儿童主动

---

① 从这一点中甚至可以看到社会协商和契约的必要性,而这和市场经济制度乃至整个资本主义制度有着密切的关联;这一问题也一直延伸到美国当前的社会,种族问题、移民问题等在全球化时代不但没有消失,而且需要更多的关注。当然,在美洲历史发展的早期,欧洲人对待原住民印第安人的方式相当残酷。教师如果能够以这一点为主题设计学习活动,让学生分析不同来源居民的冲突、互动和结果在美国历史上的发展,则更有益于对于这些问题的深入探索。不过,这种教学活动必然耗时很多,看起来不像语文课而更像综合课或者历史课、社会课——尽管在笔者看来耗时多仍然是值得的:学生看似学的内容很少,实际上学到的很多。从语文教育的目的(民族文化几乎是所有国家语文教育中必然包含的要素)看,这种活动恰恰有利于达成国家在课程标准——包括语文及其他相关学科的标准——中所确定的目标。

② 戴维·H.乔纳森,等.学习环境的理论基础[M].郑太年,任友群,译.上海:华东师范大学出版社,2002:24-53.

去做，成人在儿童出现错误的时候进行纠正和指导。最后，成人让儿童承担主要的思维任务，而自己作为支持者和移情的观众。起初，起到支持性的他者是一个示范者、批评者、质疑者，引领儿童发展更有力的策略，然后更加广泛地应用这些策略。最后，这种质疑的、批判的角色也由儿童担任，他们此时能够通过自我管理和自我质疑而发挥这些功能。[1]

维果茨基在其著作《思维与语言》曾写道：

> 在儿童的发展中，所有的高级心理机能都两次登台：第一次是作为集体活动、社会活动，即作为心理间的机能，第二次是作为个体活动，作为儿童的内部思维方式，作为内部心理机能。[2]

在交互式教学中，我们可以看到高级心理机能的第三次登台，这次登台也是作为集体活动、社会活动的。和第一次登台不同的是，在第三次登台中，学习者是以活动的参与者和"教师"（也就是指导者、成人或者专家）的身份出现的，他将这些知识应用到与其他学习者的交流之中，和他人一起进行学习。

与之相近的还有认知学徒制的教学模式，具体构成见表5-1。[3]

表5-1 认知学徒制的教学模式

内　容	既包括专家的领域知识，也包括策略性的知识，如启发式策略、控制策略（元认知策略）、学习策略
方　法	示范、教练、脚手架的搭建与拆除、清晰表达、反思、探究
序　列	复杂性的递增、多样性的递增、全局技能先于局部技能
社会性	情境学习、实践共同体、内部动机、进行合作

这些教学以课堂实践中比较可行的方法，再现了在自然状态中知识能力形成的途径，同时又增加了学校教育特有的组织化、意图性等要素。

---

[1] Palincsar, A. S. & Brown, A. L. Reciprocal Teaching of Comprehension-fostering and Comprehension-monitoring Activities[J]. Learning and Instruction, 1984, 1(2), pp.117-175.
[2] 维果茨基.维果茨基教育论著选[M].余震球,译.北京：人民教育出版社,1994.
[3] 陈家刚.认知学徒制研究[M]//高文,等.学习科学的关键词.上海：华东师范大学出版社,2009：152.上海：华东师范大学教育科学学院,2009.

在真实实践情境的合作活动中,不同的参与者在共同的情境中一起承担任务,共同的情境和活动构成了他们发展新知识、新能力的基础。在共同活动的过程中,先知者告诉后知者如何做,后知者再告诉后知者如何做,或者在遇到问题的时候大家一起研究解决。这时候,每个人的专长都有发挥的机会。在解决问题或完成任务的过程中,或者在此之后,参与者也常常会对过程和方法等进行回顾或者评论,这些经验则促进了参与者的反思和总结。参与者有时候会总结一些方法,实则是将新的合作成果固定下来,作为以后解决类似问题的基础。

在交互式教学中,学生有机会轮流扮演学生和教师的角色,这一点同真实情境中的合作活动出现的状况非常相似。从个体认知发生的层面看,这一过程既将教师所示范和训练的知识(特别是策略性知识)内化从而变为自己的心理内机能,也在教别人的过程中结合具体的任务和内容而将这种知识外化。

在课堂教学中,这种合作活动组织和设计得更加合乎学校的规范,因而更有适用性,也更为精致化。这一点首先表现在内容和目标上,即,有效地反映了学校这个特定的规制系统的具体要求。因而,交互式教学方法和认知学徒制提供了将关于学习的新理念转化为学习实践的可行路径。在交互式教学的项目中,目标是文本理解策略和理解监控策略的培养。在本项目中,研究者界定了六种策略:(1)理解阅读的意图;(2)激活相关的背景知识;(3)分配注意力,集中于主要的内容;(4)对内容进行批判性评价,以促进内部理解的一致性以及与先前知识和常识的相容性;(5)通过进行定时的回顾和自我质疑等方法,监控活动本身,看是否已经理解;(6)作出多种推断(包括作出解释、进行预测、作出结论)并进行检测。在学习的内容方面,研究项目采用的则是学校的常规阅读内容。

课堂活动的安排也体现了适用性和精致化的特点。学生在课堂上主要参与四类活动:概括、质疑、澄清和预测。这四类活动有双重功能,一是促进对于文本内容的理解,二是促进对于理解的监控。这些活动都被置于学生和老师的对话情境中,正是通过这些对话,学生不断发展对于文本意义的理解。为了使学生适应这种学习活动的方式,项目中采用了交互式教学的方法,教师和学生轮流主导关于课文内容的对话。开始的时候,教师对于概括、质疑、澄清和预测这些关键活动进行示范,学生在自己力所能及的程度上参与,同时教师给予适当的指导和反馈。然后,教师和要做"教师"的学生(可以称为"指导生")布置一部分阅读内容,安排指导生当老师,引导其他学生学习这部分内容。指导生先和其他学生一起默读课文,然后指导生像执教的老师那样就这部分课文提出问题,对内容进行概括,就问题进行讨论和澄清,并对后面的内容作出预测。整个活动过程在对话的状态中进行。从学生学习的角度看,他承担了观察与倾听、模仿、合作指导其他学生的学习等任务,对于阅读理解的策略及理解监控策略经历了深入学习和应用的过程。

在交互式教学中,学习者和指导者(教师)在学徒制的环境里合作进行学习活动,从而将课堂学习变成了真实的语言实践活动,所选篇章的文本意义和关于阅读的策略性知识,不是教师通过语言讲述的,而是融入师生的合作活动之中。

三、案例:小学语文情境教学

这里介绍分析的是李吉林关于小学语文情境教学的实践和探索。李吉林对于情境问题的关注有多个方面的原因,其中之一是对于传统语文教学封闭性问题的反思和重建情境和文字关联的设想。她试图通过将语言文字所关联的情境引入到语文学习的过程之中,从而努力让语文从封闭走向开放的状态。在《为儿童的学习——情境课程的实验与建构》的开篇,李吉林写道:[1]

> 语言文字虽是抽象的符号,但却来自生活,生活是语言的源泉,一个个词语在生活的情境中,在大千世界里闪动着。它们蕴含着形象、意义和情感色彩。孩子们学习语言、运用语言,离不开他们的生活经验,更离不开他们对周围世界的认识。但是,当时(20世纪70年代末)语文教学的课堂是封闭的:黑板上识字,课本上阅读,作文本上学习作;课复一课,孩子就是被关在小小的教室里。这种从符号到符号、从概念到概念的封闭

---

[1] 李吉林.为儿童的学习:情境课程的实验与建构[M].北京:外语教学与研究出版社,2008:5.

课堂远离了多彩的生活,切断了灵感的源头,符号与生活之间的联系断裂了。没有源泉的语言,没有源泉的思维,没有生命的气息,必然是僵死的。

从李吉林的语文情境教学实践中,我们可以发现,她重建语言符号和生活之间联系的重要方法就是在儿童的语文学习中引入情境,包括情、景、事、理等,也就是说。将语言要表达的东西进入儿童的学习之中,而非在语文课堂上仅仅关注语言符号本身。从阅读方面看,学生通过体会语言表达的东西和语言之间的关联,领略语言之美和生活之美。从写作方面看,语文情境教学援引刘勰在《文心雕龙·物色》所阐述的"情以物迁,辞以情发",让学生由触"物"而动"情",由"情"而"触动语词的萌发",从而锻炼学生的口语和书面语表达的能力。在创设情境的方法方面,情境教学注重通过以下几种途径进行。

1. 现场与实物。带领学生走进生活,走进大自然,以丰富多彩的世界作为教学场景,是情境教学常用的方法之一。比如在学习《秋天的田野》一文时,教师为了弥补城里孩子对于大自然直观感受不足的状况,带领孩子走到郊外,"用搜索的目光在田野里寻找理想的'场景'"。在学习春天主题的单元期间,教师引导孩子在大自然的怀抱中"寻找春姑娘的笑脸",并引导孩子用自己的语言描述观察到的景象,从而使"孩子们在生活的情境中看到了教材描写的画面,而且看到的比教材更为直接、鲜活,生活和教材不知在什么时候已经叠加在一起了"。[①]

2. 图画:教学过程中运用图画等形式再现课文描写的情境。图画形式有和教材配套的挂图、教师即兴创作的简笔画、剪贴画、课本上插图的放大图、多媒体图画等。在教学中,教师用图画再现情境,再运用语言加以指导和启发,以图画为线索展开对话,从而让学生充分感受形象,加深对于课文语言的理解,提高语言能力。尽管图画不像真实的场景那样直观可感,但是应用这种方法设计教学更加简单易行。图画虽然粗略,但是可以给孩子留下想象的空间,也不失为一种良好的手段。[②] 在计算机和网络日益普及的今天,可用于再现情境的图画更多,更易于获取。

[①] 李吉林.为儿童的学习:情境课程的实验与建构[M].北京:外语教学与研究出版社,2008:6-9.
[②] 同上:第二章.

3. 音乐：教学过程中用音乐渲染情境。"尤其是那些一般图画不足以表现的动态和意境，或者是特别庄严肃穆、悲凉凄惨，或是特别欢快激动，或是特别惊险紧张，用音乐表现是再合适不过的。"教师选用的音乐可以是现成的乐曲、歌曲，也可以是教师或者学生弹奏、表演的乐曲或歌曲。①

4. 表演：教学过程中通过学生或者教师的表演让学生体会情境。在情境教学中，学生通过进入角色和扮演角色，带着角色转换的真切感受理解课文，这样的教学更能使得学生积极、兴奋地投入到学习活动中。

5. 语言：在教学过程中，教师用具有形象性、主导性、启发性和可知性的语言，对课文中的情境进行描绘，尤其是和实物、图画、音乐和表演等方法相结合，能够在将学生带入情境的同时又激起与教材情境相一致的情感活动和认知过程。这是因为，"当情境再现时，教师伴以语言描绘，就提示了观察程序和观察重点，引导学生边听边看，边看边想，促使学生观察活动与思维活动结合进行，这对学生的认知活动，起到了一定的指向性作用，从而提高感知的效应。不仅如此，由于教师语言的作用，往往又强化了情境，渲染了情境的氛围，使情境展示的形象更加鲜明，并带着情感的色彩作用于儿童的感官，调动起他们的情绪，促使他们主动进入到情境中，产生情感的体验。"②

6. 综合活动：被定义为"大单元情境课程"的教学活动③的目标是为了追求教育的整体效应，是"以道德与智慧为主导，以语文学科为龙头，以儿童为主体"开设的。在这种课程中，各学科教师和班主任在主题的引导下，充分利用教育、教学内容中的"相似块"，将其集合到一起，从各个不同的侧面集中进行教育。这种方式被定义为不同于基础区域（即学科情境课程）的综合区域。从创设情境的方法的角度看，这是一种主题式综合活动的方法，其中可能会融合现场与实物、图画、音乐、表演、语言的方法，但最重要的一点是学生进入到一个综合活动之中。比如，在"我爱长江，我爱濠河"的大单元情境课程中，教师和学生一起参与以家乡南通和家乡的濠河为背景的多种活动（游览、采访、摄影、阅读历史资料、主题班会、绘画、诗歌创作等），以这种形式展开情境学习。

---

① 李吉林.为儿童的学习：情境课程的实验与建构[M].北京：外语教学与研究出版社，2008：32.
② 同上：36.
③ 李吉林.情境教育：促进"儿童—知识—社会"的完美建构[M]//高文，徐斌艳，吴刚.建构主义教育研究.北京：教育科学出版社，2008：173-185.

李吉林开拓探索的小学语文情境教育是我国教育实践中的宝贵财富。她从中国传统文化中汲取营养,尤其汲取了意境说、境界说的理念,形成了富有中国文化特点的教学实践方式。她所开创的情境教学将文本、言辞和所要表现的东西关联起来。这些文本要表现的是人物、景色、事件、事理、情感等,情境教育用自然世界和生活世界现场、图画、音乐、语言、活动等手段,将这些方面在课堂上再现,就极大地改变了单纯处理文本、言辞的教学方式,而让学生能够感受、体悟文字所传达的情、景、人、事、理等。同时,"辞以情发",学生所感受和体悟的情、景、人、事、理等,反过来激发了学生的语言表达欲望和语言实践行为,使师生能够有话可讲,有话可写,做到"言之有物,言之有理,言之有情"。笔者曾经在教学现场听过《我爱家乡,我爱濠河》主题活动课程中的一节展示课,在这节课中学生和听课者能感受到最深的情、最美的景。景是真实的景,是学生透过自己的眼睛看到的景,是饱含着对家乡之爱的景。情是诗情,是激情,是学生对家乡的热爱之情。音乐、语言、诗歌、歌声描绘了此情此景,并将情和景渲染得美丽而浓烈。

从学习科学的视角看,小学语文情境教学的有效性可以从多个途径得到解释。这种学习充分调用了学习者的知识经验,这里的语文学习不是要单纯地教给学生规范的书面语言,而是将多种"情""景"引入学习过程,从而激发学习者的情感经验和语言能力,让他们参与到和情、景、人、事、理等文本描绘对象的对话中,将学习场所变为语言符号和真实情境的融合之处。从知识建构的角度看,学习者在多种支持之下建构对于文本的理解和形成语言能力:多种途径的情境支撑;教师的引导;和其他同学的对话。从学习的真实性的角度看,这种教学的真实性体现在,学生和教师以一种形式上真实的方式讨论文字所描绘的真实世界。这里形式上的真实体现在,在真实的语言实践中,语言和其所指涉的内容以及言说者自身的经验密不可分。作为语言之书面形式的文本,"只是提供了经作者筛选出来的线索,这些线索反映意义框架,读者利用这些框架构建她或他自己的意义";[1]所描绘真实的世界的在场,意味着语文的学习不是单纯地从符号到符号,不是一堆抽象符号和语文知识的记诵。

---

[1] 引自:莱斯·P.斯特弗,杰里·盖尔.教育中的建构主义[M].高文,等译.上海:华东师范大学出版社,2002:1.

四、案例：讨论教学

这里的讨论教学指的是在教学过程中让学生主动参与文本理解和写作活动，并就相关主题或问题展开讨论的教学方法。在当前的教学实践中，教师越来越注重学生的参与和学生之间的交流、协作，具体的教学策略多种多样，这里选取两个案例加以分析。

（一）信息技术环境中的批注感悟式教学[①]

信息技术环境中的批注感悟式教学是在批注式阅读教学的基础上，利用信息技术（互动电子白板等）为学生进行对话交流提供支撑的功能，让学生通过自主阅读和合作互动提升阅读能力的一种语文教学方法。批注式阅读教学就是"将传统的批注阅读法引入到语文教学中，结合学生、教师、阅读材料的实际情况加以改革、运用，旨在提高学生独立阅读能力、实现真正阅读的一种新型有效的教学方式。它是指在阅读教学中，学生在教师的指导下自主阅读，对文章的语言进行感知，对文章的思想内容、层次结构、表现手法、语言特点、精彩片段、重点语句，在思考、分析、比较、归纳的基础上，用线条符号或简洁的文字加以标记。"[②]而利用技术环境和网络资源，可以促进互动，技术和资源为教师、学生展示和交流各自的理解提供了便利的条件，比如可以直接展示不同的观点，也可以直观地进行表达。此外，基于技术环境的"批注感悟式"阅读方法还把"批注"分为"批"和"注"两个板块：一是学生主要完成"批"的任务，以感知、感受、领略、领悟为目标，以圈画关键词句、口头交流个体的自我阅读感受为主要形式，以提高学生的分析、概括、理解、提炼的语文阅读能力。二是把教师的问题引导和补充拓展性资料作为"注"的部分，为学生感知理解阅读材料、开阔眼界、拓展知识面提供更多的支持。

主要教学流程如图 5-1 所示。

---

① 这是上海市宜川中学附属学校苏治芳在该校与笔者所在研究团队合作的研究项目《基于智能白板系统的小学有效教学研究》中探索形成的语文教学方法，本案例资料来自本课题的结题报告（未发表）。
② 杨芳.批注式阅读教学研究[D].长春：东北师范大学,2006：2.

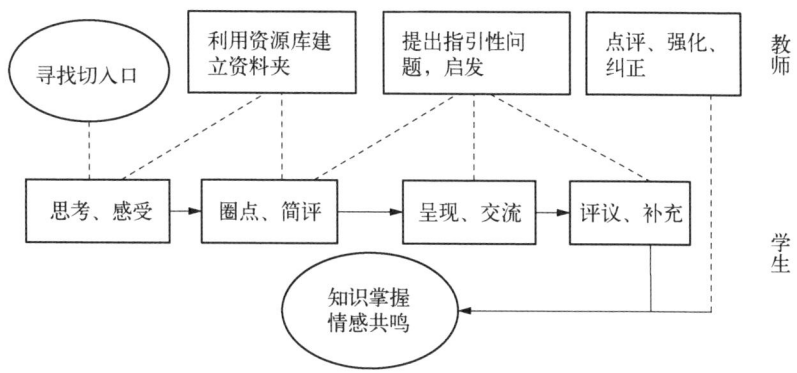

图 5-1 批注感悟式教学流程图

资料来源：上海市宜川中学附属学校《基于智能白板教学系统的小学有效教学研究》课题结题报告(2008年10月)。

下面呈现的《立夏节到了》是苏老师采用这一方法设计和实施的教学活动。《立夏节到了》是一篇充满民俗、民情的课文,介绍了我国的传统节日——立夏节,描述了已逐渐被人们淡忘的农家过节的习俗。城市的孩子在学习这一篇课文时缺乏相应的生活经验储备,这给他们理解文章内容和思想情感带来一定困难。教师在课堂教学中充分运用信息技术,营造了具有丰富资源的课堂学习环境,并通过批注阅读的形式展开教学活动。

"批"的方式：一是基于梳理课文内容的批,在学习"吃百家饭"这一内容时,让学生圈划有关找食材、做饭的动词,了解这一活动的过程,感受孩子们过节的快乐,乡村民风的质朴、温馨。二是基于理解和自主评价的批,在学习"称人活动"时,让学生自己读课文找句子,说说自己觉得最有意思或最感兴趣的地方,学生自主选择词句说出自己的观点,在评议中加深对课文的理解。

在学生自主阅读和批阅之后,教师运用技术手段(这里是电子白板和实物投影),将学生的圈划、批语记录并展示出来,让学生就各自的观点进行交流讨论,促成了学生之间的观点碰撞。

"注"的运用：教师在教学设计时,新建了这堂课的资源库,包括根据课文主要内容补充了各种图片,给学生以直观的印象;补充了立夏节我国各地的其他饮食风俗和娱乐风俗;拓展丰富了立夏节的其他民间风俗,让学生更充分地认识到这一节日的趣味性,产生对过节的憧憬。在教学过程中,教师根据教学环节的推进、配合教材的学习,随时从资源库中调用这些资料,供学生观看、阅读、参考、讨论。通过一节课的学习,学生不仅了解了课文中所讲到的立夏节情况,对立夏节的由来、习俗和氛围也有了丰富、立体的感知和体会,也在潜移默化中加深了学生对民族传统文化的认同感,实现了这堂课的情感目标。

批注感悟式教学的核心在于以文本为线索,组织学生展开自主阅读和讨论活动,让学生通过这种自主的探索和共同的交流深化对于课文文本的理解,并体会文中的景致、情感、事理等。这种教学在模式上比较接近前面所述的社会文化模式的阅读,也体现了学习科学的诸多主张。这里非常有特色的一点是学习资源的开发和利用。教师充分发挥了信息技术在集合各种形式的资源方面的强大功能,在学习活动中提供了多个方面、多种形式的资源,从而为学生深化对于课文内容的理解提供了有力的支持。

(二) 自主合作、讨论参与的作文教学

自主合作、讨论参与的作文教学是上海市某高级中学陈思源老师在教学实践中摸索出来的一种作文教学方法。这种教学将学生自己的作文作为课堂讨论的对象,以此为基础展开对于写作方法的探讨,并在课堂上和课后围绕着所讨论的写作方法和写作的主题进行作文修改活动。下面以笔者观摩的一节作文教学课为例对这种方法加以介绍。

这一节课是以前一学期语文期终统考试题中的作文为主题展开的。作文的题目是"我走过 2008",题目的要求是这样的:

> 刚过去的 2008 年,是一个不寻常的年代。这一年发生的许多事,我们或身历其中,或亲眼目睹。我们有喜悦,亦有悲伤;有感慨,亦有思考。请以"我走过 2008"为题,写一篇不少于 800 字的文章。要求写出你真实的感受。

教师在这节课中首先介绍了班级同学在这次考试中作文部分的表现情况,而后转入对"我走过 2008"这一主题的写作的讨论。学习活动按照以下步骤展开。

1. 讨论命题意图，指导审题。教师在出示了作文题目和要求后，让学生再次进行审题，明确这一题目的要求，弄清命题者的意图，然后反思自己在写作之前对于命题意图的认识，以及自己的作文符合命题意图的程度。经讨论和反思，学生聚焦于：（1）要以 2008 这不寻常的一年作为大背景。（2）要具体写出"我走过"（我的经历）。（3）要写出我的感受和思考。讨论过程中，教师和学生一起回顾了 2008 年中国和世界发生的大事：汶川地震、北京奥运会、我国南方大雪等；特别讨论了学生自身所经历的事情，让学生在所列举的每一件大事的背景中回忆和描述自己的相关经历和体验；教师还引导学生重点谈自己的"感受和思考"。而这些方面同本节课所要讨论的作文审题这一焦点密切相关。老师通过引导学生讨论这一个作文题目的审题重点和反思自己当时的情况，让学生对于这一类问题有切身的体验和理性的把握。

2. 评判和讨论学生的典型作文。课堂上，教师向学生呈现了三篇作文，让学生在阅读后分小组进行讨论，评判其优缺点，尝试给作文打分并和阅卷教师的打分进行比较。三篇作文代表了审题方面的三个典型情况，其中一篇作文较好地把握了上面所说的三个要点，另一篇作文只关注 2008 年的大事，并没有谈"我"的经历、感受与思考，还有一篇写的是"我"的经历、感受与思考，但是和不寻常的 2008 年没有关系。在小组讨论之后的全班交流中，老师和学生以前面审题过程中总结出的几个关键点作为标准分别对三篇文章进行了评论和打分，对于三篇文章的优缺点进行了比较，得出了较为一致的结论。

3. 修改典型作文。在这个阶段，学生分小组讨论三篇文章分别有哪些优点需保留，存在哪些问题，怎样修改能够更上一层楼，提出修改意见并进行修改。然后让文章的作者谈自己的想法和意见。

4. 修改自己的作文。老师要求学生根据课上的讨论结果，对于自己的作文进行修改，并将修改原因、方案和结果在小组同学之间进行交流。由于课堂时间的限制，这一项活动是在课堂教学之后进行的。

这种模式的作文教学过程中，无论是讨论与作文主题相关的社会事件和个人经历，还是交流对于教师所选的典型作文的观点，无论是修改他人和自己的作文，还是和小组成员就不同观点展开争论，学生都表现了很高的自主性和参与度。对于学生课堂发言和现场作文修改活动的分析表明，学习活动所指向的目标知识与能力方面呈现了明显的进步,特别是学生的讨论活动能围绕着写作主题展开(比如这节课上围绕着作文审题展开),先前的活动有明确的阶段成果(比如这节课的第一个阶段对于作文审题的讨论就明确了本作文题的审题重点)并且能在后面的活动中得到体现(比如这节课中对于典型作文的评判就以前面总结得出的审题重点为基础)。这种类型的课堂很好地体现了知识空间与活动空间的双层设计:明的一层是学生围绕着一个具体任务开展的活动(活动空间),暗的一层是写作教学中一个重要的知识能力的培养(知识空间)。

从学习科学的视角看,这种教学注重让学生通过探究和建构来发展新的知识,表现为:学生用自己的知识基础分析问题和参与活动,在这个过程中不断领会写作活动的要点,而不是由教师告诉学生写作方法。从学习活动的真实性和情境性角度看,教学中的主要活动内容是文章的评判和修改,以及对于文章特点的讨论,这种活动具有很高的真实性:第一是因为,它对于学生的学习任务而言是真实的,在平常学习和各种考试中就包含了这样的任务,第二是因为,在这类活动在日常生活和从业者工作中也有很高的真实性,比如,日常生活中的写信、写博客和从业者(如新闻记者、编辑)的写作、编辑活动等都需要考虑到写作的这些方面。它是指向"素质教育"还是"应试教育"?采用这样的学习活动设计,两者并不矛盾。从学习的互动性和合作性角度看,课堂学习活动大部分是在师生之间和学生之间合作进行的,主要形式不是单向的知识传输,也不是学生的个体活动。通过合作讨论,关于写作的专家知识(教师所"持有"的)和学生的知识(逐渐形成过程中的)得到了外化,这种外化不是以抽象的教条出现的,而是附着于对当前主题的探讨这个具体任务上,从而使知识变得"可见""可感"。

从学习科学所强调的学习环境设计的四个中心看,这里的学习者中心主要体现在,在整个学习活动中,学习者已有的知识、经验、观点被允许和鼓励充分带入学习活动中,以此作为学习活动的起点,包括学习者对于2008年的国内外大事的认识与感受、学习者对于作文审题的理解和掌握、学习者对于所示典型作文的观点等;知识中心主要体现在对于教学所要达成的目标的密切关注,那就是在写作过程中如何审题、如何围绕着中心选材和写作;评价中心主要体现在教师时时关注学生对于活动所涉及的核心知识与能力的评价,比如有些学生在拿到三篇典型作文时不知从何入手进行评判,这时教师引导他们参考前面活动中总结出来的审题讨论的结果;共同体中心主要体现在教学活动围绕着一个主题展开活动,其中的参与者通过参与、合作共同完成任务,每个人从中获得知识和能力的发展。

Education Reform for the 21st Century Skills: China and World

第六章

数学教学变革

第一节　数学教学变革管窥

一、数学与数学教育：理想与现实的距离

著名数学教育家 M.克莱因(Morris Kline)在其名著《西方文化中的数学》中写道：

> 人们对数学有各种不同的描述：数学是一个知识体系，一种实际工具，哲学的一块基石，完美的逻辑方法，理解自然的钥匙，真实的自然，一种智力游戏，理性的冒险，美感的经验。……当我们考察受数学影响的领域，以及数学为我们在这些领域中提供的部分或全部的方法时，我们会情不自禁地称数学为一种通向物质、思维和情感世界的方法。从人类理解大自然的努力中，从人类为物质世界出现的混乱实践注入秩序的努力中，从人类创造美的努力中，从人类为满足健全的大脑锻炼自身灵性的努力中，从人类所有这些努力中沉淀的精密的思想，正是人类智慧最纯净的升华。[①]

因而，克莱因说我们是"生活在一个主要应归功于数学才成就斐然的欣欣向荣的文明之中的人"。的确，数学在人类的发展与进步中发挥了巨大的推动作用。克莱因运用详细的历史资料，阐明了这样一个观点：在西方文明中，数学一直是一种重要的文化力量。数学与哲学、科学、艺术等领域深层地联系着，并深刻地影响了它们的发展。就连文学这种在笔者的感知中非常桀骜的领域，也曾

[①] M.克莱因.西方文化中的数学[M].张祖贵,译.上海：复旦大学出版社,2004：469-470.

被数学思维的统治地位搞得无地自容,甚至被其驯服。对此克莱因写道:

> 就像20世纪美国的商人由于商业上的成功而成为时代的权威一样,17、18世纪的数学家也由于成功地揭示和阐明了自然界的秩序,而成为当时文学的仲裁者,从语言、语法形式、语言风格一直到文学内容。当时,最杰出的大文豪也认为自己的作品与数学、科学著作比较起来相形见绌,并且认为只有以这些著作为榜样,诗歌和散文才有可能提高。①

具体地说,在功用的层面上,数学在科学技术的进步和人类福祉的改善上发挥了作用,也通过对思维的促进间接地发挥着作用。数学常常被认为是思维的体操。R.柯朗(Richard Courant)说:"数学,作为人类思维的表达形式,反映了人们积极进取的意志、缜密周详的推理以及对完美境界的追求。"②不唯如此,数学本身还有着巨大的审美价值,尤其是在数学家眼里。"数学在使人赏心悦目和提供审美价值方面,至少可与其他任何一种文化门类媲美。""真正的数学家心中对美感的渴求,比最泼辣的主妇们吵架的欲望还要强烈。"数学这种创造性的活动,"必须产生出一部具有设计、和谐与美的作品"。③

但是,在当今社会,人们对于数学的认识常常是模糊和片面的。比如,我们常常注重数学的功用性一面,但是对于它在思维方面和审美方面的价值却相对忽略。在学校中,甚至数学的功用性价值也没有得到充分的重视,而只是将数学简化为繁复的计算和解题。如何用数学来解决问题,数学和世界及个人生活的关系是什么,这些在数学课堂上并没有得到充分的揭示和讨论。克莱因在半个多世纪之前就说,"在教科书和学校的课程中,都将'数学'看作是一系列毫无意义的、充满技巧性的程序。把这样的东西作为数学的特征,就如同把人体结构中每一块骨骼的名称、位置和功能当作活生生的、有思想的、富于激情的人一样。"④柯朗则说,"两千多年来,人们一直认为

---

① M.克莱因.西方文化中的数学[M].张祖贵,译.上海:复旦大学出版社,2004:271-272.
② R.柯朗,H.罗宾,I.斯图尔特.什么是数学:对思想和方法的基本研究[M].左平,张饴慈,译.上海:复旦大学出版社,2007:V-Ⅶ.
③ M.克莱因.西方文化中的数学[M].张祖贵,译.上海:复旦大学出版社,2004:Ⅵ,466,468.
④ 同上:Ⅵ-Ⅶ.

每一个受教育者都必须具备一定的数学知识。但是今天(写于1996年),数学教育的传统地位却陷入了严重的危机之中。……数学教学有时竟演变成空洞的解题训练。"①

国内外的研究揭示了数学教育中的种种问题,如,众多的学生为了理解抽象的数学概念和越来越复杂的数学公式而苦苦挣扎,不少学生将大量的时间消耗在数学习题的汪洋大海中;学生的数学成绩分化严重,一些学生甚至对数学产生厌恶和恐惧的情绪;在数学学习的过程中,学生觉得数学枯燥乏味,体会不到数学探索的乐趣,更遑论数学家所体会到的美感。不唯如此,从结果看,学生获得的数学知识和能力常常也非常有限。除了那些从事与数学研究或者与数学相关工作的人外,能够积极用数学方法分析和思考生活和世界问题的人少之又少,数学似乎只是为了应付学校的考试而被迫完成的课业。

我国的数学教育存在着基础知识和基本能力相对较为扎实,而应用能力和创造能力相对不足的情况。西方学者对我国数学教育的研究也显示了相近的结果。顾泠沅对此作了简要的概括,认为我国数学教育的优势表现为:海外的中国学生一般取得比其实际智商预期更高的学业成就,IEA(国际教育成就评价协会)研究的数据明显且一贯地表明,中国学生成绩总是高于美国学生的成绩;中国学生在国际数学奥林匹克比赛中成绩卓越;而我国数学教育的弊端则表现在:单一授课的上课方式,教师灌输,学生被动接受;班级规模大,低水平的频繁考试和高度竞争造成教师、学生沉重的负担等。② 虽然近年来,我国学生在PISA(国际学生成就测试项目)中表现突出,这些问题仍普遍存在。

数学的重大价值和学校的数学教育方式之间存在如此巨大的反差,如何认识和克服呢？在此,我们从目标和方法两个角度加以探索。

二、数学学习的目标追求

(一) 数学素养:数学学习的核心目标

这种反差很好地反映了学校教育实践所处的复杂情境。对于学科性质和

---

① R.柯朗,H.罗宾,I.斯图尔特.什么是数学:对思想和方法的基本研究[M].左平,张怡慈,译.上海:复旦大学出版社,2007:V-Ⅶ.
② 顾泠沅,易凌峰,聂必凯.寻找中间地带[M].上海:上海教育出版社,2003:2-3.

应该在该学习领域中学习什么,学科专家、课程专家、教师、普通民众都有自己的理解,这些都会通过不同的渠道或直接或间接地渗透到学科教育中来,更何况现实的制度安排和客观条件会对实践本身带来种种直接的限制。所以,在一个学科领域的学习中,要达到什么样的目标,怎么达到这样的目标,是教育研究者与实践者经常争论的问题。在每一次课程改革中都多少会有所触及。典型的例子来自美国20世纪60年代的结构主义课程改革。数学和科学被赋予了重要的地位,学科结构成为学习的重点目标,这很好地反映了学科专家的观念,但却因为教师专业能力和动力不足而使得改革目标落空。我国正在进行的基础教育课程改革中,对于数学教育的目标和方法也有一些争论。这里先对目标方面进行探索,教学方法上的分析在后面展开。

如本书第三章所述,做正确的事情比把事情做正确更为重要。同教育改革的很多方面一样,对于数学教育而言,目标的确定决定了努力的方向。

以我国义务教育阶段数学课程改革为例,在数学课程标准(2011)中提出,通过义务教育阶段的数学学习,学生能:

- 获得适应未来社会生活和进一步发展所必需的数学的基础知识、基本技能、基本思想、基本活动经验。
- 体会数学知识之间、数学与其他学科之间、数学与生活之间的联系,运用数学的思维方式进行思考,增强发现和提出问题的能力、分析和解决问题的能力。
- 了解数学的价值,提高学习数学的兴趣,增强学好数学的信心,养成良好的学习习惯,具有初步的创新意识和科学态度。

数学课程标准还从知识技能、数学思考、问题解决、情感态度四个方面对于数学课程的总目标进行了具体描述。

总体上来说,这份课程标准强调了数学与现实世界、生活联系,强调用数学解决问题的能力。这一目标导向在教材中和课堂教学实践中表现为问题情境的大量引入。

对于数学学习的目标,有的研究者用"数学素养"来加以概括。这个词对应的英语是 mathematical proficiency 或者 mathematical literacy。潜在的假设是，数学学习的目标指向于现代社会公民（或者某一专业领域的从业者——针对专业教育阶段而言）应该具备的数学方面的品质。1982 年，英国柯克罗夫特报告（Cockcroft Report）提出，数学素养就是很自信地处理家庭、工作场所和社区等日常生活中的问题所需要的数学能力，包括运用数字和数学技能处理在家庭和日常生活中的实际问题的能力；懂得和理解用数学语言（如曲线、图表、百分比）表达的信息的能力。1988 年，加拿大萨斯卡切温大学把数学素养描述为学生理解和运用数学思想、方法以及在数学应用过程中所需要的知识、技能和评价，包括解释定量信息、进行心算、估计价值、培养测量的直觉等技能。[①] 可以看出，这些数学素养的界定较多地强调用数学解决实际问题的能力，而学校教育中普遍存在脱离应用情境的状况。

1989 年，美国数学教师协会把数学素养内涵概括为"能理解数学价值、对自己能力有信心、成为数学的解题者、能用数学的方式沟通、会以数学去推理"。[②]美国国家研究理事会还更为具体地提出了关于数学素养（mathematical proficiency）的五个方面的内容，包括：[③]

　　1. 概念理解：理解数学概念、运算和关系；
　　2. 程序流畅：能够灵活、准确、有效率地、恰当地进行程序化运算；
　　3. 策略能力：能够形成、表征和解决数学问题；
　　4. 适应性推理：能够有逻辑地进行思考、反思、解释和证明；
　　5. 积极的倾向（productive disposition）：习惯于将数学看作合理的、有用的、有意义的，同时相信勤奋和自我效能。

与前述英国和加拿大的教育研究者的界定（我国的数学教育目标有类似的取向）有所不同的是，美国研究机构的这两种界定则比较注重数学知识本身的习得和数学思维能力的提升。这种差异可以理解为对于各自教育传统的反

[①②] 桂德怀,徐斌艳.数学素养内涵之探析[J].数学教育学报,2008,17(5),22-24.
[③] Donovan, M. S. & Bransford, J. D. (Eds.). How Students Learn: History, Mathematics, and Science in the Classroom[M]. Washington, D. C.: The National Academics Press, 2005, p.218.

动,针对各自国家数学教育中的问题。在教育实践中,这种"纠偏"的方法常常比寻求一种"合理"的取向更为有效。在这种意义上,可以说不存在一种普遍适用的数学素养作为数学教育实践的目标,只存在适合特定情境的目标。我国学者顾泠沅在考察中美两国的数学教育后总结到,美国教育注重学生创造性思维和实践能力的培养,在教学方式上注重学生自主取向的探究学习,而我国数学课堂注重数学基础知识和基本技能,在教学方式上注重教师主导取向的有意义学习。在此基础上,他提出了"寻找中间地带"的观点,即,"以本国文化为底蕴,有机地整合不同文化的教育教学取向;这种过程体现一种东西方'相向运动'的趋势……"。[1] 郑毓信则从另一个角度强调,我国的数学改革注重借鉴西方现代数学教育思想,但是要进行自觉分析,包括必要的批判,要注意批判(改革)和继承之间做好必要的平衡,处理好多个对立面的必要平衡。[2] 我国学者在主张"纠偏"的同时又反对"矫枉过正",体现了在目标和方法上寻求一种温和的转向。

在分析数学教育的现状和改革时,我们可以参考连续统和"极化""去极化"的分析方法。不少国家或者地方的教育都有类似的"极化"现象,就是说处于连续统的某一极——当然这一"极"并非总是意味着不良,比如"均衡—差异"连续统中的"均衡"一极。这种"极化"就如同郑毓信所谈的"对立面",其中蕴含了当地教育实践的传统取向。在自身强化的过程中,这一极会走向非预期的极端。所以,也是在这个方面,我国传统文化中的"中""和"开始受到其他文化的关注。所谓的"去极化",就是为消解极端的状况中蕴含的非预期结果而向连续统的另一极的回摆。以美国为例,注重儿童兴趣、儿童活动的传统使得美国数学教学相对忽视学科知识的系统性,所以他们开始强调更严格的课程标准。[3] 从近年在全球教育发展中影响深远的PISA(国际学生成就测试项目)和TIMSS(国际数学和科学学习趋势研究)的测试和研究看,是否具备当代社会生活所需要的数学素养被赋予了最大的关切。

---

[1] 顾泠沅,易凌峰,聂必凯.寻找中间地带[M].上海:上海教育出版社,2003:1.
[2] 郑毓信.数学教育:动态与省思[M].上海:上海教育出版社,2005:56-57.
[3] 史静寰.当代美国教育[M].北京:社会科学文献出版社,2001.

(二) 数学学习的目标层次

从认知的方面看,数学学习的目标可以从三个层次上加以解析:第一个层面是基础知识和基本技能的层面;第二个层面是概念理解和知识结构,第三个层面是学科大观点。

在基础知识和基本技能的层面,主要是事实性知识和程序性技能。最为典型的就是基本的运算、套用数学公式定理解题等。在传统的数学教学中,这甚至构成了数学学习的主要部分,以至有时数学学习被认为等同于听课和做练习,也就说:通过听课获得事实性知识和程序性算法,通过练习加以熟练和巩固。确实,从课堂教学活动的外部形式看,事实性知识和程序性技能构成了师生活动的对象。但是,数学学习不能仅仅限于这个层面,因为"数学学科并不是一系列的技巧,就如同调配颜色远不能当作绘画一样。技巧是将数学的激情、推理、美和深刻的内涵剥落后的产物"。[①] 至少,这些知识和技能只有在被用于分析、理解和解决问题时才是有意义的,否则就只是抽象的符号、公式和方法。

传统的方法比较注重数学的程序,注重让学生达成程序的熟练和流畅,但是目前日益重视学生的概念理解和程序知识之间的均衡,同时关注知识的组织,特别是概念框架。[②] 研究表明,在数学领域,要成为良好的问题解决者,除了陈述性知识和程序性知识外,还需要能够调用正确的事实、程序和策略,这类对于境脉敏感的知识应用,还需要掌握概念性知识来支持。在数学中,量、比例和相关(quantity, proportion, dependence)等就是非常重要的概念。数学的概念性知识还能够(1)提升学习程序知识的能力;(2)促进程序知识的保持;(3)促进高水平的内部动机;(4)支持解决不熟悉的或者非常规的问题;(5)巩固自己发明或者重构程序的能力。[③]

对于专家与新手差异的研究表明,"专家的知识不仅仅是对于相关领域的事实和公式的罗列,相反它是围绕着核心概念和'大观念'(big idea)组织的。

[①] M.克莱因.西方文化中的数学[M].张祖贵,译.上海:复旦大学出版社,2004:2.

[②] Donovan, M. S. & Bransford, J. D. (eds.). How Students Learn: History, Mathematics, and Science in the Classroom[M]. Washington, D. C.: The National Academics Press, 2005, pp.231–233.

[③] Byrnes, J. P. Cognitive Development and Learning in Instructional Context (Second edition)[M]. Needham Heights: Allyn and Bacon, 2001, pp.214–215.

这些概念和观点引导他们去思考自己的领域"。① 从学科学习本身的要求看,教学要传达学科的文化、反映学科的特点,而数学学科的一个重要特点就是其结构性强,反映在其核心概念的强大统摄作用和知识之间的密切关联。只注重事实性知识和程序化技能的教学,恰恰不能让学生产生深刻的概念理解和良好的知识结构。传统的数学教学要教授的数学知识包含了许多具体的程序,用以快速解决单独的问题,这暗含着贬低结构性理解的重要性,贬低发展对于背后的数学模型的欣赏的重要性,而这些在现代社会中是非常重要的。②

对于数学而言,关注大观念就是要思考:数学是什么?数学用来做什么?它有什么特点?是如何思考和解决问题的?对于这些问题,人们常常存在一些前概念,比如,数学学习就是要学会计算和解题;数学就是要遵循规则以保证获得正确的答案。③ 但是,数学远远不止于此。

(三) 数学观与数学学习目标

人们对于数学本身也有着不同的认识,从这些认识中还会推演出不同的教学目标和方法。

一种典型的认识是将数学看作客观现实世界的数量关系和结构关系的一门科学,④或者将数学作为解决问题的工具,注重数学的应用性。数学史的研究表明,在某一时间被作为一系列程序教授的数学知识,以前是为了解决日常生活的常见问题而设计出来的一系列聪明的发明。将数学程序看作设计出来的发明,是为了使普通的问题更容易解决,为了促进涉及数量的问题的交流,那么这些程序就有了不同的意义。⑤将数学作为解决问题的工具的观念在人类社会中可以追溯到古埃及和巴比伦,古埃及人和古巴比伦人在数学上达到的极高成就是和社会生产和生活中的应用需求密切相关的。⑥ 基于这一传统,数

---

① 约翰·D.布兰思福特,等.人是如何学习的——大脑、心理、经验及学校[M].程可拉,等译.上海:华东师范大学出版社,2002:38.
② Sawyer, R. K. (eds.). The Cambridge Handbook of the Learning Sciences[M]. New York: Cambridge University Press, 2006, p.389.
③ Donovan, M. S. & Bransford, J. D. (eds.). How Students Learn: History, Mathematics, and Science in the Classroom[M]. Washington, DC: The National Academics Press, 2005, p.220.
④⑤ 张祖贵.论莫里斯·克莱因的数学哲学思想[M]//M.克莱因.西方文化中的数学.张祖贵,译.上海:复旦大学出版社,2004:VXII.
⑥ M.克莱因.西方文化中的数学[M].张祖贵,译.上海:复旦大学出版社,2004:12-22.

学被认为是现实世界中的既有数量关系的刻画和反映。在当前的数学教育改革中,一个普遍的取向是注重数学在解决问题中的应用,从而将原本脱离应用情境的数学学习逐步转变为情境化的学习。

另一种认识将数学看成是人类创造活动的产物,数学家有创造数学结构的自由,因而较为反对只注重数学的功用价值。这种被称为"形式主义"的数学观将数学看作是一个理性的精神。如怀特海所说的:[1]

> 阿基米德死于一个罗马士兵之手,是世界发生头等重要变化的一个标志:爱好抽象科学、擅长推理的古希腊在欧洲的霸主地位,被重实用的罗马取代了……罗马是一个伟大的民族,但是他们却由于其只重实用导致了创造性的缺乏而受到了人们的指责。他们没有发展其祖先的知识,他们所有的进步都局限于工程技术的细枝末节。

佩珀特(S. Papert)提出的"建构论"(constructionism)与此相映成趣。他主张学生建制自己的人工制品,并在共同体内和别人分享,这是具有创新性的学习方式。学习者同时建构物体和思想,而建构的过程需要工具,因此,这一范式聚焦于工具和工具包的开发。[2]

当然,功用与非功用时常是可以转化的,在数学和科技发展史上这种例子比比皆是。即便是将数学作为纯粹思维创造活动,数学也通过提升人的理性精神和创造能力而间接地发挥其功用性。如克莱因所说:

> 数学是一种精神,一种理性的精神。正是这种精神,激发、促进、鼓舞和驱使人类的思维得以运用到最完善的程度,亦正是这种精神,试图决定性地影响人类的物质、道德和社会生活;试图回答有关人类自身存在提出的问题;努力去理解和控制自然;尽力去探求和确立已经获得知识的最深刻的和最完美的内涵。[3]

---

[1] M.克莱因.西方文化中的数学[M].张祖贵,译.上海:复旦大学出版社,2004: 10.
[2] Sawyer, R. K. (Eds.). The Cambridge Handbook of the Learning Sciences[M]. New York: Cambridge University Press, 2006, p.390.
[3] M.克莱因.西方文化中的数学[M].张祖贵,译.上海:复旦大学出版社,2004: 9.

在现实的数学教育实践中,每一个时间单位常常只能处理某一个具体知识内容,在这种情况下,如何在具体内容的学习中突出概念性理解,如何在看似独立的知识技能中形成结构,教师如何从具体知识技能的教学中传达学科的特征和方法,学生如何在具体知识技能的学习中理解和体会数学的特征和方法,这些问题都是在设计教学活动时要时刻考虑的。唯有这样,在不同层面上的目标才能达到。

三、数学教学方法的变革

约翰·D. 麦克尼尔系统地总结了数学教学的传统与改革观点(见表6-1)。

表6-1 数学的传统与改革观点

传　　统	改　　革
核心思想	
数学是包含有数字及其运算的固定知识实体	数学是一套量与符号之间的概念性关系
人们必须知道并且应用规则	人们必须去建构关系
有一个正确的答案	有许多方法来构建某个答案
课程	
特定的目标、技能或概念	包含多个数学观点的长期学习项目
关于如何解决问题的教学	
速度与正确率的测试	
实践练习与应用	
学期结束前复习课	
作业	
来自教科书	延续多天的挑战性作业
个人自己做作业	小组合作进行共同的项目学习,解决宽泛的复杂问题
操练与实践	分享并相互澄清家庭作业

续表

传　　统	改　　革
学习	
学生倾听	专心于同伴的解释
专心听教师讲课	有反思时间,学生质疑
教师纠正错误概念	学生直接面对错误概念
学生被叫到后才发言	鼓励各种可能的解答
学生互动	
要求学生独立学习,也许会按照能力分组	小型的异质分组
	鼓励所有学生与同伴互动
评价	
测验要与技能和作业相吻合	评价学习,而不是评价学生
问题只有一个正确答案	学生解释他们的思考过程
	希望修正

资料来源:约翰·D.麦克尼尔.课程:教师的创新(第3版)[M].徐斌艳,陈家刚,主译.北京:教育科学出版社,2008:203-204.

  对于教学方法效果的研究表明,传统教学中最常用的讲授这种方法却是效果最差的。苏泽(D. A. Sousa)在关于人脑怎样学习的研究中揭示了使用不同教学方法24小时以后对学习材料的平均保持率(如图6-1所示)。

  而这一研究还仅仅是对于学习材料的保持率,侧重记忆方面,对于数学来说,理解和应用数学这种被认为是更为根本、更为重要的能力,通过讲授的方法就更难以培养了。

  因而也就不难理解,在当前的数学教学实践中,各国都较为关注学生的参与和实践。比如,1999年TIMSS录像研究发现,在所研究的7个国家和地区(澳大利亚、捷克、中国香港、日本、荷兰、瑞士、德国)中,八年级的数学教学多通过解决问题来展开,平均每节课中至少有80%的时间用于解决数学问题;都包括一些全班活动和一个个别的或小组的活动。不过,从教师和学生的参与

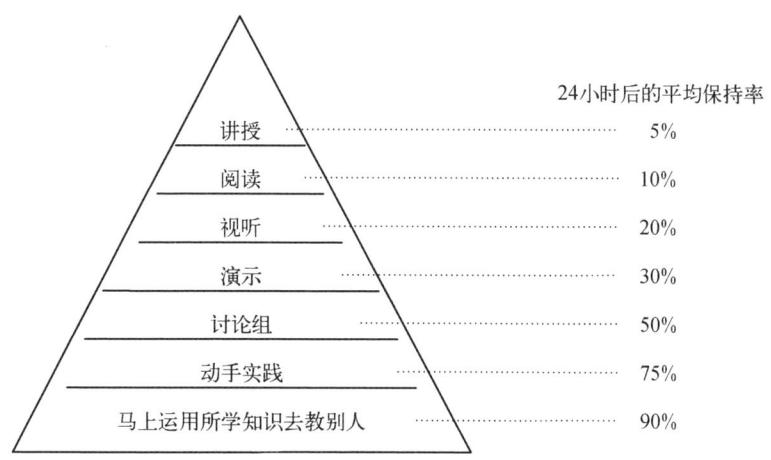

图 6-1 使用不同教学方法 24 小时后学生对于学习材料的平均保持率

资料来源：Sousa, D. A. (2001). How the brain learns (2nd Edition). Thousands Oaks, CA: Corwin Press. 转引自：陈家刚.认知学徒制研究[D].华东师范大学,2009：5.

状况看,教师比学生讲的多,师生讲话的字数比例为 8∶1。①

注重学生的活动参与只是一个总的趋势。不同的研究者或者研究机构都从自身的研究出发,对数学教学的方法提供了一些新的见解。综合已有的研究和实践,我们可以看出一些基本的特点。

（一）活动形式和目标的综合化

斯泰恩（M. K. Stein）概括了数学教学发展的两种模式：认知心理学模式和社会文化模式。认知心理学模式指向于数学理解,这种模式关注在个体头脑中表征和组织信息的方式,数学观念、程序和事实被理解为一个内部网络的一部分,组织良好的、内容丰富的、一致性强的网络,有利于更好地用来吸纳新的信息和知识,也能促进迁移。相应的教学方法则致力于促进这种结构良好的知识网络的形成。社会文化模式旨在通过让学习者成为一名数学实践共同体的成员,帮助学习者进行思维。这种模式的数学教学强调超越"对于学科的结构、概念、程序和事实性知识的掌握",走向注重"数学实践共同体解决问题

---

① 黄荣金.国际数学课堂的录像研究及其思考[J].比较教育研究,2004(3)：39-43.

过程中所包含的'心理习惯'：架构问题、寻求解决方案、寻找模型、表述猜想、将数学逻辑和数学推理作为自己进行推理的依据"，注重通过对数学共同体的话语方式、价值观和规范的逐步掌握而成为数学的知识者、评价者、应用者和制造者"。[1] 社会文化模式的数学教学，寻求的主要目标在于使数学成为解决问题过程中的强有力工具，使学习者成为数学的实践者。数学的公式定理、数学的逻辑和推理方法要在解决问题的过程中彰显其意义。社会文化模式的教学要培养的不仅仅是数学思维，而且是实践中的数学思维。斯泰恩在考察了大量理论主张和实践状况后提出，当前的改革致力于将这两种取向融合起来。学习者既要发展组织良好的知识基础（理解模式所强调的），也要努力发展出作为数学的认知者、评价者和使用者的角色。[2] 数学教学的社会文化模式同整个学习与教学研究领域的社会文化转向是完全一致的，而兼顾两种模式的取向，同前面谈到的我国学者主张的"寻找中间地带"、寻求"对立面的平衡"有诸多相似之处。

不同取向的整合也体现在广为引用的"获得模式"—"参与模式"两极的变化中。在获得模式中，学习者数学概念获得会经历直观化—分析—抽象—演绎—严密化这样一个过程，而这个过程可以和参与模式加以整合，使得学生能够在数学对话中实现数学概念的获得，同时提升参与数学实践活动和进行数学沟通的能力(Sfard & Cobb, 2014, p.550)。[3]

（二）注重问题解决

对于问题解决的重视和数学教育的目标本身有关，运用数学解决问题的能力是必然的但又常被忽略的目标。对于日常情境中的问题解决和数学家的问题解决的研究，也揭示了问题解决对于数学学习的重要性。在日常情境中，数字和计算因着其所指实物对象的支持而让人深刻领会其意义，这时的数学

---

[1] Stein, M. K. (2001). Teaching and Learning Mathematics: How Instruction Can Foster the Knowing and Understanding of Number. In J. Brophy (Eds.). Subject-specific Instructional Methods and Activities[M]. Oxford: Elsevier Science Ltd., 2001, pp.111-144.
[2] 同上：114.
[3] Sfard, A., & Cobb, P. Research in Mathematics education: What Can It Teach Us about Human Learning. In R. K. Sawyer (Eds.), The Cambridge Handbook of the Learning Sciences (Second Edition)[M]. New York: Cambridge University Press, 2014, pp.545-563.

符号和计算就不再是抽象的心智运算,而是由具体可感的意义支持着。所以,"街头数学"(在街头贸易的场景中运用的计算方法)常常比"学校数学"表现出更高的效率和更高的准确性。而对数学家的问题解决的研究也表明,他们将数学看作一种有意义的、目标指向的、能够帮助他们解决真实世界中的和理论上的问题的活动,[1]或者是以公理为基础的自由的创造活动,如前面曾经提到的,而不会是机械的运算。

在数学教学改革中,问题解决是一种常见的探索途径。在问题的类型方面,一种是比较真实的问题,比如,日常生活中的或者真实世界中的问题,以及与此比较接近的问题;另外一种是脱离情境的问题,有时被看作"纯粹"的数学问题。举个例子来说,我们学习三角形面积的时候,是直接把这个问题提给学生研究,还是让学生计算粉刷一面三角形的墙壁要买多少涂料,前一种问题设计比较脱离情境,后一种问题设计就更加真实。

与此相关的另一个问题是,教学的重心是解决问题本身还是通过解决问题而学习数学知识。当然,课堂上都是通过解决问题而学习,但问题解决的过程本身在时间和重要性上占多大分量还是有很大差别的。在数学课堂教学中,我们经常可以看到这样的设计:教师提出一个问题,带领学生(或者由学生自己)探索之后很快得出结论,然后进行大量的操练。在这种情况下,问题解决主要还是作为引出知识的手段,是过渡性的环节,所以更像一段"序曲"。另外一种选择是将问题解决过程作为理解数学概念和习得数学思维方法的过程,并将这一部分作为整个教学活动的主体部分。杰弗里·萨克斯(Jeffrey Sachs)研究了奥族地区的经济交换和巴西儿童糖果商贩的数学问题解决,并以此为基础提出了开发班级实践活动的几点建议:[2]

- 数学不是教学目标。个体所参与的实践不以学习数学为目标。当然,如果真的有教学的话,这种教学也是处于一种问题解决情境中,并且是一种辅助活动。

---

[1] Byrnes, J. P. Cognitive Development and Learning in Instructional Context (Second edition)[M]. Needham Heights: Allyn and Bacon, 2001, p.211.
[2] 杰弗里·萨克斯.从现场到教室:对数学理解的研究.[M]//莱斯·P.斯特弗,杰里·盖尔.教育中的建构主义.高文,等译.上海:华东师范大学出版社,2002:230-234.

- 数学学习有助于完成实际目标。……数学学习并不是终点,但它与获得必需物品或挣钱的意图交织一起。
- 人工制品影响了自然形成的数学问题形式。人工制品,如流通系统,是与个人从事的数学问题交织在一起的,而且这些人工制品经常成为个人用来解决问题的媒介。
- 自然形成的问题显示出一定的复杂性。
- 个人在问题形成中发挥积极作用。
- 数学问题解决的价值在于它们的一致性(找出自然形成的问题的一致结果),而不是指定程序的正确使用。

他还根据这些观点开发了课堂实践项目,在这些实践中,不存在显性的数学教学,当儿童完成游戏目标时数学学习便发生了。这种教学聚焦于问题本身,而不仅仅是将问题作为引入数学知识的手段,因而在活动形式和学生参与上有着很大的不同。

此外,在设计问题时,问题空间的大小也值得关注,为了让学生有充分的参与和多元的探索,问题要有一定的复杂性,本书在第四章对此已经有过讨论,这里不再赘述。

(三) 注重学生在知识建构过程中的参与

学生由一个知识/信息的接收者,转变为一个主动参与数学活动、进行问题解决、进行概念性理解、建构新知的学习者,这是在数学教学变革中的普遍追求。而这种转变也从认知的层面上更完整地实现了学生的主体地位。相应地,在这个过程中,教师和学生的活动形式发生了巨大变化。教师设计活动让学生去参与其中,支持学生通过参与活动解决问题和形成数学理解,发展数学素养,成为教学活动的主要形式。

在促进学生参与方面,学习科学研究特别强调了要考虑学生的已有知识和经验,注重学生的元认知。为了将学生已有的知识和经验这个影响因素考虑进来,学习科学研究主张在教学方法上应当:允许学生用他们自己的非正式的问题解决策略,至少是在开始的时候,然后引导他们的数学思维朝向更有效的策略和高级的理解;鼓励进行数学交谈(math talk),以便学生能够向自己及他人澄清他们的策略,比较不同方法的优点和限制;设计能够有效桥接日常概念和数学概念。在元认知方面,学习科学的研究认为,元认知不是与知识无关的能力(knowledge-free ability),它需要和当前主题的相关知识密切联系。在教学方法方面主张:要帮助学生体验到他们有能力发现类型和问题、发明解决方案、对交谈作出贡献并从中获益,这样会为学生提供这样一种经验,这种经验能够帮助他们学会理解性地进行学习,并改变他们关于学科知识和关于自己的观点。同时主张,要让学生反思自己的经验,将他们自己的观点看作更广类型的观点中的例子,让学生监控自己解决问题的准确性,检查自己解决问题的步骤,将自己最后得到的答案与估算的答案进行比较等。[①]

(四) 关注多种途径的互动与合作

合作互动可以让学生置身于真实的社会境脉中,通过与共同体的实践类似的方式进行学习。在专业研究领域,观点的发表、批判、交流和争论就能够大大促进专业领域的发展。课堂教学过程中让学生与他人进行互动与合作是当代学习研究普遍认同的。互动与合作的对象常常是同学和课堂上的教师。在更为开放的课堂上,学生还可以与其他教师、领域专家或者从业者等进行合作与互动,特别是在运用网络技术的课堂上,学生可以通过网络方式同课堂之外的人进行协作和交流。许多学习科学家认为,计算机可以通过专门设计的基于网络的环境支持这样的合作讨论,学生在像研究者那样行动时学得最好:进行探索、提出证据、寻求相反的证据、用自己的理论解释结果、讨论、解释和捍卫他们的形成中的理论。[②]

在数学课上,特别是在以问题解决和活动参与为主要形式的数学课上,合作互动可以从多个方面促进数学学习。学生在同他人进行交流时,可以将自己的已有知识经验运用进来,将自己的观点和想法呈现出来,这样就有利于他们自己澄清自己的想法和存在的疑惑。这也给教师很好的机会判断学生的理

[①] Donovan, M. S. & Bransford, J. D. (Eds.). How Students Learn: History, Mathematics, and Science in the Classroom[M]. Washington, D C: The National Academics Press, 2005: Chapter 5.
[②] Noss, R. & Hoyles, C. Exploring Mathematics through Construction and Collaboration. In R. K. Sawyer (Eds.), The Cambridge Handbook of the Learning Sciences[M]. New York: Cambridge University Press, 2006, pp.389–405.

解状况和知识建构进程,从而采取更有针对性的手段给予学生支撑。同时,学生在倾听他人观点并与之讨论甚至争辩时,需要全面审视、比较自己和他们的观点和理解。对于可以用多种方法解决的问题,常常并不意味着这些方法都同等好或者都正确,学生可以通过讨论,分析不同方法正确与否,各种方法的优势和劣势,这也有助于提升元认知能力,促进认知的灵活性,深化数学理解。

在数学教育研究中,"参与模式"作为一种教学变革的模式,逐渐发展出两种变式:一是将课堂学习作为实践转变的过程,包括学生学习、集体学习和教师学习的转变,二是将课堂学习作为话语转变的过程,话语的转变构成了学习,研究数学学习就是去研究话语发展的过程(Sfard & Cobb,2014,pp.554-560)[①]。这些对于数学学习的新理解和相应的教学变革主张,都将对话、互动、合作、参与置于中心的位置。

课堂上的合作与互动会推动学习共同体的形成。在具体实践中,开展合作与互动的具体方式会有所不同。赫弗德-阿克利斯(Hufferd-Ackles)和其同事根据教师和学生的具体角色分工区分了四种类型的数学谈话学习共同体(math-talk learning community):[②]

- 传统的、教师主导的形式:教师提出答案简短的问题,学生的应答面向教师。
- 启动的形式(getting started):教师开始探查和评价学生的数学思维,而较少单纯地关注答案本身;相应地,学生简单地描述他们的思维过程。
- 建制的形式(building):教师引启(elicit),学生回应以更充分描述自己的思维;自愿呈现多种方法。
- 数学谈话的形式(math-talk):学生和教师分担对话的责任;证明自己的观点,向其他同学提问并提供帮助。

从笔者对我国数学课堂的研究分析看,课堂活动的方式目前已经发生很大改变。特别是,教师日益重视将教材内容和数学主题转化为一系列的问题,通过师生对话方式来推进教学进程。在此过程中,教师对于学生的状况进行

---

① Sfard, A., & Cobb, P. Research in Mathematics Education: What Can It Teach Us about Human Learning. In R. K. Sawyer (Eds.), The Cambridge Handbook of the Learning Sciences (Second Edition) [M]. New York: Cambridge University Press, 2014, pp.545-563.

② 转引自:Donovan, M. S. & Bransford, J. D. (Eds.). How Students Learn: History, Mathematics, and Science in the Classroom[M]. Washington, D C: The National Academics Press, 2005, p.237.

判断,调整教学进程使之更有适应性。但整体上看,典型的方式是教师提出一系列小问题,这些问题的探索空间不大,因而,在教学变革中应进一步扩大学生参与的活动空间,让学生在知识建构的过程中拥有更大的自主权。在课堂对话过程中,对于学生的讨论和观点呈现,教师关注的目标不仅仅在于找到正确答案,还在于判断学生在建构目标知识过程中的状况和需要的支撑。

从本节的讨论可以看出,数学教学的目标追求和方法变革同学习科学的核心理念是非常一致的,特别是关注知识和学习的建构性、情境性、合作性、真实性。很多的政策和实践直接以学习科学的研究为理据。这也表明了学习科学研究在理论、设计和实践等多个层面具有很高的创新价值和引领作用。

第二节　数学教学变革案例透视

一、案例：以连续的学习任务设计促进儿童数学理解的发展——对称主题的教学案例[①]

（一）案例概述

本案例是教育研究者和学校教师合作设计实施的以"对称"为主题的拓展性课程。研究者来自华东师范大学学习科学研究中心,合作的学校教师来自上海市的两所普通中学,实施的班级是两所学校中等水平的初中预备班(六年级)。

本案例在课程与教学设计层面的总体思路是：以"对称"为主题,在学生对"对称"这一数学概念深刻理解的基础上,将对称的概念拓展到艺术、科学、生活等各个领域,力图使学生呈现出一种对"对称"概念的延展性、动态性、辐射状的理解过程。设计者强调,学生学习"对称"概念,不仅是一个知识理解、建构的过程,更是把"对称"这一数学概念作为理解数学、科学、艺术等各领域的一些现象的工具,从而促进学生进行数学意义的建构。

---

① 案例来源：赵健,吕林海.为了理解的数学课程与教学——以"对称"为主题的案例实验研究报告[M]//高文,徐斌艳,吴刚.建构主义教育研究.北京：教育科学出版社,2008：275－293；关于本案例的描述与分析,另见：吕林海.数学理解性学习与教学研究[D].上海：华东师范大学,2005.

(二) 教学活动设计

本案例的课程内容设计分为四个阶段：(1) 引出前概念；(2) 提供对称概念的情境脉络；(3) 建立对称的数学理解：根据对称的知识结构和学生的前概念，设计数学课堂活动，帮助学生建立以大概念为核心的数学知识结构，用于支持对称的数学理解；(4) 开展基于对称的数学理解的拓展活动。每一实验阶段的知识目标设计、活动设计、研究策略设计见表6-2。

表6-2 "对称"案例的实验阶段以及每阶段具体内容、策略的设计

	目标设计	活动设计	研究策略设计
引出前概念	了解学生对"对称"的当前理解，运用多元方法将每个学生的前概念可视化	活动举例：学生对"对称"进行头脑风暴、我是镜中人（肢体语言表演）、剪纸与对称、对称图片展示；画出自己对对称分类理解的结构图、小组合作设计对称作品，等	跟踪学生的整个活动、设计、展示过程，对设计小组给予各种支撑、帮助，尽可能借助直观、动作，让学生多元化地表征对称概念。通过大量的活动分析学生对对称概念的前理解，分析学生对"对称"这一主题的思维结构
在情境中感受对称	设置情境，将对称概念抛锚其中，通过观察、操作和交流，让学生感受数学概念的生活意义和科学意义，激发学生内在的探究欲，并为对称概念的意义建构做准备		
对称的数学理解	1. 知晓以变换、对称、铺砌三个主要概念为核心点的知识结构 2. 领悟"对称"是一种数学思想 3. 在理解数学知识的同时，适当与艺术、科学、生物等领域结合，从而使学生感受知识的整体性与关联性，并进而加深对数学知识本身的理解	1. 平移、反射和旋转——有趣的三种图形变换类型 2. 艺术欣赏：变换之美 3. 利用变换做图案 4. 运用信息技术做变换 5. 对称的概念与类型 6. 讲座：植物中的奇妙对称 7. 做对称纸雪花：对称性质的探究 8. 铺砌图案的研究与设计 9. 运用信息技术做铺砌图案	通过多种工作单设计、记录、保存学生的理解表征，开展错误分析，引导学生对学习过程的元认知。精选个案，做持续性的观察、分析，追踪学生个体理解的转变过程，观察课堂参与（讨论、交流、合作、对话、协商等）对理解发展的影响

续　表

	目 标 设 计	活 动 设 计	研究策略设计
对称的拓展性理解	借助数学的理解，认识物理、化学、生物、艺术、生活等各个领域中的对称现象，并依托对称，让学生体验数学与科学、艺术、生活的紧密联系	通过讲座、查找并阅读资料、讨论、主题探究等形式展开。具体内容主要涉及：化学中的晶体结构的对称性、建筑与对称、对称与不对称、对称与运动、对称破缺、分形与对称、从对称到群论等	观察和分析对称主题在各个领域中的应用是如何支撑学生建构对称的意义

（三）研究结论

1. 学生的前概念对于学习的影响。学生乐于以多元的方式表征对对称概念的早期理解；学生对对称概念的理解主要局限于轴对称与镜像对称，还未对旋转对称有较清晰的认识；学生的前概念中有一些错误的概念，为了转变这些错误概念，必须在下一阶段的课程设计中对其着重考虑；学生已经开始对某些较前沿的科学概念有了模糊、初步、粗浅的意会与认识。因此，学生并非是带着对对称概念一无所知的头脑来上数学课的，事实上，对称概念已经以多种形式成为他们先拥经验的一部分，这些经验中有合理的成分、错误的理解以及用对称认识复杂世界的思维萌芽，这些都将成为课程与教学设计的珍贵资源。帮助他们在此基础上实现概念的转变和概念的发展，是课程和教学设计的使命。

2. 儿童数学概念理解的层级性发展。研究发现，学生对对称知识的理解基本上是沿着从经验性理解到形式化理解、再到结构化理解的层级发展过程演进的。就实验中课程进展的程度而言，研究中获得了学生对对称的经验性理解的丰富证据，同时取得了形式化理解和结构化理解以及这些理解层级递进的证据。

（四）课程教学计方法的探索

1. 学习活动的设计：以连续的学习任务设计促进儿童数学理解的发展。本案例是根据学生理解程度的递进，来设计适当的学习工具和教学流程，支持数学理解的发展的。本案例通过内容设计、活动设计以及教学策略设计等努力,试图创设一个有效的学习环境,来促进学生在理解层级上的连续性发展,并在发展过程中设法使学生在反思的基础上实现有目的的知识建构。合理的学习工具和教学流程,是促进这种理解的层级发展过程的关键因素,研究者在案例研究中逐步开发了一种支持理解的递进发展的课程工具:连续性学习任务设计。

研究者把这一过程例示为教学设计的"三步曲":

第一步:经验性理解阶段的识别与判断。找出脚手架需求:在对称概念的经验性理解阶段(即导入课及展示课阶段),研究者引导学生总结各种形式的理解表征(作品、节目、对话等),分析其中所存在的对称类型(平移对称、旋转对称以及反射对称)的数学化意义时,几乎每个学生都在努力用数学化的思维和语言来概括和总结同学们提出的经验(例如,有同学已经指出,旋转对称性是指图形绕某个顶点经过一定角度的旋转——一种变换之后,前后两个图形完全重合)。但是由于学生的知识背景十分有限,如缺乏相应的变换知识、缺乏变换与对称之间关系的知识,因而对这三个对称概念的理解是较浅层面的。要达到对对称概念的深入理解,还需要进一步使学生对构成对称的过程(即一种变换)达到较为深刻的理解。

第二步:设置脚手架推动经验性理解向形式化理解发展。在第二阶段的设计中,研究者让学生借助"把透明纸覆盖在图形上作旋转变换并描绘图形"这样的实作活动,建构对旋转变换这样一个动态过程的理解。

第三步:继续判断新的支撑需要设计新的脚手架。一方面,学生借助上述操作活动,能在直观经验的基础上直接感受到旋转变换的情境化内涵,但另一方面,这种直观化的操作活动也可能会掩盖旋转变换的真正数学本质与数学内涵,需要学生在操作中抽象出旋转中心、对应点、旋转角度等本质要素及其关联。正是基于对学生经验的这种分析,研究者在第三阶段中设计了更加指向数学本质的活动,分别对点、线、图形作关于某个旋转中心的40°旋转变换。事实上,所有图形的旋转变换最终都可归结为点的旋转变换,而点的旋转变换即最为直接、最为透彻地体现了旋转变换的各个要素及其联系,因此这样的活动设计在引导学生连续性地反思过去活动的内涵基础上,使其更有效地在这个活动情境中完整地、清晰地抽象出旋转变换真正的数学本质与数学内涵。

总之,如此循环上升的连续性的任务设计,牵引并支持着学生在自己的经验与数学的本质之间不断对话,让自己在连续性地回顾和反思的过程中,提升和扩充自己的经验认识,丰富和深化对数学本质的理解。

2. 知识的结构化:以关键概念为核心的知识地图促进数学理解。知识的结构化与网络化组织是专家知识的重要特征。在传统的中小学教材中,有关对称的知识只是一个个孤立的点(如旋转对称中的中心对称、反射对称等),忽视了各个对称知识点作为一个完整的、有机联系的知识组块所具有的对学生思维的索引性、整合性、发展性的重要作用。研究者认为,知识的纵横交错的脉络结构,是知识情境的一个重要方面。学习者对数学的理解,意味着围绕所学知识建立了这样的脉络结构。正确的知识结构,既便于学生在适当的时候快速提取所需知识,也将有效地引导学生的进一步学习。

图6-2显示了研究者所设计的有关对称的基本知识结构图。研究者通过与数学家的多次交流讨论,确认了理解对称知识的关键,是有关变换的概念。一方面,图形的对称性是由变换来定义的;另一方面,通过持续的变换就可生成图形的铺砌现象。变换作为一个动态的概念,是有关对称知识组块的

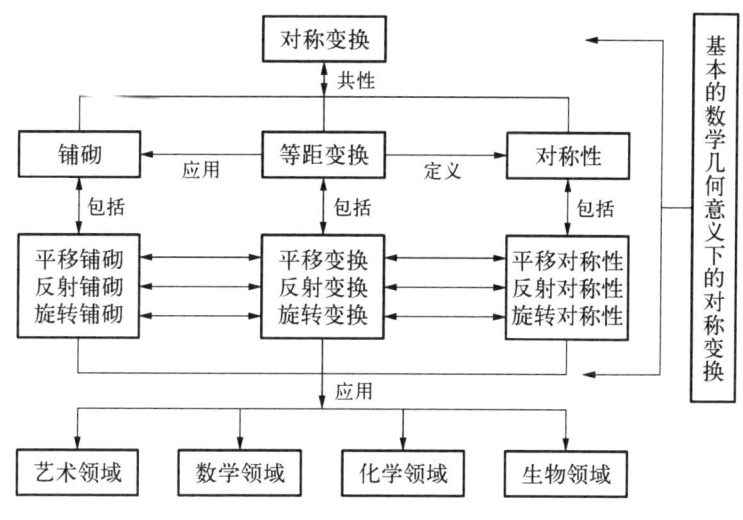

图6-2 关于对称的知识结构图

核心。离开了变换概念,学生对于对称的理解势必是静态的,并且缺乏拓展这一概念的必要支架。课程材料的选编应当围绕这样的知识地图,在确定领域的核心概念的同时,决定领域知识的取舍,并帮助学生铺陈一个合理的知识结构。

作为知识地图,这一结构仍存在着诸多的开放节点,比如这里的变换聚焦在等距变换这一类型,事实上,如果扩大视角,就可继续探究非等距变换,或者是相似变换,这是另一层面上的图形对称(相似性对称)现象。知识组块的继续开放,取决于学生在真实教学现场中所表现出来的持续学习的愿望。研究者设计的所有活动课都是围绕着这个知识结构组块及其中的各个知识节点(这里说的节点,不能被理解为知识点,因为节点具有两个方面的重要含义:一方面是指该知识与其他知识之间的紧密联系;另一方面是指该知识的开放性),希望通过各种活动,让学生自然地吸收、内化、生成一个良好的知识结构组块,换句话说,即希望所设计的结构能有效中介学生生成自己的知识结构。

二、案例:数学探索与发现的快乐——数学基地教学的尝试[①]

(一)数学"基地教学"概述

"基地教学"是华东师大第一附属中学刘定一老师独立开发并在该校七年级的一个班级实施的初中数学拓展课,为期一学期,每周二课时。课程设计撇开了原有数学教学大纲,从数学中的一个关键点出发,进行多个方面的探索,以此建构系统化的数学知识。这个关键点被课程设计者刘定一称为"基地",这里讨论的例子是以"数轴"为基地的。"基地"这一"隐喻"取义两个方面。

1. 以学生可感的情景将抽象的数学对象物化。数学研究的基本对象是数、形、结构与关系,这些东西就是数学世界的现实。学生学习数学的一大困难就是不明白学这些东西的意义。所以数学教学的情境设计主要考虑如何赋予知识意义,使对象物化起来,生动起来。设计者从一开始就将数学世界拟人化。"基地"是一个物化的说法,意味着学生可以以此为出发点去探索,就像战

[①] 案例来源:刘定一.基地教学:建构主义教学的有益尝试[M]//高文,徐斌艳,吴刚.建构主义教育研究.北京:教育科学出版社,2008:322-341.

斗机从一个地方起飞去轰炸另一个地方一样。以数轴为"基地"还有另外一层含义,即在此地安置了形形色色的"数"。

2."基地"是数学知识结构网络中的关键点。设计者把人类知识体系比喻为无远弗届的全球交通网,在任意两个节点A与B之间必有通道,而能力则表现为从此及彼的联系和通达(包括从现有知识获得新知识)。基地教学以一个关键点为基础,不断引导和支持学生通达其他的节点。

设计者设计基地教学的思路如下。

- 首先必须选取合适的教学"基地",它应当能容纳足够的学习材料,提供发展所需的概念框架,学生以此作为学习平台进行探求和"游戏"。
- 这个基地是有待深入开发的,在教学的开始只有最基本的情景,所开发内容的丰富性是逐渐展示的,这被称为基地"建设"。在此过程中,教师设计学习任务,引导学生不断从基地"出击",就像前面所说的轰炸机从航空母舰出击一样。
- 就学生已有的知识结构来说,为了解决这种问题所需要的方法与概念他们一般并不具备,需要在最邻近发展区里"逢山开路,遇水搭桥"。在这个过程中,教师既宣布基本活动规则,设计活动进程,又帮助学生排忧解难。

(二)以数轴为"基地"的数学探索

问题1:这是什么?它有什么用?

在引入数轴概念的基础上,让学生初步弄清概念的内部联系。数轴是一个作出了三项规定(原点、方向和单位长度)的"图形"或"形",然后和学生讨论:"为什么要生成这个概念?它有什么用?"(把数有秩序地安顿下来)

问题2:以前我们曾有过将"形"与"数"联系起来的例子吗?比如在学计数和分数的时候?

问题3:这个概念是可代替的吗?

具体而言,要求学生思考的是"为了达到安顿数的目标,有没有其他手段,是否一定要设计这样一条数轴?"能不能创造一个新概念来代替数轴。比方说,用矩形这样的平面图形可以安顿数吗?如果可以,你愿意选择数轴还是矩形? 退一步说,不用直线而用曲线可不可以? 再退一步,即使用数轴,改变"原点""方向"和"单位长度"将如何?

问题4: 概念怎样起到它的作用? 即,数轴是怎样实现它的功能的? 更具体地说,数在数轴上是怎样定位的?

经过讨论,在数轴上实现数的定位一点也不难(学生已经知道怎样把他们认识的数标在数轴上),难点在于数轴上拥挤着熙熙攘攘的"居民"后能不能理出这个一维世界里的秩序。由此引出下一个问题。

问题5: 这是个平等的世界吗?

讨论发现在数轴上最显眼的是零、自然数和负整数,以及这些作为"里程碑"的数在给分数定位方面的作用;讨论点坐标和区间的概念及用途。

问题6: 如果把两个不同数标在数轴上,它们的次序和什么有关?

以数轴为基础讨论线段的定义及其运算、线段长度的比较,甚至可以引入有向线段的概念。

问题7: 发现无理数。数轴上每个点都对应着一个我们所知道的数吗? 你能不能尽量估计出这个点所代表的数值?

看设计者是如何和学生一起探讨无理数的:

以七年级学生的知识结构,引进"无理数"概念的途径不止一条。最直截了当的办法是把整数与分数和归结为特殊的小数。

从小数的角度看,整数可以看作有限小数(或从小数点后某一位起都是0的无限小数)。分数在除得尽的情况下化为有限小数,如-1/8,37/25等,在除不尽的情况下一定是循环小数,如3/7,8/13,-849/60等。如果学生对"为什么必定循环"有问题,只要通过小组共同研究,观察竖式除法的余数便可领悟。

有理数实在是一类非常特殊的小数。为了看出这一点,可以掷有十个面的"骰子"的办法来作一个纯小数。"骰子"的十个面分别标有0,1,2,…,8,9这十个数字。我们把第一次掷的结果作为小数的十分位,第二次掷的结果作为百分位,如此等等,一直要掷无穷次才能得到一个小数。例如第一次掷了一个2,第二次掷了一个5,以后每次掷的都是0,才能得到有理数1/4(即0.25);必须掷出0.428 571 428 571 428 571…才能得到有理数3/7。

但我们轻而易举就能写出无限不循环小数。既然它们不是有理数。那就只好归入无理数这个新的类别了。不难理解,它们同样有资格安放在数轴上。于是数轴总算住满了。

学生可能会大吃一惊,无理数要比有理数多得多。即使一秒钟能掷出无限次骰子从而做出一个小数,我们一辈子也掷不出一个有理数,要掷出有理数的条件实在太苛刻了。这说明,如果数轴上仅仅住着所有有理数,即使是那么密密麻麻,空出的位置还是要比被占据的位置多出无数倍。

……

在课堂上,教师和学生甚至以数轴为基地出发探索了归纳原理、加法原理、乘法原理、欧拉定理、复平面、迭代法、分形等对于初中孩子来说非常高深的数学知识。

经过一学期的实践探索,教学取得了可喜的成绩。如预想的那样,由于这种数学在抽象水平和先拥知识要求上都比较高,学生出现了两极分化的现象。但是,这种大胆的探索给一部分学生提供了广阔的探索空间,改变了他们对于数学的认识,大大提升了他们的数学思维水平。

(三)基地教学的借鉴价值

学习科学在研究真实情境脉络中的学习的时候,学科专家和专业领域从业者的专业实践就常常被作为这样一种情境脉络。就数学而言,数学家如何创造,专业工作者如何用数学解决问题,就是研究者非常关注的问题。从上一节对于数学的本体论思考中我们可以发现,将数学作为创造是一种重要的数学观,也是数学发展的重要推动力。这种观念和相关研究对于数学学习的意蕴在于,数学学习可以是一个发现与创造的过程,而这种发现和创造未必与解决一个现实世界中的问题直接相关,倒可能是由已有知识为基础的认知困惑或者好奇心推动的。在这种方式的探索、学习中,数学更接近于一种纯粹的思维体操。此案例的设计者刘定一在阐述基地教学时,曾引用当代伟大的荷兰数学教育家汉斯·弗莱登塔尔(Hans Freudenthal)的一句话:实现"再创造"是学习数学的唯一正确方法。在本案例中,再创造表现在多个方面,比如,教师和学生合作再创造了欧拉定理等重要的数学知识;学生再创造了自己已有知识之间的关联(数和形、分数和小数、无理数和有理数等);学生再创造了对于自己已有知识的认识（如：借助掷"骰子"重新认识有理数和无理数）；学生在熟悉的基地上再创造对于自己而言是"新"的知识。

这种设计的另外一个特点是充分体现了数学知识的学科特点，如强的结构性、多个维度的理解及其内在的关联。设计者巧妙地借用从"基地"出发"攻击目标"的隐喻设计这一探索过程。笔者甚至在聆听和阅读设计者的案例介绍与分析时感受到了这种结构的美和学习者融会贯通后的陶醉。在这个学习项目中，所有的结构性特征是师生一起在探索与发现中体验的。

从学习活动的设计和实施的角度看，这个学习项目的学习活动是教师设计的，而且教师在整个探索的阶段发挥着重要的引领作用，甚至不排除在整个教学过程中由教师进行知识的讲授。这一事实让我们可以重新考虑教与学的关系。学习科学的研究者主张学习是一种建构活动，对于这一点可以从学习活动形式和学生认知机制这两个方面去理解。如果简单地认为作为建构活动的学习在外部形式上只能表现为学生自主进行探索，事实上否定了将建构作为一种认知机制的观点。而如果持此观点的话，就不能否认支持学生建构的活动形式可以是多种多样的，包括直接教学。从领域学习的角度看，重要的是如何将一个领域的思维方法和知识结构在师生共同进行的活动中传达出来，并为学生所体会和掌握。

由此我们可以进一步探索学习活动在类型上的多样性，从而为教师的活动设计提供多种新的可能。以这个项目中的内容为例，在理解无理数这个环节上，常见的一种方式是给出定义然后让学生根据定义识别。在这里设计者用掷骰子的方法来解释为什么无理数是存在的而且更常见，以及为什么有理数反而是特殊的小数（整数是有限小数，分数在除不尽的情况下必定是循环小数，掷骰子很难掷出这样的数字）。对于分数在除不尽的情况下必定是循环小数这一命题，安排了学生通过小组研究观察竖式除法的余数去验证。设想一下，如果有更充裕的时间，教师可以让学生先掷骰子或者假想掷骰子，然后以规定的方式（掷有十个面的"骰子"，把第一次掷的结果作为小数的十分位，第二次掷的结果作为百分位，以此类推）记录下来，然后逐步概括归纳出这些知识。

也就是说，在活动类型上，在从教师的直接呈现到学生的完全自主探究、从抽象的符号运算到直观的动手做、从个体头脑内运作到小组合作活动等多个连续统上,设计者可以根据具体的情境进行多种可能的设计。

三、案例：化知识为活动——小数学习活动的设计①

(一) 学习活动设计实例

活动 1

(1) 在一张纸上画 3 段长度不同的线段,尽可能准确地测量它们然后写下你的答案：

- 你如何记录这些长度？
- 想一种其他的方式记录你的答案。

(2) 观察下图,看你如何记录 A、B、C、D、E 这些位置

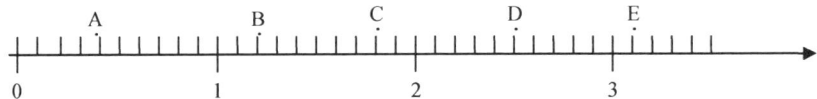

(3) 使用图或具体材料尽可能地想出更多的方式表示 1.3,将你的答案和小组里其他同学做比较。

……

活动 4

(1) 看看这个小数乘法的例子,用正方形的纸做。

用 6 个(一共有 10 个)阴影的列表示 0.6。

- 如何表示 0.3？
- 两个方向上共同的阴影正方形有多少个？
- 这个面积(共同阴影区)是整体的几分之几(用小数符号表示)？
- 如何解释这个面积？

---

① 案例来源：J.L.马丁.教与学的新方法·数学(上)[M].王嵘,等译.北京：北京师范大学出版社,2004：230－232.

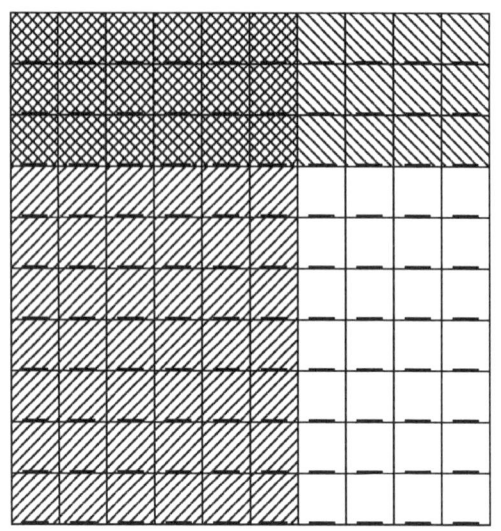

（2）请你自己使用正方形纸表示下面的例子？
① 0.5×0.7 ② 0.9×0.9 ③ 0.3×1.7 ④ 1.8×1.2
同时也做做乘法：5×7，9×9，3×17 和 18×12
- 你可以看到两组答案之间的联系吗？
- 制定一个规则可以使你从第二组题目的答案中得到第一组题目的答案。

（二）学习活动设计思路分析

如何引入小数的概念？在小数乘法中如何让孩子理解越乘越小（0.6×0.3＝0.18）的现象——而不是像学生往往在前概念中认为的那样越乘越大？如何教孩子小数乘以小数？从学习活动设计的视角及学习科学的理念看，完全可以抛弃讲授知识和固定方法、然后进行巩固练习的模式，在目标上指向学生的概念性理解和数学思维能力的培养，在方法上着重学生的自主建构和合作探索。

在活动1的设计中，教师提出的第一个问题是发散性的，提出的任务是要学生寻找更为精确的量或者更为确切的方法计量长度，即：如何"发明"出"新"的度量单位或者"新"的计数方法？在一节数学课上，一位教师进行了类似更为灵活的设计：3个学生立定跳远，教师在起点和跳到的地方用粉笔作出标记,让学生设法确切地记录每个学生跳的长度和几个学生跳的长度之间的差距。这类问题很好地隐含了一种观念:数学在解决真实问题方面的有用性,以及"发明"出数学工具解决问题的必要性。教师让学生思考如何用其他方式进行记录,是一个非常开放、发散的问题。

第二个问题"记录数轴上 A、B、C、D、E 这些位置"是第一个问题的变式和深化。是其变式,是因为表示的对象从一个长度变成了一个数轴上的点;是其深化,是因为表示的方法有了一定的限制——虽然这种限制不是明言的,即,用数字的方式表示。设想一下,在第一个问题中学生也许可以"发明"出一个更小的单位来表示,而在数轴上,单位已经固定下来了,因而学生只能用这个单位为基础来寻求表示的方法。

在前面两个问题的基础上,教师可以在学生的探究的基础上引出小数的概念,和学生一起初步探讨小数的书写方法和表示的意义。教师还可以进一步给出更多的线段和数轴上的点,让学生用小数表示线段的长度和记录点的位置,甚至可以在数轴上给出 1.15 这样的位置让学生思考如何表示。

第三个问题则是与前两个问题互逆的问题,也就是说,给了学生一个小数 1.3,让学生找到多种方式表示。这个问题也有一定的发散性,学生至少可以用上面练习过的线段长度和数轴上的位置来表示,但不限于此,比如,学生还可以用圆或者长方形的面积为基础来表示 1.3 的含义。在此基础上,教师也可以让学生尝试表示 1.35、1.36 这样的小数。

可见,通过活动 1 的实施,学生有机会通过自己对于 3 个相互关联的问题的探索、与师生的交流和教师的指导,在小数和小数表示的量之间建立关联,在自己已有知识经验的基础上展开数学探究活动,在活动中理解和掌握新的知识。

活动 4 的设计的目的在于让学生探索小数的乘法运算。设想一下,在课堂上,如果教师先讲出乘法的运算方法:先将整数相乘,然后根据两个乘数的小数部分的总的位数修正积的值,即,这个小数部分的总位数就是积的小数部分的位数。在计算 0.3×0.6 的时候,先计算 3×6,得到 18,然后看出算 0.3 和 0.6 的小数部分共有两位,因而(根据规则)将 18 变为 0.18。然后让学生进行大量的练习。用这种方法学生固然可以学会小数的运算,但是,学生失去了探索数学的兴趣,也失去了锻炼数学思维的机会,并可能形成这样一种观念:数学就是记住规则和算法然后进行计算。从对于数学知识的掌握看,学生可能并不能理解整数乘法和小数乘法之间的关联及其原因,以及为什么0.6乘以一个数(这里是0.3)之后反而变小了。这里设计的活动中,学生借用正方形的方格纸来表示0.6和0.3,以及两者相乘出现的结果,为学生以直观经验为基础进行数学探究和数学理解提供了强有力的支持,也为学生建立数和形的关系、乘法运算和图形面积之间的关联提供了直观经验的基础。

通过活动4第二部分的问题解决,学生可以探索小数乘法和整数乘法之间的关联,从而通过自己的认知努力发现小数乘法的运算方法,这种数学探究活动有利于学生建立良好的概念性理解和知识结构。

概而言之,将对于数学知识和运算方法的清晰呈现和相应的操练转换为学生可以参与探索的数学活动,有利于学生多个方面的数学能力的发展。此外,也有利于改变学生关于数学的前概念,提升学生的学习动机。这种学习活动设计方案在目标、方法和结果上等各个方面都为变革教学提供了借鉴。

Education Reform for
the 21st Century Skills:
China and World

第七章

科学教学变革

学习科学与教学变革

第一节　科学教学变革管窥[①]

一、从科学本质看科学学习与教学

（一）科学是人类进步的巨大动力

纵观我们周围的一切，诸多都与科学和以科学为基础的技术有关。我们的衣食住行，处处可见科学技术应用的结果。科学技术是第一生产力，这是对时代发展动力的洞见。科学使人们对世界的认识不断深化，人类不断利用科学研究的成果，推动着生产力的发展。正如马克思所说的，"生产过程成了科学的应用，而科学反过来成了生产过程的因素……每一项发现都成了新的发明或生产方法新的改进的基础"。[②]

科学技术改进了劳动工具和生产工艺，极大地提高了劳动生产率。蒸汽机和电机的发明和应用，计算机和网络的发明和普及，都从根本上提高了劳动生产率，改变了我们的工作和生活方式，对于很多方面的发展甚至成为决定性的推动力量。

在创造物质财富方面，科学使人们一步步摆脱了可直接利用的物质的局限，将更多的物质为人类所用，大大改进了人类生存和发展的条件。自然界的一切物质，许多原本并不天然就是资源，只有在它能够被人们利用时才是资源。而对这些物质的利用，依靠的几乎无一不是科学技术的发展。不用说太阳能、核能，就连矿山、森林、水，没有相当的科学知识和技术的利用，也不能成

[①] 本节改编自：郑太年.今日科学教育的主题，科学学习的含义与方法[M]//裴新宁，郑太年.在探究中体验科学——科学主题的研究性学习.广州：广东教育出版社，2006：1-47，有增删。
[②] 马克思.机器、自然力和科学的应用[M].北京：人民出版社，1978：206.

为有效造福人类的资源。我们甚至可以说,是科学技术的进步,造就着越来越多的资源。

在知识经济时代,科学技术知识成为最重要的生产要素,科技知识的进步推动着新产品的开发、新工具的应用、新生产方式的出现。在传统的手工作坊中,依赖的是技艺和经验的积累和学习,下一代毕其一生精力,大多也只是达到上一代的技艺水平,一代一代人在生产什么、如何生产方面没有什么大的变革。而科学技术的应用,尤其是在当代,不断地推动着产品的更新换代和生产方式的变革,也推动着产业结构、就业结构和劳动方式的变化。

科学技术给生产带来的这些变化,为人类提供了更为丰裕的物质、更为适宜的生存环境,为人的生活质量的提高、人的解放提供了条件。机器在生产过程中的应用,放大了人的体能,使人从繁重的体力劳动中解脱出来。生产率的提高,节省了大量的劳动时间,使人更有条件享受生活和进行种种创造性的劳动。信息技术的应用,使人的交流跨越了时空的限制。所有这一切,没有科学和技术的进步,都无从谈起。

科学不仅具有创造物质财富,提高人类生活质量的巨大功用价值,还有其巨大的内在价值,那就是科学本身所倡导的或者说是与科学融为一体的精神价值。这些价值不仅是科学发展进步的内在条件,也是人类精神世界中的珍贵财富。具体体现为:(1)探索自然奥秘的求知精神。人们不相信任何权威,而是相信通过自己探索而建立知识。探索的目的不仅仅是解释、论证既存的理论,更重要的是发现新的、未知的原因,更好地认识自然。(2)重视观察和实验的求实精神。科学研究和探索注重观察和实验,讲求实事求是。尤其是实验的方法,具有目的性、选择性、可操作性、可重复性等特点。(3)通过精确量化而实现的确定性。人们相信这些知识必须是精确的,经验观察必须经过数学分析才是可靠的。科学理性具体化为实证标准、逻辑论证和怀疑精神三个方面。[1] 这些价值被称为科学的合理性价值,它们和科学的功用性价值同样重要,但是,我们对这些合理性价值往往重视不够。没有这些合理性价值,即使我们大量学习了科学知识,引进了先进的技术,也难以在科技方面有长久

---

[1] 吴刚.知识与控制——中西教育知识史的比较社会学分析[D].上海:华东师范大学,2001:133.

的、持续的进步。在学生学习科学时,如果忽视了这些科学精神的培养,学到的知识就是死的知识,是没有灵魂的信息。科学活动中蕴含的这种合理性价值,这种求新、求实而不囿于传统和陈见,求证、求精而不拘于感觉和猜想的精神和方法,对于个人和社会行动的合理化都是非常重要的,因而也是创新和进步必不可少的。科学改变生活世界,也包括精神生活的世界。

还有人提出科学是用它的内在价值辩护的活动。如法国生物学家雅克·莫诺(Jacques L. Monod)就认为,科学知识是一种基本的道德的善,因此,对知识的无利害关系的追求无条件地具有道德的价值。还有人认为,可以在科学研究中寻找另一种基本的或内在的善,即追求知识是为了美,知识产品具有美学价值,认为科学是一种艺术,应该提供某种满足感。[①]

因此,可以说,科学改变了我们的生活世界,这种改变不仅是通过它提供的物质财富,还通过它提供的精神解放、思维方法、科学理性、道德之善和艺术之美这些精神财富。

(二)科学知识的性质

科学探究的直接对象主要是自然界,是物质世界。过去,人们常常认为,探究出来的科学知识就是自然规律的反映,甚至认为科学知识就是终极的实在,人掌握了科学知识就认识了客观实在。但是,现在人们越来越清楚地认识到,科学的根本概念都是"我们的心灵所形成的一些抽象概念,目的在于给表面上一团混乱的现象带来秩序和简单性。"[②]换言之,科学知识不是世界本身或其映像,而是人探索世界认识世界的精神产物。这种观点对于理解科学知识的属性而言,有几方面的意义:(1)科学知识不是客观世界本身业已存在的有待人们去发现的规律,而是人们对之探索的结果,是人与世界的探索与被探索关系的产物,因此人是知识的制造者;(2)知识的发展是人类不断探索的结果,某一时期产生的科学知识都在当时的条件下具有真理性,而不是绝对的真理。真理无止境,不断地否定和创新是科学发展的必需条件。如当代科学哲学家卡尔·波普尔(Karl Popper)所言,科学知识是在不断地猜想—反驳的过

---

① 罗姆·哈瑞.科学哲学导论[M].邱仁宗,译.沈阳:辽宁教育出版社,1998:195-197.
② W.C.丹皮尔.科学史及其与哲学和宗教的关系[M].李珩,译.桂林:广西师范大学出版社,2001:序言.

程中进化的;(3)社会条件和个人因素都会对科学知识所呈现的状态产生影响。虽然科学知识的探索往往是在实验室里由个人或者由个人组成的团体进行的,一切知识都具有"个人系数",但是,社会的条件影响和制约着科学探究,例如,在某些极端的社会政治背景下或者不利的经济条件下,科学家都难以投身于科学探究活动,或者科学探究活动受到种种限制;(4)科学研究受到既有的而又间断发生革命的科学范式的影响。托马斯·库恩(Thomas Kuhn)提出了"范式"的概念,一是用来指某一科学家集团或科学共同体在某一学科所持的共同信念,二是指在科学活动中为某一科学研究传统的出现提供了模型的某些公认的范例。而科学发展是按照常规科学和科学革命交替的模式进行的:前科学—常规科学—反常与危机—革命—新的常规科学—新的反常与危机。也就是说,不仅科学探究的结果——科学知识,而且科学探究过程和方法本身,也是不断演化和发展的。[①]

科学沿用了哲学注重理性和逻辑的传统,又引入观察和实验的方法,从而使对世界的认识不仅仅是头脑内部的建构和思辨,也可以是经由严格设计的实验方法检验从而永远面临着质疑的共同建构活动。正是这种通过观察、实验的方法认识世界的不懈努力,既带来了人类知识的不断扩充和更新,带来了对自然界的认识和利用,也弘扬了理性的精神,使人不再盲从传统、听信权威或追随情感而行动,而是利用自己的理智,去认识、判断、批判和进步。

也就是说,科学知识是人们经由探索和创造而得来的,从这个意义上讲,科学知识具有很强的主观性和社会性。科学知识的社会学研究深刻地揭示了这些方面的特点以及由此对科学知识形成和演化本身带来的影响。[②]

(三)从科学知识的性质看科学学习

从科学知识的性质和科学发挥其功用的途径看,科学学习不仅要关注学习的科学知识的数量和范围,更要关注形成科学的方法和精神。学生获得了科学知识,可以用以理解自然界,用以解决工作和生活中的问题,用以解决自

[①] 托马斯·库恩.科学革命的结构[M].金吾伦,胡新和,译.北京:北京大学出版社,2003;薛文华.现代西方哲学评价[M].北京:高等教育出版社,1994:第14章.
[②] 参见:迈克尔·马尔凯.科学与知识社会学[M].林聚任,等译.上海:东方出版社,2001.

己认知上的困惑。科学的方法和精神则有着更为重要的意义,它关乎个人和整个社会如何思考和行动。对于从事科学研究的人来说,更需要有这种方法和精神才能创造更多的科学知识。

科学素养的提升,也需充分考虑科学知识的这些性质。在传统的学校教育中,科学知识常常被当作一种信息汇总加以传递。学习被作为对此信息进行记忆、储存、提取和应用的心智活动过程。在这种学与教的形式中,教师的任务主要就是将科学知识分割、讲解,使之成为便于理解和记忆的信息,学生的任务主要是听讲、理解和记忆。教师的演示和实验以及学生的实验也常常成为辅助讲授或者证实某一科学知识的验证性手段。这种学与教的模式实际上是基于对于科学知识和科学学习的下列假设:科学知识是静态的、可以由教师向学生传递的物品;学生可以通过接受、记住这些知识——主要表现为概念、原理、定律等——认识世界和解决问题;科学知识是可以同探究或者发现知识的过程相分离的;科学知识即是真理,掌握了这些知识的学生可以自然地将其用于解决任何情境中的问题。但是,正是这些假设支撑的科学教育和科学学习,培养出来的是一种惰性知识、惰性思想,即,不能迁移不能解决问题的死的知识、死的思想。从本质上讲,用这种方法学习科学知识,恰恰违背了科学知识本身的性质,因为这种方法抛弃了学生的经验和探索过程、剥夺了学生作为认识者的意图性和探索精神、违反了科学活动作为认识过程和解决问题过程的特质。当科学知识被赋予一种神圣的地位而学习者只能够听讲和接受的时候,科学知识就变成了一种信仰,学习者就成了信徒,教学者就成了权威和宣教者,科学本身所具有的求实、求证、探究、发展、批判精神也就荡然无存了。科学就变成了另一种宗教。

同样的道理,如果学生知道他们要学习的东西已经有了明确答案,他们也会感觉没有理由、没有必要去思考和探索,感觉自己要做的就是记忆。当教师在讲授或展示一个个"真理"时,学生有何必要去进行思考和探索呢?他们只能成为科学这种宗教的信众,去聆听、去信服。科学将不再科学。

从科学的性质看,科学学习应当成为科学的探究活动,一种注重探究和发现、崇尚实验和批判而不仰仗权威的活动,一种促进思维、激荡智慧的活动。在当前的核心素养运动中,培养具有自主性和创新性的人受到广泛的重视,这些素养的发展,离不开科学学习中对于学生的科学方法和精神的培养。

其实,所有的学习都应当如此。早在20世纪初,杜威就提出:

> 教学法的要素和思维的要素是相同的。这些要素是:第一,学生要有一个真实的经验的情境——要有一个对活动本身感兴趣的连续的活动;第二,在这个情境内部产生一个真实的问题,作为思维的刺激物;第三,他要占有知识资料。从事必要的观察,对付这个问题;第四,他必须负责有条不紊地展开他所想提出的解决问题的方法;第五,他要有机会和需要通过应用检验他的观念,使这些观念意义明确,并且让他自己发现它们是否有效。①

他对教学的许多主张,正是试图以类似真实思维过程的方式,让学生在探索中赋予知识经验性的意义。这些主张至今对于变革传统学校教育仍有着重要的意义,而且由于现代技术和网络的普遍应用,我们更具备了实践这些主张的条件。

当然,科学家的科学研究和学生的科学学习有一定的区别,科学家面对的是对人类而言的新问题、新知识,学生面对的是对自己而言的新问题、新知识。就人类科学知识的发生发展来看,人类知识是借助科学家个人和团体知识的增长而增长,人类是借助科学家和其他探索者对于世界的探索而使波普尔所说的客观知识得到增加和进化。而学习者,尤其是学校里的学生,往往是借助人类已有的客观知识而去认识和探索世界。但是,两者也有明显的共同和相通之处。对个人而言,学生的科学学习和科学家的科学研究活动都是探索自己的未知领域,有效解决自己所面临的问题或完成自己所面临的任务,应对所处环境的挑战,解决自己经验中的冲突,从而使自己的主观经验得到和谐组织。实际上,那些学校学习不同于科学家进行科学研究过程的地方,常常正是直接导致惰性知识、惰性思想产生的地方,可以借鉴科学研究的方式而加以改进。

---

① 约翰·杜威.民主主义与教育[M].王承绪,译.北京:人民教育出版社,2001:174.

二、科学教学的取向

（一）提升科学素养：当代科学教学的目标追求

在全球化和国际竞争日益激烈、科技飞速进步的时代背景中，加强科学研究、技术开发和科技人才的培养，体现于诸多国家的政策之中。将经济发展和综合国力的提升转向依靠科技进步和劳动者素质的提高，是我国奉行的一项重要政策。我国在经济建设和社会发展中取得了重大进步，但是必须看到，这些进步许多是由体制上的变革、生产关系的解放推动的，而进一步的发展，更多地需要依靠科技力量和人力资源水平上的持续提高。在这些方面，我国同世界先进水平相比，还有一定的差距。加速我国科技人才的培养，迅速提高我国科技水平，是我国社会和经济发展中面临的迫切选择和长远任务。

公众科学素养水平的高低，也是一个国家国民素质的重要指标。如果说科技人才的培养似乎只涉及比例较小的一部分专门科技人才的话，提高公众的科学素养，则是涉及每一个公民。以科学的方式和精神去认识世界和分析问题，是人类发展和进步的强大动力。公众的科学意识水平，影响着整个社会的思想状况和发展动向，在一个人了解科学、尊重科学的社会里，迷信和邪说必然难有藏身之地。民众对于科学的性质和其对于社会作用的认识，其影响力如何估计也不会过分。公众的科学意识水平，也影响着科学本身的发展。举例而言，一个公众普遍崇尚科学的社会，就会推动最有智慧的头脑从事科学事业。

20世纪50年代起就有了科学素养的定义，今天它被许多国家用来描述科学教育改革的目标。根据经合组织的界定，科学素养是"作为反思性的公民，具有科学思想，参与和科学相关的议题的能力"（Scientific literacy is the ability to engage with science-related issues, and with the ideas of science, as a reflective citizen.），具有科学素养的人"愿意参与关于科学和技术的理性对话"，这种对话需要以下能力：

（1）科学地解释现象：识别、提供和评价关于一系列自然和技术现象的解释。

（2）评价和设计科学探究：描述和评价科学调查，提出科学地解决问题的方法。

（3）科学地解释数据和证据：分析和评价各种表征形式的数据、主张和论点，并得出恰当的科学结论。①

美国国家科学院、国家工程院、国家医学院组建的科学教育委员会、科学素养与公众科学观念委员会在其报告中提出，"科学素养不仅仅是指有关科学事实的基本知识，其当代定义已经扩展到包括对科学过程和实践的理解、对科学以及科学家如何工作的悉知、对科学产品进行权衡和评价的能力，以及参与关于科学价值的公民决定的能力"。当今的科学素养研究不仅关注个体的科学素养，还进一步关注社群的科学素养和社会的科学素养。因为，"尽管科学素养传统上被视作个体的责任，但个体嵌于社群之中，而社群又嵌于社会之中，因而个体的科学素养必然会受到其寓居其中的环境的限制或增进"。② 我国的《义务教育初中科学课程标准（2011 年版）》中指出，"科学素养包括多方面的内容，一般是指了解必要的科学技术知识，掌握基本的科学方法，树立科学思想，崇尚科学精神，并具备一定的应用它们处理实际问题、参与公共事务的能力。"虽然对于科学素养的具体表达各有不同，但是都关注其多个层面（科学知识、思维方法、科学思想、科学态度等）及应用能力，这对于科学课程教学的变革而言是指引性的。

（二）科学探究与概念转变：科学教学的核心关注

以探究作为科学教学的基本方法，是科学素养培养的内在要求。这一点反映在包括我国在内的几乎所有国家的课程标准以及当代科学教育研究者的大量著述中。学习科学领域的研究者基于对于学习的理解以及科学教育中存在的问题，倡导科学探究，提出提升学生科学探究能力的方法，避免科学探究的形式化。多诺万和布兰思福特（M. S. Donovan & J. D. Bransford）指出，只重视科学知识事实的传授的教学的重点是关注科学家知道了什么。这明显是

---

① OECD. "PISA 2015 Science Framework". In PISA 2015 Assessment and Analytical Framework：Science, Reading, Mathematic, Financial Literacy and Collaborative Problem Solving [M]. Paris：OECD Publishing, 2017, p. 21. [2019/08/09]. https：//doi.org/10.1787/9789264281820－3－en.
② National Academies of Sciences, Engineering, and Medicine. Science literacy：Concepts, Contexts, and Consequences [M]. Washington, DC：National Academies Aress, 2016, p.1.

不够的,很多人开始科学方法的养成,要让学生领悟科学界是如何认识的。但是有关科学方法的信息常常是变成了要让学生记住的更多的事实。"仅仅让学生遵循'科学方法'的步骤不足以帮助他们发展出能够让他们理解'做科学'(do science)意味着什么并参与更大的科学共同体的知识、技能和态度"。换言之,如何仅仅给学生"实验处方",学生遵循该"处方"一步步进行动手活动,运用测量工具进行测量并收集数据,这种固定程式的方法束缚了学生的观察、想象和推理这些构成了科学文化重要部分的"主观性"活动。[①] 鉴于此,他们在开发和分析学习项目时,可以从三个方面着眼:一是理解性地学习新的概念和理论;二是经历探究过程(包括提出假设、建模、工具应用和社会协作),这一探究过程是科学文化的关键要素;三是在元认知层面上反思自己在科学探究过程中的思维和参与。特别是,如何让学生有效地经历科学探究过程,并改变对于科学探究和科学知识的日常概念。

在关于科学探究的教学方法的讨论中,多诺万和布兰思福特特别强调科学家的经验和方式。他们引用诺贝尔奖得主梅达沃(P. Medawar)的话说:[②]

> 像其他探索过程一样,科学方法可以融入事实和想象、实际的和可能的、可能是真实的和事实是如何的对话之中。科学探究的目的不是编撰一个事实信息的清单,也不是要去建立一个关于自然法则的整体世界图景……我们应当将其看作一个关于可能世界的可以证明的信念,这种信念在逻辑上有着特定结构。科学是这样的一种历程:我们在前进的过程中进行着发明、批评、修改,这样,科学探究最终会成为一个关于真实生活的故事——我们尽力使其如此。

科学家的科学探究往往是认知上的探险,充满了挑战、乐趣、刺激和考验,伴随着各种复杂的情感。特别是,"科学的最重要的要素之一——然而可能是教学中强调最少的——是科学涉及想象的过程。如果学生没有得到帮助去自己体验这一点,科学可能会看起来枯燥无味、高度机械

[①] Donovan, M. S. & Bransford, J. D. (Eds). How Students Learn: History, Mathematics, and Science in the Classroom[M]. Washington, DC: The National Academics Press, 2005, pp.398, 405.

[②] 同上:406.

化。事实上,对于学生对科学的观点的研究表明,'他们将科学工作看作乏味的、很少有所得的,科学家都是胡子拉碴的,秃顶,一个人在实验室里工作,与世隔绝,很孤独'。如果科学像很多学生所想的那样令人厌倦,我们认识的科学家中很少有人会继续干这一行。"

除了对于科学探究方法和科学思维能力的培养外,科学教育中的概念转变是另外一个重要主题。伯恩斯(J. P. Byrnes)研究概括了科学家的特点和良好的科学思维的特点,认为科学思维包括结构性的方面和功能性的方面。结构性的方面包括对于所探讨现象的陈述性知识和概念性知识,这些知识镶嵌在科学家自己的理论形式中,而这种理论是他们形成假设所必需的。功能性方面则包括假设—检验和测量、实验技术,测量和实验技术构成了科学家的程序性知识的一大部分。[1] 其中,结构性知识的发展和概念转变密切相关。在结构性知识的发展方面,科学教学的研究者强调孩子对于科学领域探讨的问题有素朴理论(naïve theories),也有着自己的思维和推理方式,他们会用这些理论去进行解释现象和结果、预测结果和解释证据。这些理论直至成年阶段还在继续形成发展,形成很多迷思概念(misconception)。在教学中,必须考虑而不是无视这些理论的影响。为此,教学应该通过多种活动的设计去让学生呈现、挑战这些理论和概念,促进概念转变,逐步发展出科学概念。科学教育可以看作将这些素朴理论转变为科学理论的过程,并随着年龄的增长,将这些科学理论变得更为准确、精致,达到元认知水平。与此相应的科学教学方法的变革,伯恩斯认为,要从内容掌握模式转向"学徒制"模式。对于素朴理论的关注,同建构主义、学习科学研究重视学习者已有知识和概念在建构新知识中的作用是一致的。对于科学教育而言,将学习者已有理论和概念作为出发点,致力于推进概念转变而不是将学习者看作有待填充新的科学知识的容器,是科学教育的核心关注点之一。许多科学教育的研究者对此进行了研究,特别是在推动概念转变方面。比如,波斯纳(G. J. Posner)等人早在1982年就提出了概念转变的经典模型,特别是提出了概念转变的发生条件:对已有概念产生

---

[1] Byrnes, J. P. Cognitive Development and Learning in Instructional Context (Second edition)[M]. Needham Heights: Allyn and Bacon, 2001, pp.248-280.

不满;新的概念是可以理解的;新的概念是合理的,表现出它的真理性特征;新的概念是富有成效的,不仅仅能够解决当前问题,还能提供探索世界的新路径,具备成为一个能产性的思维工具的能力。[①]

三、基于探究的科学学习与教学:方法与设计

(一)科学探究的心理机制

同通过接受、听讲来获得知识相比,科学探究过程是一个复杂的过程,这一过程至少包括三个层面的相互联系的心理活动。一是个体心理层面,是一个发现和意识到困惑→作出假设和检验→积极建构→出现新的问题和困惑的过程。二是在与他人协作和对话过程中,受到他人激发,借助他人的经验和合作的活动不断探究科学现象、探索问题解决途径的过程。三是在整个探究活动过程中,不断对自己的认知活动进程进行积极的监控和调节的元认知活动的过程。在具体的活动过程中,尤其是在合作进行的科学探究中,第一、二个层面的活动是密切交织在一起的,甚至合并而成为一个过程。当然,这是探究的内部心理机制,从外部看,学生的实际探究活动过程常常表现为:

问题→个人作出假设→对假设进行交流、筛选,个人调整其假设→检验→新的问题。

当然,实际的活动远比这一过程复杂,其中常常会涉及多个环节的循环,甚至对于问题本身,常常都需要经过多次对话和交流之后不断产生新的理解和界定。作出的假设可以是多次的,个人在交流过程中也会产生新的假设,在检验假设的过程中也可能推倒全部的假设,从而需要对问题进行重新认识和探讨并重新作出假设。

探究过程为一个较大的项目或者较复杂的任务的时候,活动过程还涉及对这一任务进行多次的分析、确定多种方案,其中都会涉及通过交流、对话

[①] 王美.概念转变[M].//高文,等.学习科学的关键词.上海:华东师范大学出版社,2008:181-182.

或者在行动过程中根据具体的情境不断作出新的调整。

无论是什么样的科学探究活动,都经历多次循环往复的问题—假设—检验—问题过程,在探究者的心理内部,都由于他人的启发、合作的探索和当时的境况,在这个过程中不断探索科学知识和建构自己的理解,因此,也不断改变着自己的知识状况和知识结构。可以说,在问题阶段,心理呈现困惑的状态;在假设阶段,个体根据自己已有的知识经验和认知策略,建构其试探性的假设和理解;在合作的过程中,个人借由他人的经验、知识和认知策略不断重新建构自己的假设和理解;而通过检验,个人则获得在目前状态下已经确证的知识,从而扩充自己的知识范围并重组自己的知识结构。这是在认知活动层面的基本状况。

在探究活动过程中,学生进行着一种主动的学习,因而对自己的认知和学习过程的理解和调控就变得非常重要。元认知是指人们对自己的认知活动过程进行有意识的监控和调节。学生在科学探究过程中,要对研究的问题加以厘清,对自己和他人的理解和假设作出判断和评价,在检验过程中对自己先前假设成立或不成立的原因进行分析和反思。概言之,学生在整个探究过程中都要有意识地对自己的认知活动进行认知和调控。只有这样,才会不断地进行有效的科学探索,达到学会学习的目的。

探究活动的过程是外显的,而心理机制是内隐的。在同学生一起活动的过程中,教师要通过学生外显的活动和表现(语言、参与度、表情、过程中的阶段成果等)尽力了解他们的内部心理状况。教师可以通过让学生陈述自己的观点、陈述在探究活动过程中自己观点的改变、反思自己在探究学习中的体验等具体策略来促进学生的探究和元认知的发展。

(二)科学探究的基本方法

进行探究性的科学学习,一般包括问题(任务)、猜想(假设)、检验等部分。这样,科学探究的基本方法就包括如何确定问题(任务)、如何作出猜想(假设)以及如何对猜想(假设)进行检验。自然,在实际进行科学探究的时候,涉及的方法不限于这些方面,不同的探究活动中应用的主要方法也各不相同。这里的介绍仅限于常用的方法。

1. 确定问题(任务)的方法。在进行科学探究时,探究的目的指向可以是一个问题的解决,也可以是一项任务的完成。我们可以将其粗略地分为针对某一学科科学问题(主题)的科学探究和以项目为形式的科学探究。针对科学问题(主题)的探究活动主要来自科学课程中规定的主题或者与此相关的主题,主要是科学课程中可以不断拓展内容的核心概念、重要原理、研究方法、重要物质的性质及其作用原理,等等。大多数科学主题都可以作为探究的主题,确定探究问题时主要是要考虑可行性和意义性。可行性取决于当时当地的教学条件,意义性取决于通过此探究,是否有利于学习者掌握更新的方法并获取不同于文本记忆的知识和体验。需要注意的是,这里所说的研究的问题(任务),也有可能(甚至常常)不是一个什么要解决的真实情境中的难题。项目形式的科学探究不限于某一主题,而是综合了多个主题、多项知识、多种活动。项目的来源可以是学生在社会生活中遇到的问题(如学习者所在地区的水的污染问题),也可以是科学活动中的一个较为宽泛的领域(如对于水的探索)。同具体科学主题的探究相比,这种研究往往更具有开放性和综合性,确定这种研究的项目同样也要考虑它的可行性和意义性。

在设计探究问题时要考虑学习者的兴趣,以提升他们的探究积极性。不过,科学探究的问题并非都是完全预先设定的,很多问题是学生在探究过程中涌现的。在探究过程中涌现拓展性或者更深一步的问题这一现象本身即是科学探究活动的巨大收获,它从另一个侧面反映了学生探究的自主性和这一过程中思维的活跃程度。

2. 作出猜想(假设)的方法。猜想(假设)常常被认为是无规律可循的,依靠的是直觉或者某种类似灵感的东西。但猜想和假设并不是凭空作出的,而是同我们已有的相关知识和经验有关系,也同更具概括性、更为一般化的方法和策略有关系。合理的新假设是学习者在相关知识的基础上通过种种逻辑推理的方法作出的。我们常常也可作出一些有意识的努力,作出更为合理的猜测和假设。如,在一次在关于 SO_2 的探究中,学生通过类推的方法对 SO_2 的性质作出假设:第一个假设 CO_2 能与水反应生成碳酸,使紫色石蕊变红;CO_2 会使澄清的石灰水变浑浊,若过量通入,又使浑浊溶液变澄清,那么 SO_2 也可能发生同样的变化;学生又根据已学过的氧化—还原反应的知识分析 SO_2 中的硫的化合价的特点,再次提出假设:SO_2可能有氧化性和还原性。再如探究铁生锈的原因和生锈快慢的影响因素,如果了解了铁和铁锈的化学成分和氧化反应,那么就容易对研究的问题作出更为合理的假设。

3. 进行检验的方法。通过观察、实验、资料获得经验数据,通过推理进行论证,这是进行检验的常用方法。

观察是获取有关研究对象的感性特征的重要手段之一。我们通过感觉器官接受外部世界的各种刺激,了解外界事物的面貌,就是观察。科学的观察不以此为限,它是"在一定的思想或理论指导下、有目的的、主动的观察"。同时科学的观察"往往不是单纯地靠眼耳鼻舌身五官去感受自然界所给予的刺激,而是要借助一定的仪器去考察、描述和确认某些自然现象的发生"。[①] 观察必须坚持客观性,对观察对象和结果采取实事求是的态度。进行科学观察的过程中,研究者要根据研究的内容和假设,提出观察任务,组织观察的实施,选择适当的仪器装备,记录观察结果。也就是说,观察者在这一过程中也保持着能动作用。

观察分为自然观察和实验观察。自然观察是指在没有任何人为控制的情况下,对自然状态下的事物、现象的观察。例如,让学生观察铁的锈蚀、农作物的生长、太阳光的反射现象等,都是自然观察。实验观察是在人为干预、变更或控制实验条件的情况下所进行的观察。科学学习与教学中的观察多为实验观察。

进行科学观察应该:坚持观察的客观性,即要从实际出发,实事求是,本着事物的本来现象去反映事物,不可主观虚造;坚持观察的全面性,即要从多个角度去观察,来把握观察对象的各种属性、关系和变化,克服观察中的片面性;坚持观察的目的性和典型性,观察要有目的,要选择有代表性的观察对象及观察位置,把握良好的观察时机,以确保观察的结果具有典型意义,同时又避免观察过于复杂化;观察与思考相互渗透。边观察、边思考,在观察过程中进行积极的思维活动,可增进对事物的理解程度。在对观察结果进行分析、研究和处理时,要注意考虑观察的条件性、相对性和严密性;做好观察记录。记

[①] 刘大椿.科学技术哲学导论[M].北京:中国人民大学出版社,2000:121.

录是一种有效的信息储存方式,是常用的科学研究方法。它可以督促学生坚持观察的客观性、全面性、系统性、思维性和目的性。

实验是科学探究的另一种基本手段。"实验是人们根据一定的研究目的,利用科学仪器设备,人为地控制或模拟自然现象,使自然过程或生产过程以纯粹的、典型的形式表现出来,以便在有利的条件下进行观察、研究的一种方法"。[1] 科学实验是在明确目的指导下的活动,要求简化、纯化以至强化自然过程,而且往往实行模型化的原则,建立对象系统的简化模型来研究真实的对象系统,从而获取有关对象系统的知识。科学实验过程具备可重复性,可以反复进行,克服了自然过程难以重复的缺点,增强了研究者探究自然世界的力量。[2]

教师要引导学生做好科学实验,掌握科学实验的一般方法,如明确实验目的,即了解实验的理论设想,要解决什么问题,进而知道怎样控制实验条件,选用适当的实验装置和具体方法,以获得预期的结果。在科学探究活动中,还要注意培养学生坚持观察、思考与实验相结合,学会运用实验的方法解决科学问题。

通过实验,不仅可以帮助学生形成科学概念,理解和巩固科学知识,获得熟练的实验技能,而且,通过有计划、周密细致地观察实验现象、分析、推理和判断等思维活动,有利于学生形成综合运用知识技能解决问题的能力。

测定是指用数据来表示物理量所进行的一种操作,它属于实验中进行的一种量的观察。物质的许多属性,如,熔点、沸点、密度、溶解度、分子量、质量、气体体积、电压、电流、浓度、速度、等等,都需要通过实验测定的方法来认识。

为了确保对事物性质认识的准确性,必须注意测定的精度。为此,测量仪器的精确度要高,试剂的纯度要达到实验精度的要求,条件控制要严格,操作要规范、正确,观察现象和读数要准确。

科学研究中经常采用的数据处理方法有这样几种:(1)在同样条件下重复实验2~3次,取平均值,以使测得数据更接近真实值。(2)与有关数学表达式建立联系,揭示某种量的属性。(3)表格化,即用必要的竖线和横线按需求

---

[1] 刘大椿.科学技术哲学导论[M].北京:中国人民大学出版社,2000:123.
[2] 同上:121.

组成表格,把测定和计算出的数据依次填在其中,可以较容易地发现数据之间的关系及变化规律,当然,借助计算机数据(表格)处理软件更为准确和方便。(4)图示化。可以在表格化的基础上,进一步做出坐标图或数据变化曲线,更为直观地揭示某种现象或趋势。

通过已有收集资料,利用他人的研究成果也是进行科学探究或对猜想(假设)加以检验的方法。在学校学习中,由于研究条件和研究时间的限制,使得这种方法对于许多科学探究而言是一种更为可行的有效方法。他人的成果只要是通过严格的观察和实验得来的,就可以用来解决自己面临的问题和任务。要注意的是,这里利用他人研究成果进行探究与直接通过听讲获得科学知识有很大的不同。这里讲的利用已有研究成果并不是学习活动的全部,它仍是为了解决自己面临的问题,为自己的探究活动服务,或用于证实自己的猜想和假设。

在通过观察、实验和收集资料获得了相关的数据和信息后,还需要通过科学抽象、推理论证才能真正从活动中获得科学知识。让数据和信息"说话",还要借助多种推理方法,如归纳法、演绎法、数学建模等。

第二节 科学教学变革案例透视

一、案例:"儿童的生物学"(BioKids)[①]

(一)"儿童的生物学"简介

"儿童的生物学"是密歇根大学教育学院南希·巴特勒·松格(Nancy Butler Songer)参与开发的系列科学教育课程中的一种。该课程面向六年级的学生,旨在引导孩子发展各个具体领域的科学探究和推理能力,特别是根据证据形成科学解释、分析多种类型的科学数据(表格、图、地图等)、以相关证据为

[①] 本案例编译自:Songer, N. B. Biokids: An Animated Conversation on the Development of Curricular Activity Structures for Inquiry Science. In R. K. Sawyer (Eds.), The Cambridge Handbook of the Learning Sciences [M]. New York: Cambridge University Press, 2006, pp.355-369.

基础建立假设和进行预测。研究的背景包括两个方面：一是在国际学生学业成就评价中美国四年级学生在科学领域的排名位于中等以上，而八年级学生的成绩排名则下降很多，这引起人们对于两学段之间学生的科学学习给予更多关注；二是大量研究表明，这个年龄段的孩子能够对复杂的科学现象进行有引导的推理，因而是科学能力发展的重要时期。

课程为期一年，包括三个单元，每个单元8周，三个单元采用相同的活动结构。三个单元的主题是(1) 生命科学：生物多样性；(2) 地球科学，天气；(3) 物理学：简单的机器。这里介绍的"儿童的生物学"是第一单元中的一部分。

这部分的主要内容是生物间的互动关系和生物多样性。相关研究表明，促进对于生物间的互动作用的复杂思维并不容易。儿童已经拥有一些与此相关的概念，如食物与能力、天敌与猎物。很多与生物相关的活动将概念过于简单化，限于从物理特征进行观察或者分类，而不是去进行深入的探究。活动很少超越有关单个动物的事实，去研究动物、栖息地和环境之间的关系，或者形成对于高级概念（如适应、保护）的理解。

根据这些情况，本项目强调内容和活动的统一，即内容领域的基本科学事实和逼真的推理活动的统一，让学生：

- 学习物种的丰富度和生物多样性的概念。
- 识别和描述校园中的多种动物栖息地。
- 理解微生境对于不同物种的支持作用。
- 用他们的观察和数据来表述自己校园中不同物种的丰富度。
- 用自己收集的数据研究生物多样性的概念。

研究者设计的活动结构，见表7-1。

表7-1 "儿童的生物学"等科学教育课程的活动结构

课程阶段	活 动	探究目标	内容目标的例子	技术的作用
介入 (Engage)	学生观察校园，将其看作动物的栖息地；收集数据，对校园进行测绘	学生开始介入教师、材料或者其他人提出的问题	学生识别和描述校园中的多种栖息地	无

续 表

课程阶段	活 动	探究目标	内容目标的例子	技术的作用
探索 (Explore)	学生探索使用野外研究者用的工具,了解有关动物分类的知识。学生在校园中收集有关动物的物种和栖息地的数据	学生在教师的指导下收集数据	学生根据可观察到的物理特点和结构察看、描述和识别有机体	引入和使用掌上电脑(PDA)上的电子追踪器(Cyber Tracker)工具,以准确、高效地收集和组织数据
解释 (Explain)	学生分析收集到的数据,确定生物多样性和丰富度最高的区域	学生在教师的指导下根据证据提出解释	学生通过观察并运用数据来描述校园中动物的丰富度和多样性	学生运用数据来进行分类观察和分析。学生绘图并分析用掌上电脑收集的数据
综合 (Synthesize)	学生运用有关具体动物的知识探索食物网和动物的互动关系	学生在教师的指导下从证据中形成解释	学生解释物理特点和行为特点如何有助于一个物种在其环境中生存	学生运用"动物分类"软件(Critters Catalog)收集有关动物的数据,将用掌上电脑收集的数据转变成其他形式(图表等)

  本项目特别开发了支持学习的技术工具。科学家在对于生物多样性这一主题进行研究时常常使用两种资源/工具,一个是电子追踪器,是科学家开发的用于掌上电脑操作系统的软件,研究者可以用来便捷地记录见到的动物状况。软件的界面上显示了各种动物的图形,研究者在看到动物时就在相应的图上点击,以记录观察到的动物种类和数量。另一个是以动物多样性为主题的网站(Animal Diversity Webmail,简称 ADW),这个网站中有关世界各地动物的自然史、分布、分类和动物保护的数据库。在本案例中,研究者将科学家应用的工具加以改造,使之成为适用于学习者进行科学探究的认知工具。其中对第一个工具仅仅进行了词汇上的调整,对于第二个,也就是网站中的数据资料进行了文字改写和重新编排,使之适合这个年龄段的孩子。

  本项目重点考虑的科学学习目标包括:从证据建立解释、分析数据、作出假设和进行预测,因而,学习者收集和组织数据是非常重要的基础。在重新设计认知工具的过程中,研究者在电子追踪器的基础上开发了电子表格,方便学生清晰、简洁地记录他们在校园中收集到的关于动物物种和其数量、栖息地的数据。

项目实施中进行了科学探究能力的前测和后测,发现学生在提出正确的论点和提供完整的证据方面有很大的提高,解释观点和进行预测时给出不正确证据的状况显著减少。

(二)案例分析

本案例的典型特征表现在三个方面:一是学习目标的定位,二是活动结构,三是学习工具的开发和使用。

在学习目标的定位上,本案例凸显了掌握领域的基本科学事实和培养科学探究与推理能力的统一。在基本科学事实方面注重概念的理解和高级概念的形成,注重通过动手参与的逼真的科学探究实践,形成科学概念和发展科学探究与推理能力。教育思想史上长期存在形式说和实质说之间的争论,而当代的学习科学对于专家知识特征的研究则表明了两者的相互依存性:专家与新手的差异不仅仅表现在一般能力或者策略应用上的差别,专家还获得了宽厚的知识,这些知识影响到他们所关注的事物,影响到他们如何在环境中组织、再现和理解信息,进而影响到他们记忆、推理和解决问题的能力。[①] 对于学生来说,他们的一般科学能力的发展也是在具体知识的形成过程中产生的。本项目实施过程中,活动的表层是学生对自己校园的生物多样性进行科学考察,进一层是理解这些生物(他们的校园中的生物)的丰富度和多样度,进一层是理解生物多样性的概念和其研究方法(收集数据方法、分析指标等),再进一层是提出观点、假设、解释(如解释物理特点和行为特点如何有助于一个物种在其环境中生存),理解高级的概念和科学原理(如微生境对于不同物种的支持作用)。可见,对学生的科学方法和科学精神的培养都融入在学生动手参与的科学探究活动和以科学为主题的对话交流活动之中了。

本案例在活动结构方面的特征表现为设计方案将逼真的科学探究活动和

[①] 约翰·D.布兰思福特,等.人是如何学习的——大脑、心理、经验及学校[M].程可拉,等译.上海:华东师范大学出版社,2002:33.

学习活动的基本要素结合起来,以前者带动后者,从而实现了学习活动对科学探究活动的模拟。在这个学习项目中,学习者对于校园中生物多样性的考察、分析,同科学家对于某一地点的这一问题的考察在活动结构上是相似的,包括收集物种的数据、对考察地进行测绘、对数据进行分类处理和表征(转换为图表等其他形式)、评估生物多样性等、对生物多样性状况进行解释等。这里,"校园"变成"野外","学习者"变成"科学家"。

为了使这种探究活动适合六年级的孩子学习,活动进行了精心的设计:(1)将考察的区域确定在学生非常熟悉的校园,既可以激发学生的研究兴趣,也有利于学生调用已有的相关经验。这里借用生活场景并不是简单地"回归生活世界",而是让学生以科学的方法重构生活世界,因为研究的对象是生活的世界,而研究的问题是科学的问题,研究的方法是科学的方法,所以在过程上是"走进科学世界"的。(2)活动的双重指向,也就是,活动既指向问题本身(校园的生物多样性)的研究,也指向科学概念、方法的掌握,在这里主要是掌握生物多样性的概念和研究方法,理解生物间的互动关系、生物和栖息地的关系。如本书中多次提及的,这些知识不是教师告诉学生的,而是学生通过科学探究理解和掌握的。在本项目中,问题解决本身也有着独立的价值,比如可以形成一份关于校园生态保护的方案。(3)科学探究过程中设计了许多学生间的合作和交流活动,这些设计可以为学生提供智力和情感上的相互支持与协作,尤其是,整个过程中的交流还可以将对于问题的科学探究和思维过程外显,支持同伴间的相互学习。

工具开发是这个案例中的又一个突出特点。同活动结构相类似,工具开发既考虑了与研究者所用的工具在本质上相同,又将研究者的工具加以改造,使之适合学习者。工具的使用使得探究活动更具有真实性,也支持了学习者的科学思维过程。比如在这个项目中,电子追踪器上的分类方法和记录项目展示了进行这一主题研究时所用到的关键指标,ADW 网站则为学生提供了丰富的资源支持,比如,他们在尝试对"物理特点和行为特点如何有助于一个物种在其环境中生存"作出解释时就可以调用资源建立假设、作出预测和进行验证。

确立什么样的学习目标、通过什么样的活动达到这样的目标、用什么样的工具和资源支持学生的自主学习,这些是设计者在课程教学开发的过程中经常遇到的问题。在这三个方面,"儿童的生物学"都提供了有益的参考。

二、案例:供水的氟化[①]

(一) 案例简介

本案例的学习内容是公共供水的人工氟化问题,分为两个部分:第一部分是让学生阅读背景知识,回答问题;第二部分是交流讨论活动,学生先两人合作填写关于水的氟化及相关问题的调查表,然后在四人小组和全班范围内交流。学习活动共2课时。设计者厘定的这一部分内容的学习目的包括:

- 补充牙齿和卤素方面的知识。
- 增加对氟化问题的背景的了解。
- 指出在水的氟化这类可引起争论的问题上是没有"正确的"答案的。
- 增强辩论的能力和提高参与辩论的兴趣。

教材中首先结合图示描述了牙齿被腐蚀引起的牙痛的过程,并提到牙医的观点:防止蛀牙的一种方法是摄入氟离子,这些离子可以取自像氟化钠这种氟化物,可以将氟化物投放到饮水中,但是很多人反对这么做。

在第一部分的阅读材料中,讨论了这个问题的起源以及几件相关的事件。科学家注意到生活在水中含有天然氟化物的地方的人,他们的牙齿似乎更能抗腐蚀,调查研究证实了这一点。在这段简单的叙述之后,教材提出了几个问题:

- 如果科学家想要确定结果是由于氟化物而不是其他物质造成的,那么实验的关键部分应该是什么?
- 为什么科学家不得不为此项实验的结果等那么长时间?
- 为什么对3岁儿童防止蛀牙的实验结果最明显?

[①] 本案例编自:青岛外国教材研究所.社会中的科学和技术(英国中学理科变革教材)[M].青岛:青岛出版社,1999:197-202.

之后,教材讲述了对第二次世界大战期间一些儿童被疏散到水源含氟量少的地区后发生的事情,用柱状图展示了对这些儿童的牙齿状况进行调查的结果,让学生:

- 解释图中得出的关于氟化物的效果的结论。
- 假设自己是国家水净化运动的一名成员,反对在供水中加氟,怎样反驳这个证据?

教材接下来谈了目前供水氟化的情况,列举了一些人反对供水氟化的理由,还讲述了一些国家的议会对于氟化法案的辩论。这部分的最后谈到了获取氟化物的其他途径(茶、牙膏、氟化物药片)。针对这部分内容,教材中提出了三个问题:

- 有人说自己的女儿在化学学习中知道氟是最活跃的元素,所以说会对牙齿形成破坏,不应该在饮用水中加氟化物。你将如何向他解释他的断言是错误的呢?
- 除了氟化物,你知道加入饮用水中的其他物质吗?为什么要把它加在水里?
- 调查你所在地区的供水中是否加了氟化物。

在第二部分的活动中,要求两个学生一起完成调查表并进行交流(见表7-2)。

表7-2 关于氟化的调查表

	完全同意	同意	不能肯定	不同意	坚决反对
1. 氟化物使牙齿的腐蚀减少50%					
2. 对牙齿腐蚀的减少是微乎其微,差异并不比你期望的明显					

续　表

	完全同意	同意	不能肯定	不同意	坚决反对
3. 牙齿的腐蚀是由于饮食中的坏习惯引起的,如吃糖太多,刷牙次数太少,而不是因为缺氟化物					
4. 饮用水氟化的依据是完全可以信赖的					
5. 氟化物是非常安全的,没有人会受氟化物的毒害					
6. 氟化物是可怕的毒药					
7. 氟化只是排放工业氟化物废物的途径					
8. 用人工氟化的方法使水中氟化物含量达到1毫克/升,并没有使水变得"正常"					
9. 氟化物剥夺了人们决定自身吸收什么的一项人身基本权利					

教材在最后提供了拓展讨论题：

- 假如发现了一种物质可以阻止人们吸烟,你会赞同把它加入饮用水中吗?
- 假如有一天有把避孕药加入水中以阻止生活在该地区的绝大多数人生育的可能,你认为这种做法公正吗?

（二）案例分析

本案例在目的指向、活动设计方面都有突出的特点。

在目标指向方面,这一案例特别强调对科学性质及其与社会之关系的认识。社会中的科学问题常常不能诉诸对于"是什么""为什么""应该怎么"等问题的"正确"回答,因为这些问题涉及社会生活中的多个层面。设计者在本节课的目的中包括了要让学生认识到"在水的氟化这类可引起争论的问题上是没有'正确的'答案的"。可以说,这种目的的设计指向于学生对学科本身的"大观念"层面上的理解,即,理解一个学科是什么,是怎么回事。这是比学科中的核心概念(比如科学中的"能量")更高的一个层面上的理解。这种目标指向不仅有助于支持学生对于具体科学知识的理解,更有助于学习者理解体会科学知识学习的意义所在——它不再仅仅是考试的准备,而是和学习者自身、学习者生活于其中的社会有着密切的联系。这节内容中,氟化问题是和自己的牙齿保护、自己饮用的水和自己所在社区/社会的制度相联系的。

在活动设计方面,本案例在三个方面有着突出的特点:问题设计、活动空间、活动规则。在问题设计方面,设计者将氟化这部分科学知识与学习者个人生活、社会生活关联起来,与历史事件关联起来,使得科学探究活动有着鲜明的社会价值,凸显了科学与生活的关系;问题设计具有层级性,从核心知识所涉及的问题出发,逐步深入,直至最后的拓展性问题。从活动空间看,本案例的问题内容具有开放性,基于问题的活动不是指向于"正确"的答案,而是要求学习者提出基于证据的观点,这种问题的设计为学生的探究活动提供了充分的空间,他们可以从资源出发、从自身的经验出发,从自己的观点中隐含的世界观、价值观出发,提出、阐述、辩护或者不断修整自己的观点。在活动规则方面,设计时提供了明晰的问题和活动指导,还让学生通过工作单(表格)的形式记录讨论的结果,这些有助于自主、合作的探究活动的推进。

参与科学论争及社会科学议题的对话是科学教育变革的重要路径。本项目的设计则以一种学校课堂上可行的方式,提供了让学生有机会就与科学技术有关的社会问题进行对话。在本章的前面曾经提到,科学的价值不仅仅在于它的功用性的方面,也在于它的批判性精神、创新精神。后者甚至对于社会的进步有更大的功用。有了参与这种科学对话的真实经验,科学教育的价值才能够更好地实现。

三、案例:WW2010

(一) 案例简介

这里,我们以第四章曾经提到的 Weather World 2010(气象世界 2010,简称 WW2010)项目为例。该项目旨在通过网络资源的强大功能,为学习者提供学习气象及相关知识、进行气象领域科学探索的网上平台,所有内容、工具和活动方案均可以通过网络获得,网址为 http://ww2010.atmos.uiuc.edu/(Gh)/home.rxml。

WW2010 提供的基本网络资源包括五个部分:(1)在线向导;(2)历史档案;(3)当前天气;(4)关于 WW2010;(5)帮助索引。这五个部分之间,通过无数的超链接而结合在一起而成为一个立体网络。学习者可以根据自己在学习过程中的特定需要和兴趣,迅速定位于或者转向任何一个部分的探索。前三个部分是主体,在此简要介绍。

在线向导利用多媒体技术和网页的动态效果,直接提供了大量的学习资源和学习指导。这些资源由文本、图表、动画、计算机模拟、音频和视频组成,介绍这个科学领域的主题和概念,提供气象探究的指导和建议。在线向导的内容包括气象学、遥感、阅读和理解气象信息图、项目与活动四部分。在气象学和遥感部分,各包括若干模块,介绍该领域的知识。在每一个模块中,都有对相关概念、知识及其与天气的关系的介绍。如,在遥感部分,介绍了雷达的基本原理、雷达图像的说明,以及在预测和预报恶劣天气中能对雷达提供的信息加以分析和处理的应用软件。在阅读和理解气象信息部分,包括阅读和理解世界时间、温度、地面观测图、地面图、高空观测图。项目与活动部分又包括开放项目、课堂活动和教师参考三个部分。开放项目中提供了两个例子,一是"1993 年超级暴风雪"的案例研究,学生可以在导航系统的帮助下,对当时的气象信息资料进行重新收集和分析,通过项目活动揭示与暴风雪来临相关联的气象特征及其变化过程。二是"我来预报天气",学生可以在导航系统的帮助下,利用网上的实时信息资料,对自己所选取地区未来几天的天气进行预测,并同实际的天气情况进行比较,以检验自己预报的准确性。课堂活动以气象学的基本主题为线索,每一主题包含基本知识、主要问题、真实实践,真实实践是利用实时气象资料,对各主题的相关知识加以应用。每一主题的学习在课堂上需要大约 90 分钟时间。针对每一课堂活动的主题,教师参考中都提供了相应的教学资源和问题的答案,供教师在教学时选用。在活动过程中,师生可以随时同在线的气象学家进行联系,与他们进行讨论和交流。

在线向导的整体框架如图 7-1 所示。

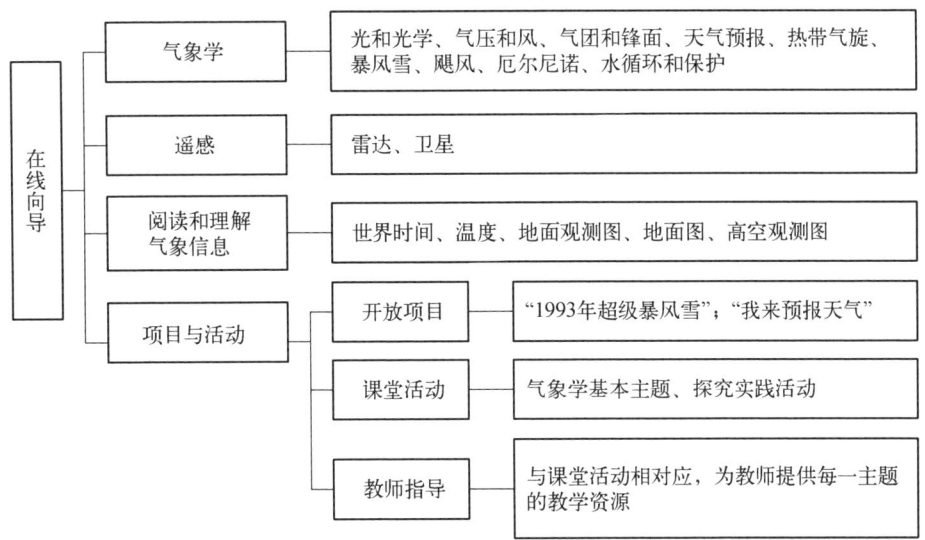

图 7-1 WW2010 的在线向导结构图

WW2010 在历史档案中提供了四份内容详细完整的气象研究的案例,每个案例中都包括了记录在档的数据库和气象产品,如卫星图像、地面图、雷达图像,也包括当时个人拍摄的照片。这四个案例分别是：1996 年 11 月 9 日爆发的退伍军人节暴风雪、1996 年 4 月 19 日爆发的龙卷风、1993 年 12 月 3 日爆发的超级暴风雪、1992 年 8 月 22 日爆发的安德鲁飓风。学习者可以利用当时记录下的大量数据和相关资料,对这些天气现象进行分析研究。

在当前天气部分,网络提供了大量的链接,学习者可以以此链向气象研究机构和气象服务部门,获取当前全国各地的气象资料。当然,这些资料是按照气象学上通用的形式发布的,如卫星云图、雷达图像、地面图、近期天气记录等。学习者可以利用这些数据、资料对各地天气进行预测,或者对以往某一时间(在资料许可的情况下)的气象数据和天气实况之间的关系进行分析。

除了这三个部分外,在"关于 WW2010"部分,对开发这一项目的宗旨、历史、相关出版物、使用条件等内容进行了说明,还提供了简明的使用指导。在"帮助索引"部分,对整个项目中所涉及的每一个主题进行了详尽的阐述,并建立了站内的相应链接。

(二) 基于 WW2010 的学习活动设计

此项基于网络的学习探究活动,为学习者以不同方式从不同起点入手进行学习提供了支持。WW2010 为学习者和教师提供了向导,按照该向导一步步前进,可以依次学习气象学基本知识(气象学、遥感、阅读和理解气象资料)、通过在档案例分析巩固知识、进行气象预报的科学实验活动以应用和检验知识。这种方式同传统的学校学习方式有许多类似之处。

但是,熟悉这一学习环境的学习者和教师会发现,他们可以从任何一个地方起步进行探究,而且不同知识背景、不同学习风格的学习者可以根据自己的实际状况进行多种选择。上面所述的类似学校中的传统学习方式适合那些已经非常适应那种方式的学习者或者刚刚接触网络学习的学习者,其他的学习者则可以有完全不同的选择。例如:

1. 从基本知识和技能入手,从部分到整体。学习者可以从阅读和理解气象资料(如温度图、海平面气压图)这一基本技能的学习入手。开始时先识别图中的符号,但是要理解这些图的意义,就可以同时进行与此直接相关的气象学基本知识的学习。该学习环境也提供了这种引导。学习者可以从档案资料找到过去某一时间的各类气象图,进行阅读和理解,探讨图中描绘的气象信息与天气变化的关系(案例研究中提供了当时的各种气象资料)。如果通过在线天气资料查找当前的气象图,就可以进行天气预报了。由此可见,从阅读气象资料这个基本技能入手,可以自然地同气象学知识的学习、案例分析研究以及天气预报活动结合起来,过渡到整体的学习。

2. 从活动入手,融基础知识和基本技能的学习于活动之中。例如,学习者可以和教师一起,进行预报天气的活动。当然,在这之前,学习者需要对气象学的基本知识有一定的了解。学习者可以在活动过程中深刻理解这种科学活动所涉及的知识。网络提供了天气预报员在预报天气时具备的主要条件:气象资料和资料评估工具。学习者可以选择一个城市或地区,通过互联网获得该地当前的气象资料,并利用资料评估工具(应用软件,网上提供)对获得的资料进行分析,然后作出预报。之后可以对天气实况进行观测和记录,以和自己的预报结果进行比较。对学习者而言,这类活动无疑是令人兴奋的。为支撑学习者的探索活动,网络提供了预报天气的主要技术性知识,如:观察天气状况,寻找可能影响所在地区天气的重大天气特征(低气压中心、暖锋、冷锋等);获取12小时以前的天气图,看这些特征在这段时间内的移动速度,用趋势法(trend method)估计这些特征何时影响到所预报的区域;利用预报模式,……对于在天气预报过程中涉及的基本概念和与这些概念相关的气象知识,网络都提供了超级链接,对此不够熟悉的学习者,可以"遇河搭桥,逢山开路",链向这些内容,或者通过帮助索引进行查询,通过站内链接链向这些内容。如对暖锋不了解,就可以链向暖锋的页面,该页面告诉学习者什么是暖锋、暖锋在气象图中的表示法、暖锋对天气的影响。

3. 从案例分析入手。目前,WW2010提供了四个典型天气案例,在每一个案例中都提供了详细的历史资料。如,在"1993年超级暴风雪"这一案例中,该暴风雪发生期间的地面图和卫星云图、风向和风速、海平面气压、低气压、当时的降雪状况等数据资料一应俱全,学生可以根据自己探索的主题选择和利用这些信息。WW2010在这些案例研究中安排了活动指导,学习者可以借鉴这些活动流程的建议对这些案例进行探究——这一点也充分展示了网站的学习化特征,即不是单纯地呈现资料,而是使之成为可以在其中进行学习探索的空间。建议的活动流程包括:开始活动→收集数据→选择主题→活动进行→与气象学家交流→研究教师的问题。在案例中,还提供了该项目的简介、对基于案例的课程目标的分析、对所需要的先备知识的分析等,从而为教师和学生有效开展探究活动提供导引。我们在此仍以"1993年超级暴风雪"为例对案例探究活动加以介绍。在开始活动阶段,要求学习者回忆和记述当时暴风雪发生时的个人经历,如果没有经历过这次暴风雪,可以回忆自己经历过的类似天气事件。这种回忆不仅可以激发学习的兴趣,还能让学习者分析事件发生时的具体特征。在收集数据阶段,要求学习者收集当时的温度、风和天气的实况等,并要求学习者在地面图中用气象学中的标准方法记录下这些数据,这一步主要是练习气象研究的基本技能。在选择主题的活动中,学生可以选择在上述活动中发现的问题或者资料中推荐的问题(这里提出了三类共10个问题),包括在数据中发现的关于天气变化总趋势的问题、在某一个气象站点的数据中发现的前后变化的问题以及有关气候特征的问题。在下一步进行探究时,WW2010提出了解决各相关问题所需的支撑性活动,如,要研究为什么一个气象站比300英里外的另一个气象站的气温要高出许多这个问题,就要对气旋和气团进行分析。学习者借助这些指导对自己或研究小组选择的问题作出解答。之后可以同协作的气象学家联系,请他们进行指导或和他们一起对相关问题进行进一步研究。最后,教师通过提出问题的方式,让学生对问题和相关的支撑性活动进行回顾。

这里仅仅是三个学习活动流程的例子。需要指出的是,这里的学习不仅是多途径的,个别化的,而且每个可能的学习流程都是非线性的、未事先预设的。学习者和教师可以根据实际需要,在知识、技能、活动、案例等几个领域自由穿梭。这为弹性化的教学设计提供了保障,同时也对教师提出了更高的要求,他要具有高度的教学机智,随时根据对学习者学习状况的判断进行引导。在没有教师的情况下,学生也可以进行自主的学习,不过这需要他们有相应的元认知能力,能够自主认识和调节自己的学习。

(三) WW2010的特征分析

从WW2010所提供的资源方面看,它是一个大容量的数据库,提供了过去和当前的气象数据,这个数据库是完全动态的、开放的。在数据、信息、资料的丰富性方面,WW2010提供了历史的、近期的和当前的气象资料,尤其是当前的气象资料,它能够在线保存数周的数据资料,供学习和研究之用。它所提供的气象资料,既包括高质量的传统气象产品,也包括一些独特的新产品,如等熵图、预报模式对照图。在呈现这些数据、产品的时候,尤其注重通过技术手段突出最为重要的特征,以更好地适应使用者的需要。WW2010每24小时会自动产生3 600张粗略的当前气象信息图,包括标准的地面图、雷达图像、高空云图和卫星观测图,以及预报模拟产品,这一点无论在技术上还是提供的服务上都是非常独特的。在信息的组织上,WW2010提供了清晰的导航。导航主要是通过在每个页面上设置导航工具条实现的,该工具详细地呈现了整个网站的结构。无论读者当前在哪一个页面上,都可以通过这个导航工具清楚地发现自己在整个网站中的位置,从而可以做到置身于信息的汪洋大海中而又不被其淹没。同时,使用者可以按照自己的需要,根据导航工具的指引,在任何时间从自己所在的任何一个页面直接链接到自己感兴趣的页面。可以说,整个网站的导航系统不仅是一种信息组织的良好方式,也反映了在这一领域进行学习和探究所需要的知识的结构。

同单纯的数据库不同,WW2010 提供了详细的解释性和指导性的资料以及课程资料、气象档案资料、特殊天气的案例库(尽管相对少了一点)。它不仅仅是一个数据库,而且进行了学习化的设计,还是一个学习工作室、气象研究室。这里所说的学习化设计,指的是使得信息的呈现方式适合于学习。这一点至少体现在四个方面,一是知识呈现与探究活动相结合;二是提供丰富的链接,这些链接使学习者在浏览网页或者按照活动指导进行探究活动的时候,可以马上链到相关的或者需要进一步了解的知识;三是提供大量的帮助索引,包括:对于每一个可利用的产品,都有一个相应的帮助页面介绍这个产品的使用领域和提供使用说明;对于每一个关键字,都提供了在地球科学中有关基本概念和原理的说明信息和摘要;从帮助索引到在线向导的链接给用户提供了可供选择的研究主题;四是提供了适应多种背景的人进行学习的学习环境,学习者可以根据自己的先拥知识和学习风格,充分利用提供的各种资源,自主地安排自己的学习。WW2010 提供的清晰的导航系统、详细的帮助索引、丰富的超级链接、明确的学习指导和多种备选的学习流程,使学习者可以量身定制个性化的学习方案。因此,该学习环境具有很强的适应性,不论是完全不懂气象学的门外汉还是气象专家,都可以利用这个学习环境,进行适合自己情况的学习和探索,进行气象预报工作。总之,WW2010 提供的资源发挥了多媒体和网络的动态性能,提高了这些资源在促进学习方面的潜能。知识的有组织呈现、多途径的链接促成的无限通达性、真实探究活动的安排、呈现信息时充分利用图表、动画、视频以及实时和历史资料等手段,都有助于提高这一潜能,有助于通过提高用户和计算机的交互程度,为用户提供一个活跃的学习环境。

WW2010 支撑的学习,充分体现了真实学习的特点:一重是有关的知识都和真实世界、真实应用关联起来,概念、气象学应用、活动、应用案例之间高度相互关联,对于知识的获得可以提供多重的支撑,知识和真实世界之间达到了极佳的融合。气象学的每一个概念、每一项技能、每一种方法,都在阅读分析气象资料、进行天气预报的学习和探究过程中被赋予了具体而实在的意义,使其不再是抽象的字句,而是成为镶嵌于情境中的"勤性知识"(权且以此与

"惰性知识"相对)。另一重体现为,整个学习活动可以以类似气象工作者预报气象的专业活动的形式进行,因此既是相关知识技能的学习,也是一项真实的、情境化的、综合性的科学探究活动。

第八章

社会科与历史教学变革

社会科与历史这一领域的学习,可以让学习者明白其生活于其中的社会的运作机制及历史演变,有助于其成为社会文化意义上的人。从社会科研究和历史研究作为学科或者研究领域看,它们也同数学、科学、文学等一样,有其自身的知识系统和方法论,因而,社会科与历史领域的学习,也涉及学科内容的掌握和学科方法的习得,以及一般思维能力的提升。本章尝试对这一领域的学习与教学变革进行探讨。

第一节 社会科教学变革

一、社会科的学习目标和内容

以人类社会中的各种事物和现象为学习和研究对象的社会课程,因这一对象的复杂多变,社会科的目标和内容变化也较为频繁。沈晓敏对美国、日本和我国的社会科发展与变迁的研究分析很好地证实了这一点。[①]

美国是世界各国中最早开设综合社会学科并将这一学科延续近一百年的国家,其早期的社会课程以社会集团和社会功能的认识为中心,关注社会问题和社会功能。20世纪50年代的社会科变革则强调较为系统的历史学习和文化遗产的学习,追求课程的系统性、逻辑性和学术性。到了20世纪70年代—80年代,受全球主义和人本主义思潮的影响,课程中增加了全球问题的内容以及关于人类的普遍性、人与人相互依存和相互理解的学习内容。全美社会科教育协会在1996年提出的《全美社会科课程标准》提出了构建社会课程的10个主题轴:(1) 文化;(2) 时间、连续与变迁;(3) 人、地方与环境;(4) 个体发

---

① 以下关于美国、日本和我国社会课程的内容编自:沈晓敏.在社会中成长——社会主题的研究性学习[M].广州:广东教育出版社,2006:第一章.

展与认同;(5) 个人、群体与机构;(6) 权利、权威与控制;(7) 生产、分配与消费;(8) 科学、技术与社会;(9) 全球性联系;(10) 公民意识与实践。

这些轴贯穿于从小学低年级至高中的全部年级,随着学生的年龄增长,目标和内容逐渐加深,在每个年级细化为相应的知识和学习活动,构成具体的学习主题,而每个年级的单元主题是一个涉及多个主题轴的综合性学习主题。

尽管美国社会课程的内容在历史上不断变化,但是其基本领域始终包含了历史、地理、政治、经济、伦理等社会科学的诸多领域。其中,关于社会的分工与合作、美国的宪法精神、事物的变迁、环境与生活的关系几乎是不变的主题。2010年修订的课程标准继续采用这10个主题构建框架,更加明确了各个阶段学生在各个主题上的能力表现期望,加强了评价方面的指导,以更好实现课程目标。

日本的社会科肇始于"二战"后进行的教育改革,强调"社会生活中的各种相互依存关系",包括:(1) 人与人的关系;(2) 人与自然的关系;(3) 人与社会制度及设施的关系。在教学中强调围绕着学生的经验设计问题,让学生通过探寻解决问题的方法,从而习得关于生活的知识。同美国后来的发展一样,日本的社会科在20世纪60年代的改革也强调让学生系统地学习社会科学各领域的知识和探究方法,20世纪80年代以后将国际化、国际理解、多元文化等概念和一些热点问题引入到社会科课程中。20世纪90年代以来,日本的社会科更为重视方法性知识,强调教科书不是直接呈现各领域的知识,而是要呈现解决问题的学习过程和学习方法,知识自然地嵌入到解决问题的过程之中。从内容上看,日本社会科特别注重让学生探讨各行各业的运作、乡土开发、各产业的发展及其与生活的关系等。

在分析美国和日本在社会科上的共同点时,沈晓敏总结了四个方面:(1) 让学生通过具体的社会现象和社会事物去探究社会生活的本质特点,认识社会生活中互相依存的关系;(2) 认识社会各种机构和部门的功能与运作体制及其变革,引发学生思考如何改进各种社会体制,使社会更加合理发展;(3) 让学生直面社会生活中的种种矛盾、利益冲突和问题,学会多视角地认识社会,思考如何基于不同价值取向的需求,作出更合理的决策;(4) 把学习历史和地理作为培养公民的重要内容领域贯穿于各个年级,培养认识社会所必需的思维方式和各种技能。[①]

[①] 沈晓敏.在社会中成长——社会主题的研究性学习[M].广州:广东教育出版社,2006:第一章.

加拿大在社会科发展的过程中,逐渐形成了社会启蒙、社会改革、个人发展和智识发展四种范式,其中社会启蒙范式在内容上关注主流世界观历史观、关于加拿大和世界知识的核心事实、关于权利和责任的知识;社会改革范式在内容上关注另类世界观、加拿大和世界所"忽视"的事实和知识、有关人权的知识;个体发展范式在内容上关注自我认知、关于个体事件与背景的知识;智识发展范式在内容上关注社会科学的原理和基本概念、每个社会科学领域的普遍知识以及历史学的知识(高益民,郑璐,2017a)。[①] 这种多种范式并存虽然在实践中会出现一些混乱的状况,但是也给社会科课程的多元发展提供了可能。加拿大社会科课程注重课程本土化,20 世纪 80 年代—90 年代以来,对于加拿大价值观教育、公民议题等内容的关注进一步强化了加拿大社会科课程的本土特征(高益民,郑璐,2017b)。[②]

我国早在 20 世纪 20 年代就开设过社会科课程,1942 年颁布的社会科课程标准将其课程内容分为个人和社会、政治、法律、经济四大领域。1949 年以后,这一领域的教育目标和内容重点转向政治教育。1992 年重新确立了社会课程的地位,2001 年颁布的《基础教育课程改革纲要(试行)》提出的课程方案中,规定了在中小学开设《品德与生活》(小学低年级)、《品德与社会》(小学中高年级)、《历史与社会》(初中阶段)科目,作为不同学段实施社会科课程的具体科目。在新设置的"综合实践活动"中也包含了社会主题。2011 年修订的义务教育课程标准沿用了这种科目设置的方案。其中,初中历史与社会课程以历史和地理为基础,整合相关人文社会科学内容,主题包括:生活的时空、社会变迁与文明演进、发展的选择,教学方法上强调实行开放教学,发展学生的创新思维和实践能力。小学中高年级开设的品德与社会课程也是综合课程,"旨在培养学生的良好品德,促进学生的社会性发展,为学生认识社会、参与社会、适应社会,成为具有爱心、责任心、良好行为习惯和革新品质的公民典型基础"。课程内容涉及健康成长、家庭生活、学校生活、社区生活、国家、世界,围绕学生不断扩展的生活领域展开。在课程实施中强调通过创设或优化情境丰富和提升学生的生活经验,引导学生自主学习和独立思考。可以说,我国新世纪的教育发展过程中,在社会课程的内容选择与组织、教学方法的探索

---

① 高益民,郑璐.加拿大社会科课程四大范式及其规范化[J].比较教育研究,2017,(5):19-25.
② 高益民,郑璐.加拿大社会科课程的本土化演进[J].教育学报,2017,13(4):45-56.

方面是与美国、日本等国具有一致性,改变了过去政治内容为主的状况,教学过程中也改变了道德说教、政治说教的方法,具有鲜明的变革意义。

二、公民教育的研究与实践

从上述资料看,社会课程的内容范围较为宽广,变动也比较大。不过,公民资质(citizenship)的培养始终是最重要的教育目标,公民教育在社会课程中始终是最重要的一部分。这里我们就以这一子领域为主分析教学的变革。

托尼-普塔(Torney-Purta)等人在分析美国有关公民教育的研究时,总结了公民教育的三种研究思路和实践主张。① 第一种思路是研究和分析美国成年公民所拥有的这一领域的知识。在美国的政治学中这一思路有着很长的传统。具体的方法是通过公众调查,了解有关具体的政府结构、责任等以及其他政治问题的知识。研究者根据这些研究结果,建议向学生传递这些知识,并且在课堂上向学生提出更加严格的要求。也就是说,这一理论的研究与实践注重的是内容知识的掌握,而对于内容知识的界定以成年人在这一领域拥有的知识为参照。

第二类研究关注政治信任感和效能感的缺失。研究发现,人们对于问题讨论及各种传统政治活动参与不足。这类研究主张重点激发学生参与政治问题讨论的热情。相应地,在教学实践上主张师生应该在课堂上就政治问题展开讨论和探究,力图使学生有兴趣、有信心探讨自己对相关问题的意见,从而对于政治问题有一种批判的态度。在社会科的研究中,对话教学、价值澄清理论等,也采取类似的观点。

第三类研究重点探讨如何让学生有效地参与当地社区中,特别是通过"社区服务"或者"服务学习"的方式,让学生和社区更紧密地联系起来。

相应地,三类研究对公民教育的关注点分别是:内容知识、探究与讨论、服务学习。在我国的公民教育中,对学校和教师而言,内容知识是由课程标准和教材编写者确定的。实施服务学习的机会相对有限,近年来对于综合实践课程和综合素质评价日益重视,服务学习或者志愿者服务也开始增多。而探究和讨论则成为这一领域的研究和实践者关注的主要教学变革取向。即便是

---

① Torney-Purta, J., Hahn, C. L., & Amadeo, Jo-Ann. Principles of Subject-specific Instruction in Education for Citizenship[M]. In J. Brophy (Eds.). Subject-specific Instructional Methods and Activities[M]. Oxford: Elsevier Science Ltd., 2001: 376 – 377.

对于内容知识,也倡导通过探究与讨论的方式进行教学。

我国学者沈晓敏将对话教学作为促进公民教育变革的有效方法,对话教学中的主要活动形式是针对某一主题的探究与讨论。她提出,对话教学是以解决对立冲突的现实需要以及根据知识的社会性建构这一知识论为基础而进行的、以培养对话意识和对话能力以及以知识建构为目的的社会互动过程。对话教学在对知识的学习、课堂人际关系、教师作用、学习课题的选择、教学过程、学习形态以及学习结果上具有很大的优越性,有助于培养公民资质,而且对话能力本身也是一种重要的能力,需要在对话教学中发展起来。对话可以通过三个方面实施:一是与文本对话,包括阐释文本和对文本发问,让学生通过这些产生自己的理解和疑问;二是与他人对话,学生带着这些理解和疑问与同伴、教师等交流彼此的观点和主张,产生观点和理解的差异,共同讨论解决的方法;三是与自我对话,所谓自我对话,就是对自己的观点、认识以及支撑它们的事实依据进行质疑,教师可以通过思维过程的可视化帮助和支持学生进行自我对话。[①]

三、社会课教学案例剖析

(一) 案例:"日本的水产业"[②]

该案例是围绕日本五年级社会科教学大纲中关于水产业的学习内容设计的,目的在于探究日本水产业的特色与问题。教师挖掘了一份引入水产业学习的资料——渡边先生从远洋捕鱼业转行到水产养殖业,引发学生产生"渡边先生为什么转行"的疑问。学生在对于这一问题的探究过程中,了解日本水产业面临的渔业资源减少等问题,以及从事水产业的人们为保障稳定的水产供应量而作出的努力,也了解了水产业生产者的困惑和追求。以下呈现的是教学设计方案和实际的学习流程。

"日本的水产业"教学设计方案

单元目标:

- 通过对离开金枪鱼船而从事比目鱼养殖的渡边先生的营生方式的考察,了解

[①] 沈晓敏.基于公民教育的对话教学研究[M]//高文.学习创新与课程教学改革.广州:广东教育出版社,2007:197-228.
[②] 本案例来自:沈晓敏.在社会中成长——社会主题的研究性学习[M].广州:广东教育出版社,2006:138-143.

从事水产业的人们面对水产资源减少等问题仍继续为确保稳定的捕鱼量而努力的情况,并由此开始关心水产资源的保护问题以及今后水产业的方向。
- 能够从渡边先生以前的营生背景中,把握日本水产业存在的问题。
- 从环境保护角度,意识到日本水产业正在面临转折。

单元的构想(共12课时,详见图8-1,图中三个方框中的活动分别为4课时、6课时、2课时)

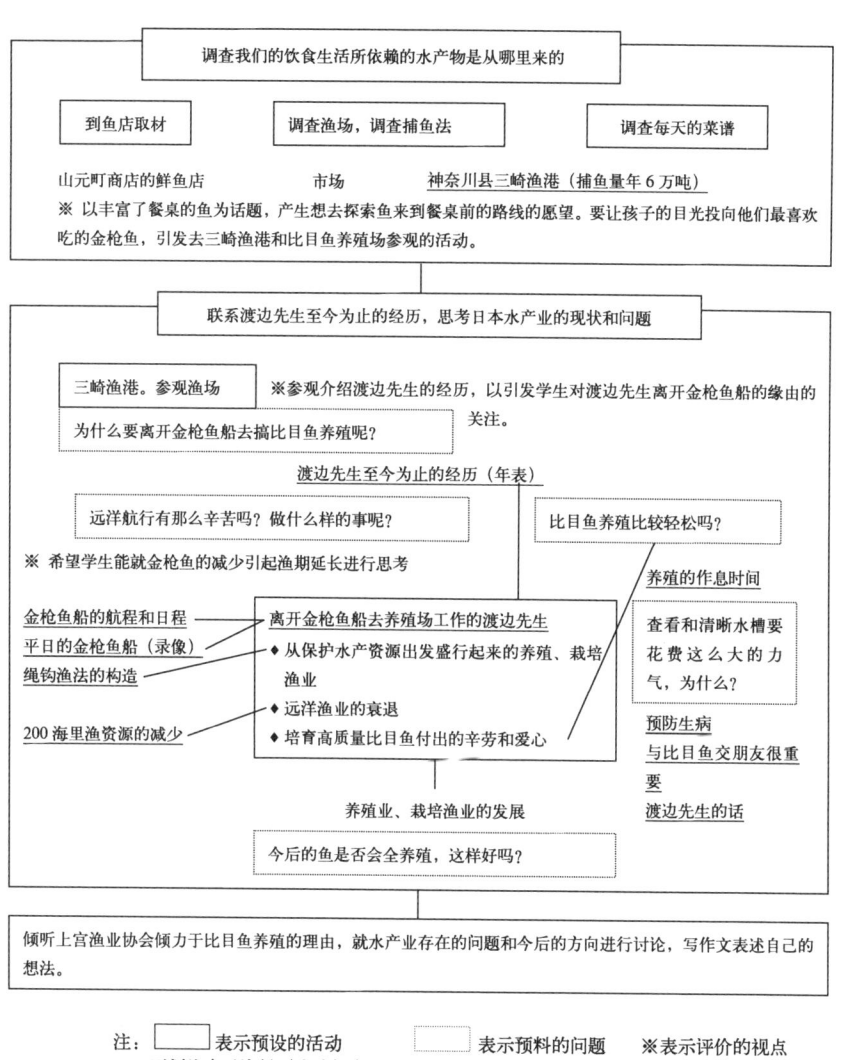

注：　□表示预设的活动　　□表示预料的问题　　※表示评价的视点
　　　下划线表示资料（成为探究对象的事实）

图8-1 "日本的水产业"单元的教学构想

实际的学习流程

第 1 节

> 喜欢什么鱼？有没有钓过鱼？

第 2 节

> 鱼捕得这么多，不会捕光吗？

第 3 节

> 捕鱼量真的减少了吗？
> 问了店里的人，说金枪鱼减少了很多　土井
> 调查一下三崎的捕鱼量吧！
> 因为鱼减少，不稳定，所以养殖的鱼增加了。　佐野

第 4 节

> 最近，三崎的金枪鱼捕获量不稳定是什么原因呢？　小野
> 自然界的东西说不准，总有捕不到的时候。　内川
> 金枪鱼用什么方法捕捞的呢？看看录像吧！
> 年轻人为什么减少了呢？　内川

第 5 节

> 渡边先生为什么不捕金枪鱼，而去养殖比目鱼了呢？（介绍渡边先生）
> 渡边先生的话（金枪鱼捕不到了）
> 因为搞养殖省力。　神野
> 伊藤先生说过，"虽然收入不稳定，但没有比干这一行更有乐趣了"。
> 我不能理解渡边先生不干的理由。　内川、小宫
> 参观三崎渔港，比目鱼养殖场

第 6 节

> 目前还是捕捞金枪鱼收入高，那为什么要离开金枪鱼船呢？捕捞金枪鱼这行有那么辛苦吗？

第 7 节

> 金枪鱼船上的工作再详细调查一下。（渡边先生航海的录像）

第 8 节

> 渡边先生对养殖工作是怎么想的？

第 9 节

> 找生病的比目鱼有那么辛苦吗？
> 为什么要离开金枪鱼船？　　内川

第 10 节

> 从事比目鱼养殖有没有价值？从事比目鱼养殖的乐趣是什么呢？
> 这时,传来有关渡边先生 9 月份开始回到金枪鱼船上的消息。

第 11 节

> 为什么又回到金枪鱼船上呢？
> 给渡边先生写封信

第 12 节

> ※最后阅读教科书,总结日本水产业的特色

（二）案例：根岸湾开发的是与非

日本小学四年级社会课有关于"乡土开发"的学习内容,各地的学校以本地区的开发史作为教材。横滨的一所小学的教师从该地区的开发史中选择该校学生熟悉的吉田新田、根岸湾和金泽角三个填海造起来的地区作为学习的主题。这里重点介绍关于根岸湾的开发这一部分内容的教学。

根岸湾开发于1956—1968年间的日本战后经济复兴期,当时日本发展以重化学工业为核心的现代工业,亟须大批土地,横滨在根岸湾填海建造了大型的石化工厂。在整个部分的教学中,教师致力于让学生思考"这个时代为什么要进行这样的开发"。在讨论根岸湾的开发时,教师还通过渔师新井因开发而不得不改变人生道路的材料,让学生了解有人反对开发的事实,由此产生"为什么不顾反对,坚持开发"的问题意识。由此问题出发,对填筑地的利用情况展开调查,从而了解工业化发展之初的时代背景,以及其中包含的环境污染和渔业补偿等现代问题,并促使学生进一步思考以后的社会如何进行更合理的开发。

这一单元的题目是:成为渔具铺老板的新井和从事填海造地事业的田中——根岸湾的开发。在这部分的教学中,主要的教学方式是对话和讨论,教师采用了贴姓名牌的方式让学生展示自己的观点和立场。本单元共12节课,主要教学过程如下:

第一节课:比较填海造地前后的海岸线,产生各种感叹和疑问。学生产生的感叹和疑问有:原来那个地方比现在有更多的自然景观;听说那里的海过去可以游泳呢;那么一大片海是怎么填的呢?学生回家后分别对这些问题进行调查。

第二节课:发表调查结果,对根岸湾填海工程发表看法。有的学生认为根岸湾过去有自然风光,人们可以在此快乐游玩,不应该填掉;有的学生认为不填海就不会有今天的根岸湾;有的认为不填海就不通电车,出行就不方便等。从这节课开始,每个学生用磁性姓名牌在小黑板上表明自己是否赞成填海工程。

第三节课:听一个学生讲述根岸湾的过去。根岸湾过去海水碧蓝,渔业资源丰富,填海时很多人很悲伤。学生继续表明或者调整自己的立场。有学生提出既然这么多人喜欢大海,横滨市政府为什么不顾人们的反对硬要填海的问题。

第四节课:讲述参观填筑地之后的印象,并在地图上指出填筑地上的各种设施、机构、公司的名称、位置。这节课的最后,一个学生发言说:听说过去有很多渔师,但去参观时没有见到,不知他们都怎么样了?从而引发渔师新井这一人物的"登场"。

第五节课：了解渔师新井的生平。学生提出"渔师是干什么的""为什么去开钓鱼渔具商品店""为什么搬了两次家"等问题。

第六节课：讨论：新井为什么从渔师变成钓鱼渔具店的老板？新井由于根岸湾开发失去了渔业权,不能当渔师了,学生提出并讨论"是谁取消了他的渔业权"的问题。

第七节课：讨论：为什么新井搬了两次家？有的同学认为市政府不为新井着想,不合情理,有的同学反对,讨论的问题从"同意还是不同意填海"转向"横滨市政府做得合不合情理"。

第八、九节课：讨论：横滨市政府做得合不合情理？学生就填海带来的好处和不利状况出发,对政府当初的决定进行讨论。讨论涉及填海以来横滨的基础设施建设和经济发展(特别是石油的开发)。学生还提出了"我坚持认为填海是为了横滨的发展,但是,今后是否也仍然需要牺牲一些人的利益来发展横滨市呢"等问题。

第十、十一节课：探讨、讨论石油的重要性与跟海岸的关系。活动从一个同学对于石油的重要性所作的调查开始,调查显示,日本消耗的石油64%靠进口,而从地理、地形角度看,根岸湾就是最好的进口港。这项调查让不少同学改变了立场。教师还说出了填海工程负责人现在的心情："自然的海岸一点儿也没留下,现在想来,不无遗憾"。他后来又负责另一项填海工程,即在下一个单元将讨论的金泽角的填海工程,学生对这个工程是否考虑更周全的问题产生兴趣,从而对后面的学习产生期待。

第十二节课：写作文,总结自己在这个小单元中学到了什么,有什么感想。

这两个案例的一个突出特点是都将社会发展的大主题转变为和学生经验相关的具体问题,学生通过对于这些具体问题的深入探究而理解社会发展的主题。具体来说,这里包含的社会发展的大主题是产业发展、区域开发以及个人、政府与社会的关系等。对于这些大问题的探讨有助于学生了解自己生活于其中的社会的发展与变迁,理解社会发展与个人发展的关系、社会发展中政府的作用和政策选择。通过对于具体人物经历的分析讨论、对于自己熟悉地方的开发历史的探究,宏大主题的学习内容变得可感、生动起来。设想一下,如果仅仅讲授国家的水产业发展状况及问题和根岸湾开发的历史事实,这些内容将会是何等枯燥。而案例中设计的活动,则使得学生调用自己的知识经验,兴致盎然地投入探讨和交流活动中。这些活动也引发了历史、地理、政治、经济等学科知识的学习,而且这些领域的学习是融入问题解决的情境中的,学生也因而有机会从不同学科视角出发思考和探索问题。这种对于社会问题的探索中,学生积极建构自己对于社会问题的理解,形成自己的观点,甚至进一步思考如何推动社会更为合理地运行,有效地以活动展开推进知识掌握、能力发展和社会责任感的发展。

两个案例的另一个突出特点是具有宽阔而充分的知识空间和活动空间。两个主题的学习过程中,指向的都是社会发展的重要问题,相应的知识不是碎片化的,也不是脱离情境的,而是融合了经验、情感、观点的系统理解,因而具有宽阔的知识空间。在活动空间上,学生展开探索的空间较大,有机会从不同角度展开问题探讨,甚至拓展问题本身。学生在活动进程中有机会充分表达各自的观点和进行对话,教师还提供了资源支持和观点表征,支持推动探究与对话活动的深入,因而活动空间非常充裕。值得注意的是,这两个案例都围绕着一个问题持续进行了很长时间的探索,这同经常出现的尽可能在短时间内涵盖更多主题的内容设计方法大相径庭。从学校建制上讲,班级授课制为主的学校模式和这种项目式、开放性的探究学习方式之间存在着一定的矛盾,这里通过课内外活动结合、项目持续较长时间的方法也解决这一矛盾。

这两个案例也涉及身份的问题。这里有两个值得注意的方面,一是社会科中公民身份的形成,二是教学活动中学习者身份的形成。换言之,学生学习活动中,对于公民意味着什么、学习者意味着什么,有什么样的体认与感知,在这种学习项目中是不同的。作为一个公民,学生是以社会发展的潜在参与者、当事人的态度去构建社会身份的;作为一个学习者,学生是以问题探究的能动者、贡献者的态度去构建学习者身份的。这种内隐的身份,对于社会科教学要培养的公民资质也必然是有益的。

第二节　历史教学变革

一、历史教学管窥

历史在一些国家或地区是社会科中的一部分内容,在很多国家或地区,历史课单独开设的或者安排在社会课的某一阶段专门学习。相比综合性较强的社会科而言,历史教学与研究的历史较长。早在古希腊,历史学家们就对历史研究的用途展开讨论,古希腊历史学家希罗多德(Herodotus)认为,历史应该描述事实,另一位历史学家修昔底德(Thucydides)则认为,历史应该指导人的行动。今天的人们谈到学习历史的原因时,通常有以下两种观点:传统主义者倡导传承文化遗产,并且通过学习历史培养忠于祖国的情感,功能主义者则希望历史和社会学科要致力于对当代社会和个人问题的理解。这和希罗多德、修昔底德的分歧非常相似。在美国学校的历史教学中,19世纪的历史教材是按照时间顺序和学科结构编制的。[1] 不同学段的学生学习不同的历史内容,教学依赖教科书的使用,学习则更多的是一个记忆工作,学生要能够书记教科书上的语句。后来才允许学生用自己的词语来总结课文段落大意。19世纪末出现了变革历史教学的主张与实践,巴内思(M. S. Barnes)反对死记硬背的历史教学方式,主张课程要具有探究精神,希望学生从严密的探究中得出结论,在教师和教材的指导下成为积极的学习者,而不是被看作被动接受历史知识的容器。他用限制性探究的方法教授历史,让学生对分析性问题、综合性问题、评论性问题展开探究。他在教学中运用挑选过的原始文献和对历史制品的解释,学生探索历史文献或者制品中蕴涵的"特殊事实",从中提炼出一般真相,来发展正确的历史和公民观。[2]

当今的历史教学依旧存在着教授历史事实与培养历史及社会问题研究能力之争。在美国,20世纪90年代,以历史领域学者为代表的布拉德利

---

[1] 约翰·D.麦克尼尔.课程:教师的创新(第3版)[M].徐斌艳,陈家刚,主译.北京:教育科学出版社,2008:183.
[2] 同上:184-185.

(Bradley)学校历史委员会的研究表明,许多学生对一些历史和地理事实和知识非常陌生。委员会认为这些知识有利于他们理解一些复杂的社会和政治问题,建议在各个年级开设更多的历史课程。后来产生的课程强调历史事实、重要的历史文献、历史年表、民主传统以及国家政治机构。也就是说,这一取向的研究者关注的是让学生知晓更多的历史知识。这种观点同强调社会热点与问题的新社会科课程形成对照。新的课程包括了历史课程、地理课程,以及旨在发展历史的"思维习惯"的政治性课程。在这种课程中,姓名、日期、地点的记忆被删除,增加了案例研究与叙事。教师会收集来自每个历史年代的动人故事,在教学单元中呈现那些里程碑式事件的"富有戏剧性的时刻"。"学生要调查历史上的重要转折点,并且学会去做选择以及认识到其结果。这些富有戏剧性的时刻基于一些原始材料——所研究的时代的文献、制品、杂志、日记、报纸以及文学。这些单元力图为学生提供机会去实践历史家的角色,分析原始材料,作出解释,建构将有关因素关联起来的叙述,以此为学生重建一种'亲身经历'的感觉"。而"单元选择的分类主要是基于历史兴趣、历史生动性、原始资料的使用,以及对学生的历史和文化素养培养的贡献。"[1]这种对于历史探究过程和历史探究能力的重视同对于掌握历史知识数量的关注确实有着明显的不同。类似地,我们不仅让学生知道一些历史事实,还想让他们理解这些事实的意义。如伯恩斯(J. P. Byrnes)所言,除了理解发生了什么,还要:(1)理解为什么发生;(2)理解为什么是一个重要的事件;(3)知道事件在重要事件发展中的位置。在历史教学中要培养三种基本的能力:(1)能够将历史事件按时间排序;(2)能够理解事件之间的因果关系;(3)能够认识到历史学家不仅记录事实,还对其作出解释,并选择对于什么作出解释。[2]

对于目标的争论直接影响了教学的方法和学科内容的组织。在历史学科内容的组织方面,是强调学科内容的逻辑的组织还是心理的组织,一直是一个争论不休的问题。主张按照学科内容的逻辑来组织,意味着重点参照历史学家完成的历史作品和学科的体系,而主张心理组织的研究者则强调将学科知

---

[1] 约翰·D.麦克尼尔.课程:教师的创新(第3版)[M].徐斌艳,陈家刚,主译.北京:教育科学出版社,2008:186-189.
[2] Byrnes, J. P. Cognitive Development and Learning in Instructional Context (Second edition)[M]. Needham Heights: Allyn and Bacon, 2001, p.234.

第八章
社会科与历史教学变革

识和学生经验联系起来,使其可以学习。① 注重学科的系统知识还是注重学生的学习经验,这一争论几乎在每个科目中都不同程度地存在。从课程规划和教材编制的角度看,可以倾向一方,就如同在教学目标上是注重系统知识传授还是注重学科探究能力培养的两难一样——自然,对于教学目标的文本表述可以并置罗列。

而对于教师而言,要想达成较为理想的教学效果和教学目标,致力于推动学生参与历史探究活动是一个良好的选项。当然,这是一件知易行难的事。在传统的教学中,对于历史事实的关注还是更多一些。桑顿(S. T. Thornton)在描述美国传统的历史教学时写道:教师引导着一问一答的活动,学生坐在座位上,看教材、看录像、接受简短问题测试。教学注重涵盖学科内容,学生对这类活动提不起劲。对于很多学生来说,历史就是互不关联的事实的集合,这些事实的意义很不清楚。因而,这种方法有着"特别的逻辑和规则,这些逻辑和规则对于学术的头脑有吸引力但是不能激发学习者的兴趣"。② 所以,大多数学生发现历史课乏味无趣,觉得与自己无关也就在所难免了。

以上虽是对于美国历史教学问题的剖析,但这些问题在不少地方都很普遍。在我国的历史课上,教师对教材内容进行讲解,学生听课、记笔记、在教材上勾画重点内容、记忆教材内容,考试时要求学生再现对于教材内容的记忆,这种状况非常常见。我国学者赵亚夫对于我国学生和教师的历史教育观念的调查反映出我国的历史教学存在着类似的状况。③ 他在调查中发现,学生的代表性看法包括:(1) 历史就是时间、地点、人名和事实的代名词;(2) 学习历史要死记硬背,所以历史课是一门令人生厌的课程;(3) 历史课上学习的东西往往不切实际,距离现实生活太远,而且不能有自己的看法;(4) 历史就是教科书上写的东西,既不是故事,也不是史实;(5) 我们的历史观点经常是被强迫接受的。教师的代表性看法包括:(1) 历史是认识社会发展规律的学科;(2) 历史是用资料说话的学科;(3) 历史是讲技能、培养能力的学科;(4) 学

---

①② Thornton, S. T. Subject-specific Teaching Methods: History. In J. Brophy (Eds.). (2001). Subject-specific Instructional Methods and Activities[M]. Elsevier Science Ltd., pp.290 - 291.
③ 赵亚夫.追寻历史教育的本义——兼论历史课程标准的功能[J].课程・教材・教法,2004,24(3): 59 - 65.

生在学习历史课之前,几乎一无所知;(5)历史观必须依靠灌输或塑造,才能保证它的正确性。他认为学生和教师对于历史教育的认识存在着一定的差异,这些差异反映着历史学科教育理论的苍白。

针对我国历史教育的状况,我国新修订的义务教育历史课程标准(2011年版)在课程目标部分提出,"学生能够掌握中外历史的基本知识,初步掌握学习历史的基本方法和基本技能;对人类历史的延续与发展产生认知兴趣,感悟中华文明的历史价值和现实意义,养成爱国主义情感,开拓观察世界的视野,认知世界历史发展的总体趋势;初步形成正确的世界观、人生观和价值观,为成为拥有良好综合素质的合格公民奠定基础。"[①]普通高中历史课程标准(2017年版)提出历史学科核心素养包括唯物史观、时空观念、史料实证、历史解释、家国情怀,以此作为学生通过历史学习而要逐步形成的价值观念、必备品格和关键能力。[②]

二、历史教学方法的变革

根据笔者所及,对于历史教学方法变革的研究包括两个方面:一是对于新的历史教学方法的研究;二是对于优秀历史教师和历史课的研究。

(一)变革性的历史教学方法

在概览新的历史教学方法时,桑顿(S. T. Thornton)总结了概念化教学(conceptual teaching)、原始资料法(the primary source method)、模拟(simulation)和问题解决四种方法。[③]

概念化教学针对的问题是只关注历史事实的教学观。概念化教学的提倡者认为,具体事实最不重要,核心的东西是基本的理念、概念和思想的方式,是如何将这些将千变万化的事实和事件组织起来。研究者在对于美国历史教学的分析中发现,教学中充斥着历史事实,没有关于历史因果关系的基本理念或

[①] 详见:中华人民共和国教育部.义务教育历史课程标准(2011年版)[M].北京:北京师范大学出版社,2011.
[②] 中华人民共和国教育部.普通高中历史课程标准(2017年版)[M].北京:人民教育出版社,2017.
[③] Thornton, S. T. Subject-specific Teaching Methods: History. In J. Brophy (Eds.). (2001). Subject-specific Instructional Methods and Activities[M]. Elsevier Science Ltd., pp.291–314.

者重大历史事件的基本性质的观念。很多历史教学都基本上限于事实的传递。概念和概括的呈现也不过是为了让学生记住它们(而不是发展它们)。概念指向的教学摒弃了关注内容覆盖面的方法,认为内容本身不能成为目的,转而强调数量有限的强有力的理念和概念,其核心是让学生思考和进行价值判断。比如,教学内容是西班牙—美国战争,概念目标可能是舆论在外交政策形成中的作用;教学内容是华盛顿执政时期的政党,概念目标可能聚焦于形成这样一种概括:在一个民主社会中,政党体制对于冲突的解决是必不可少的。这些概念上的目标是为了将教学指向于学生的探究。教师更多的是学生活动的促进者而不是知识的提供者或者施予者。在教学组织上,概念化教学强调更长的教学时间单位。比如对于革命的学习,开始时讨论一些学生熟悉的国内动荡,学生对于革命的性质做出假设:革命是什么样子的?什么原因引起的?产生了什么结果?然后学生建构起一个简单的概念模型,将其用于美国革命,以检验、拓展和修改假设的模型;然后不同的小组将这一模型用于分析其他的革命(如若干国家的革命),之后修改这一模型,然后再用于其他的革命性事件(如宗教改革、工业革命、权利革命),最后学生将自己的模型同已有的关于革命的理论加以比较。这种方法同上一节中的两个日本社会科教学的例子在教学时间单位的安排和活动的设计上有较多的相似性,都强调在一个较长的教学时间段内围绕着一个核心问题展开多层次的探讨,并将具体事实(根岸湾的开发、美国革命)的研究同一个概念、观念(区域的经济发展、革命)的形成联系起来,通过对于社会或者历史事件的深入分析而理解相应的社会观念和历史概念。不同的是,在前面提到的社会课上,对于事实的探讨是显性的,对于概念的领悟较为隐性。而"革命"主题的历史教学中,概念的探讨是显性的,概念形成本身是教学活动的直接指向。

也有研究者用概念转变来描述概念为核心的教学,关注的是借鉴历史学家的方法推动学生的错误理解向正确的历史概念的转变。相关研究发现,学生经常带一些错误理解进入历史学习中,推动概念转变才能让学生更好地理解历史,用历史学的方法思考,这和科学教育中关注的概念转变相映成趣。概念转变也要求教会学生使用有效的问题解决策略,历史学家使用三种策略:(1)事实的确证,或者将一个文献的细节与其他文献相比较;(2)置于语境中的研究,或者将事件放置于文献的具体语境中进行分析;(3) 寻根求源,在分析文献之前,评价文献作者的公平性和正确性。这种研究建议教师与学生一起工作,教给学生关于历史分析的技能。①

原始资料法强调在课堂上用来自过去的物品或者一手记录,让学生以此为基础展开历史问题的探究,而不是像传统的课堂那样用教材或者二手资料作为主要的学习资源。在课堂教学的实践中,教师围绕着学习主题提供相关历史材料,特别是利用经典历史文献,支持学生进行探究。也有的研究者建议仍然按照时间顺序学习连贯的历史,在若干地方停下来深入研究若干主题。教学中师生围绕着一手资料进行历史探究,让学生能够参与到历史观念的形成过程之中,而不是仅仅接受历史事实或者"公认的"历史观念。这种教学方法也在一定程度上让学生有机会像历史学家那样进行历史探究,以历史材料为基础形成历史假设,提出自己的观点和理解或者解决疑问,正如学习科学的研究者所提倡的那样。但这种方法在实践中也存在过于学术化的问题,难以顾及学科内容的连贯性。教师选择若干主题运用这种方法进行探究是现实教学制度框架下比较可行的选择。在常规的教学中,即便因为种种限制仍采用教师讲授为主的方法,在课堂上呈现一手资料,教师和学生一起结合材料对于主题进行探讨、对关于历史人物和事件的观点进行讨论,也有益于促进学生的思考与学习。近年来,在以历史人物、事件为主题的诸多电视节目中,讲坛的主讲人或者专题的制作者普遍运用了大量的一手历史材料或者以此为基础的影像,或用以更充分地展开历史事实,或用以论证自己提出的新观点,都使得节目的内容更为厚重、丰富,形式上也更有吸引力。这些做法值得教师在教学设计中借鉴。

在历史教学中运用模拟/角色扮演的方法,有利于学生从认知上和情感上投入到历史探究中。模拟就是将某一历史情境简单化地再现,让学生以历史中的人物角色思考和探索历史情境中的选择,以在情感上产生移情作用。鉴于这一方法的复杂性和局限性(毕竟"仿真"的程度有限),需要仔细规划和设计。

---

① 戴尔·H.申克.学习理论:教育的视角[M].韦小满,等译.南京:江苏教育出版社,2003:289.

问题解决是多种变革性的教学中的常用方法。在问题解决形式的历史教学中,教师和学生围绕着问题展开历史研究活动,学生将历史情境中的问题作为要研究解决的问题。在学习过程中,教师和学生针对问题提出假设,学生进行探究,检验自己的假设。这种方法有很长的历史,杜威就曾在芝加哥大学实验学校的教育实验中组织学生进行关于芝加哥供水问题的历史探究。

原始资料法、模拟/角色扮演法和问题解决法本质上都是通过让学生通过历史探究学习历史的教学方法,只是三种方法从不同的角度切入组织学生展开探究。从教学设计的角度看,教师设计的重点在于设计探究问题启动学生的探究活动,组织资源(或者让学生参与组织资源)支持学生的探究活动。探究活动的设计和展开越来越考虑历史学家的专业实践方式和历史的性质。美国国家科学、艺术和工程院的报告《人是如何学习的(Ⅱ):学习者、境脉和文化》提出,"学习历史要求学生学习历史学家在将事件链接到一个叙述时所作出的假设。学生必须学习确定,为什么从所有可能事件中选出特定事件,将其作为重要的事件;在这么做的时候,他们不仅要理解历史的诠释形式,还要理解历史是一种证据形式的知识"(National Academies of Sciences, Engineering, and Medicine, 2018, p.146)。[1]

(二) 对优秀历史教师和历史课的研究

第一类对优秀历史教师的研究是用叙事的方法对于优秀历史教师的个案进行记录和分析。在《人是如何学习的》中,作者转述了两个优秀历史教师的案例,[2]重点记述了他们的典型教学课例(或许叫学习项目更为合适,因为他们的每一个主题的教学活动都持续很长时间)。

其中一位教师是鲍勃·贝恩(Bob Bain),他在教授9年级学生的历史课时,要求所有学生设计一个年表,把他们认为每个时期最重要的工艺品放置其中,并写上挑选这些物品的理由。学生以此表达了他们的基本假设,即

---

[1] National Academies of Sciences, Engineering, and Medicine (2018). How People learn Ⅱ: Learners, Contexts, and Cultures[M]. Washington, DC.: National Academies Press, p.146.
[2] 约翰·D.布兰思福特,等.人是如何学习的——大脑、心理、经验及学校[M].程可拉,等译.上海:华东师范大学出版社,2002:180-181.

什么才称得上具有重要历史价值。学生把这些见解写在展板上,挂在教室墙上,名为"决定历史重要与否的准则",这是本年度课堂讨论的主题。学生经过不断的修改和提炼,渐渐能够更好地表达他们的观点。他们对准则作出判断,也改变准则,发现准则就像工具一样,用于分析、检验不同历史学家的论点。贝恩认为,历史学家认为重要与否决定着他们怎样写他们认为的历史、选择什么样的材料、编写什么样的故事、如何组织年代划分等。他就通过"决定历史重要与否的准则"的讨论让学生明白这些难以讲清楚的内容,从而让学生相信他们的教科书是一种历史而非就是历史——像常规教学通常会给学生留下的历史理解那样。这个案例中,学习活动的设计充分考虑了活动内容与学生经验的关联。让学生从判断不同时期工艺品的历史价值这样的小问题入手,理解什么才称得上具有重要历史价值这样的大问题,这样做有利于学生将抽象的历史理解建立在经验可及的事物和活动的基础上。

另外一位教师斯特林(Stehling)女士是高中历史教师,她在开学第一课上就让学生思考"任何真实的历史都是当代史"这句话的意思,在开学第一周,她要求学生探索一些通常在研究生的讨论会上才会出现的认识论问题:"什么是历史","我们是怎样知道过去的","作为经验的一部分,坐下来'写历史'的人与由普通人制造手工制品之间有什么区别"。这些问题旨在帮助学生建立对于历史的理解。

对优秀历史教师的另一类研究是分析不同优秀历史教师的取向。埃文斯(R. W. Evans)在研究中将好的历史教师分为三种:第一种是故事讲述者(storyteller),注重向学生讲述历史故事,将重要的历史思想和概念镶嵌在这些故事中;第二种是科学的历史学家(scientific historian),注重教授有关历史学科的知识、证据的运用、因果关系等;第三种是改革者(reformer),帮助学生看到过去同现在的事件的相关性,培养学生成为批判的读者。[1]

对于有思想的历史课的研究则分析研究文献、分析典型的变革性历史教

---

[1] 转引自:Suzanne, M. W. Research on History Teaching [M]. In V. Richardson (Eds.). (2001). Handbook of Research on Teaching (Fourth edition) [M]. Washington DC: American Educational Research Association, 2001, p.532.

第八章
社会科与历史教学变革

学课堂和学习项目案例,总结出其典型特征,并和有经验的教师进行交流讨论,在此基础上提出好的、有效的教学的特征和标准。纽曼(F. M. Newmann)等人在这种研究的基础上提出了有思想的课(thoughtful lessons)的六个基本标准:①

- 持续探讨少数主题而不是泛泛覆盖很多主题。
- 内在的统一性和连续性。
- 给学生适当的时间思考和做出反应。
- 教师提出挑战性的问题或者任务。
- 有思想性,教师对此做出示范。
- 学生对于自己的结论做出解释。

在将学习科学的观点转化为学科教学变革的主张时,研究者聚焦于三个方面:一是关注先前理解和已有知识,二是注重围绕学科的关键概念组织事实性知识,三是注重元认知能力的发展,这些原则在历史教学的变革中也具有指导性的意义。② 对于历史教学而言,学生对于历史的理解可能是,我们无法知道历史,因为我们不能回到过去看看发生了什么事情。通过原始资料法,通过学生的历史探究过程,学生重新审视并改变自己关于历史的看法,看到如何了解和理解历史。对于"什么是历史""任何真实的历史都是当代史""决定历史重要与否的准则"等宏大问题的讨论也能重构学生关于历史的理解。上面提到的种种历史教学变革的方法几乎都关注历史概念的形成,努力超越仅仅关注历史事实知识的教学。像政权、政府、权利、殖民地、市场、移民、贸易、财富、税收等实质性概念和历史研究中用到的证据、原因、变迁等概念,对于学生理解历史都是非常重要的。③ 前面提到的关于"革命"主题的探究活动就是将核心概念和历史事实相结合的典型例子。关注元认知,监控自己的学习,在历史学习中集中体现为学习者自己对于什么是"'做'历史"("doing" history)的

---

① 转引自:Suzanne, M. W. Research on History Teaching [M]. In V. Richardson (Eds.). (2001). Handbook of Research on Teaching (Fourth edition) [M]. Washington DC: American Educational Research Association, 2001, p.534.
② Lee, P. J. (2005). Putting Principles into Practice: Understanding History [M]. In M. S. Donovan & J. D. Bransford (eds.). How Students Learn: History, Mathematics, and Science in the Classroom [M]. Washington, DC: The National Academics Press, 2005, pp. 31–78.
③ 同上:61–65.

意识,而这种意识要在历史探究(也就是"做历史")的过程中才能发展起来。① "做历史"是上述教学变革方法和优秀历史教师、有思想的历史课的共同特征和追求。

---

① Lee, P. J. (2005). Putting Principles into Practice: Understanding History[M]. In M. S. Donovan & J. D. Bransford (Eds.). How Students Learn: History, Mathematics, and Science in the Classroom[M]. Washington, DC: The National Academics Press, 2005, p.32.

参考文献

一、中文类

J. L. 马丁.教与学的新方法·数学[M].王嵘,等译.北京:北京师范大学出版社,2004.

J. 布鲁纳.布鲁纳教育文化观[M].宋文理,译.北京:首都师范大学出版社,2011.

J. 莱夫,E. 温格.情境学习:合法的边缘性参与[M].王文静,译.上海:华东师范大学出版社,2004.

M.克莱因.西方文化中的数学[M].张祖贵,译.上海:复旦大学出版社,2004.

P.L.史密斯,T.J.雷根.教学设计(第三版)[M].庞维国,等译.上海:华东师范大学出版社,2008.

R.A.瑞泽,J.V.邓普西.教学设计和技术的趋势与问题[M].王为杰,等译.上海:华东师范大学出版社,2008.

R.柯朗,H.罗宾,I.斯图尔特.什么是数学:对思想和方法的基本研究[M].左平,张饴慈,译.上海:复旦大学出版社,2007.

W. C. 丹皮尔.科学史及其与哲学和宗教的关系[M].李珩,译.桂林:广西师范大学出版社,2001.

爱德华·麦克诺尔·伯恩斯,菲利普·李·拉尔夫.世界文明史(第一卷)[M].罗经国,等译.北京:商务印书馆,1987.

彼得·德鲁克.卓有成效的管理者[M].许是祥,译.北京:机械工业出版社,2005.

波兰尼.个人知识——迈向后批判哲学[M].许泽民,译.贵阳:贵州人民出版社,2001.

查尔斯·M. 赖格卢斯.教学设计的理论与模型:教学理论的新范式(第2卷)[M].裴新宁,郑太年,主译.北京:教育科学出版社,2011.

陈家刚.认知学徒制研究[D].上海:华东师范大学,2009.

戴尔·H.申克.学习理论:教育的视角[M].韦小满,等译.南京:江苏教育出版社,2003.

戴维·H.乔纳森,等.学会用技术解决问题——一个建构主义者的视角(第2版)[M].任友群,等译.北京:教育科学出版社,2007.

戴维·H.乔纳森,等.学习环境的理论基础[M].郑太年,任友群,译.上海:华东师范大学出版社,2002.

高文.学习创新与课程教学改革[M].广州:广东教育出版社,2007.

高文,等.学习科学的关键词[M].上海:华东师范大学出版社,2009.

高文,任友群.知识生产与习得的社会学分析[J].华东师范大学学报(教育科学版),2004(2):7-13.

高文,徐斌艳,吴刚.建构主义教育研究[M].北京:教育科学出版社,2008.

高文.以认知学徒模式改造现行学校教育——迎接人类有史以来的第二次教育革命[J].外国教育资料,2000(6):71-77.

高益民,郑璐.加拿大社会科课程的本土化演进[J].教育学报,2017,13(4):45-56.

高益民,郑璐.加拿大社会科课程四大范式及其规范化[J].比较教育研究,2017(5):19-25.

顾泠沅,易凌峰,聂必凯.寻找中间地带[M].上海:上海教育出版社,2003.

桂德怀,徐斌艳.数学素养内涵之探析[J].数学教育学报,2008,17(5),22-24.

胡谊.专长心理学[M].上海:华东师范大学出版社,2006.

黄荣金.国际数学课堂的录像研究及其思考[J].比较教育研究,2004,(3),39-43.

莱斯·P. 斯特弗,杰里·盖尔.教育中的建构主义[M].高文,等译.上海:华东师范大学出版社,2002.

雷蒙·威廉斯.关键词:文化与社会的词汇[M].刘建基,译.北京:生活·读书·新知三联书店,2005.

李吉林.为儿童的学习:情境课程的实验与建构[M].北京:外语教学与研究出版社,2008.

刘大椿.科学技术哲学导论[M].北京:中国人民大学出版社,2000.

罗伯特·D. 坦尼森,等.教学设计的国际观(第1册):理论·研究·模型[M].任友群,裴新宁,主译.北京:教育科学出版社,2005.

罗姆·哈瑞.科学哲学导论[M].邱仁宗,译.沈阳:辽宁教育出版社,1998.

吕林海.数学理解性学习与教学研究[D].上海:华东师范大学,2005.

马浩岚,编译.美国语文——美国著名中学课文精选[M].北京:同心出版社,2004.

马克思.机器、自然力和科学的应用[M].北京:人民出版社,1978.

玛格丽特·米德.文化与承诺——一项有关代沟问题的研究[M].周晓红,译.北京:文化艺术出版社,2004.

迈克尔·马尔凯.科学与知识社会学[M].林聚任,等译.上海:东方出版社,2001.

裴新宁.面向学习者的教学设计[M].北京:教育科学出版社,2005.

裴新宁,郑太年.在探究中体验科学——科学主题的研究性学习[M].广州:广东教育出版社,2006.

青岛外国教材研究所.社会中的科学和技术(英国中学理科变革教材)[M].青岛:青岛出版社,1999.

沈晓敏.在社会中成长——社会主题的研究性学习[M].广州:广东教育出版社,2006.

石中英.知识转型与教育改革[M].北京:教育科学出版社,2001.

史静寰.当代美国教育[M].北京:社会科学文献出版社,2001.

托马斯·库恩.科学革命的结构[M].金吾仑,胡新和,译.北京:北京大学出版社,2003.

维果茨基.维果茨基教育论著选[M].余震球,译.北京:人民教育出版社,1994.

吴刚.教育理论的特质及其研究使命[J].教育研究,2005(9):9-14.

吴刚.知识与控制——中西教育知识史的比较社会学分析[D].上海:华东师范大学,2001.

薛文华.现代西方哲学评价[M].北京:高等教育出版社,1994.

杨芳.批注式阅读教学研究[D].长春:东北师范大学,2006.

杨南昌.学习科学视域中的设计研究[M].北京:教育科学出版社,2010.

约翰·D.布兰思福特,等.人是如何学习的——大脑、心理、经验及学校[M].程可拉,等译.上海:华东师范大学出版社,2002.

约翰·D.麦克尼尔.课程:教师的创新(第3版)[M].徐斌艳,陈家刚,主译.北京:教育科学出版社,2008.

约翰·杜威.民主主义与教育[M].王承绪,译.北京:人民教育出版社,2001.

约翰·霍尔特.学习像呼吸一样自然——如何鼓励儿童用自己的方式学习和认知世界[M].李颂,译.北京:电子工业出版社,2005.

约翰·希利·布朗,保罗·杜奎德.信息的社会层面[M].王铁生,葛立成,译.北京:商务印书馆,2003.

赵健,郑太年,任友群,裴新宁.学习科学研究之发展综述[J].开放教育研究,2007,13(2):15-20.

赵亚夫.追寻历史教育的本义——兼论历史课程标准的功能[J].课程·教材·教法,2004,24(3):59-65.

郑太年.学校学习的反思与重构——知识意义的视角[M].上海:上海教育出版社,2006.

郑毓信.数学教育:动态与省思[M].上海:上海教育出版社,2005.

二、英文类

Alexander, P., Levine, F. J., & Tate. W. Education Research: A Century of Discovery. Review of Research in Education[M]. Volume 40. American Educational Research Association (AERA), 2016.

Barab, S. A. Using Design to Advance Learning Theory, or Using Learning Theory to Advance Design[J]. Educational Technology, 2004, XLIV(3), pp. 16 - 19.

Brophy, J. (Eds.). Subject-specific Instructional Methods and Activities[M]. Oxford: Elsevier Science Ltd., 2001.

Brown, J. S. & Duguid, P. Organizational Learning and Communities of Practice: Toward a Unifying View of Working, Learning, and Innovation. In M. D. Cohen & L. S. Sproull (Eds.). Organizational Learning[M]. SAGE, 1991.

Byrnes, J. P. Cognitive Development and Learning in Instructional Context (Second edition)[M]. Needham Heights: Allyn and Bacon, 2001.

Donovan, M. S. & Bransford, J. D. (Eds.). How Students Learn: History, Mathematics, and Science in the Classroom[M]. Washington, DC: The National Academics Press, 2005.

Duffy, T. M. Theory and the Design of Learning Environments: Reflections on Differences in Disciplinary Focus[J]. Educational Technology, 2004, XLIV(3), pp. 13 - 15.

Fischer, F., Hmelo-Silver, C. E., Goldman, S. R., & Reimann, P. (Eds.). International Handbook of the Learning Sciences[M]. New York: Routledge, 2018.

Gitomer, D., & Bell, C. Handbook of Research on Teaching (Fifth Edition). [M]. Washington, DC: American Educational Research Association, 2016.

Goldman, R., Pea, R., Barron, B., & Denny, S. J. (Eds.). Video Research in the Learning Sciences. London: Lawrence Erlbaum Associates, 2007.

Kolodner, J. L. The Learning Sciences: Past, Present, Future [J]. Educational Technology, 2004, XLIV(3), pp.34 - 40.

National Academies of Sciences, Engineering, and Medicine. How People learn II: Learners, Contexts, and Cultures[M]. Washington, DC: National Academies Press, 2018.

Palincsar, A. S. & Brown, A. L. Reciprocal Teaching of Comprehension-fostering and Comprehension-monitoring Activities[J]. Learning and Instruction, 1984, 1(2), pp.117 - 175.

Resnick, L. B. (Eds.). Knowing, Learning and Instruction: Essays in Honor of Robert Glaser[M]. London: Lawrence Erlbaum Associates, 1989.

Resnick, L. B. The 1987 Presidential Address: Learning in School and out [J]. Educational Researcher, 1987(16), p.9.

Richardson, V. (Eds.). Handbook of research on Teaching (Fourth edition) [M]. Washington, DC: American Educational Research Association, 2001.

Rogoff, B. The Cultural Nature of Human Development[M]. Oxford: Oxford University Press, 2003.

Sawyer, R. K. (Eds.). The Cambridge Handbook of the Learning Sciences[M]. New York: Cambridge University Press, 2006.

Sawyer, R. K. (Eds.). The Cambridge Handbook of the Learning Sciences (Second Edition) [M]. New York: Cambridge University Press, 2014.

Senge, P. M. Schools that learn: A fifth discipline fieldbook for educators, parents, and everyone who cares about education[J]. Doubleday, 2000, p. 30.

Sfard, A. On two metaphors for learning and the dangers of choosing just one [J]. Educational Researcher, 1998, 27(2), pp.4 – 13.

后　记

学习科学与教学变革是我二十年来一直关注的核心领域。在《学校学习的反思与重构——知识意义的视角》一书中,我从对知识意义的探索入手,分析了学校教育中知识意义缺失的状况和原因,提出在真实世界、学习者经验世界和客观知识世界这三个世界联系和对话的基础上回复知识意义、重构学校学习的理论框架。在《学习:为人的发展》一书中,我将这一观点进一步阐发,提出设计旨在促进人的发展的学习活动的基本思路,特别是从学习科学倡导的建构/探究性、任务/问题驱动、丰富资源、社会性、技术支撑等观念出发展开讨论。本书则试图在概括学习科学研究进展的基础上,揭示其对教学变革实践的意蕴,并从学习科学的视角透视阅读与写作、数学、科学、历史与社会这四个主要学习领域教学变革的取向,以期为读者提供学习活动的设计思路和实践范例。三本书都是对学习和教学领域进行研究和思考的结果,分别有所侧重而又都兼顾理论、设计和实践。

我国的教育一直处于改革之中,进步良多,争议尚存,问题不少。这些年来,我一边关注和忧虑着教育的发展,一边和华东师范大学学习科学研究中心、国际与比较教育研究所的老师们、同事们、同学们一起上下求索,从译介经典、著书撰文,到教学共长、深入实践,忙得不亦乐乎,希望能为我国的教育教学变革增加一点点动力。

本书成稿于2010年初,出版因故搁置。近十年来忙忙碌碌,几近放弃。恰值本丛书策划出版,遂奋力修改书稿。好在十年前尚存以有涯遂无涯的豪情,那时的阅读和思考今天看来并无时隔,加之时间有限,修改工作主要在更新内容,润色文字。诸多缺憾,留待下一本著作再弥补。

付梓之际,深深地感谢一起坚守的同道中人,工作中有良师益友砥砺鞭策,守望相助,于时代飙进、潮流浩荡之时,虽偶生懈怠之意,亦不甘千帆丛中成沉舟。

本书的出版受到华东师范大学教育学部2019年度中外文学术著作出版

资助计划的资助,在此一并表示感谢。

  感谢上海教育出版社前后接纳我的三部拙著,感谢袁彬女士、宁彦锋先生、谢冬华先生、钟紫菱女士在本书出版过程中给予的大力支持和付出的辛勤劳动。

  最后要特别感谢我的家人,感谢你们的支持和宽容,希望以后有更多的时间陪伴你们。

郑太年

2019 年 8 月 10 日

于丽娃河畔

图书在版编目(CIP)数据

学习科学与教学变革/郑太年著. —上海：上海教育出版社，2019.11（2022.8重印）
（面向21世纪能力的教育变革：中国与世界/彭正梅主编）
ISBN 978-7-5444-9608-7

Ⅰ.①学… Ⅱ.①郑… Ⅲ.①教学改革—研究 Ⅳ.
①G420

中国版本图书馆 CIP 数据核字(2019)第 264005 号

责任编辑　钟紫菱　谢冬华
封面设计　陆　弦

面向21世纪能力的教育变革：中国与世界
丛书主编　彭正梅
学习科学与教学变革
郑太年　著

出版发行	上海教育出版社有限公司
官　　网	www.seph.com.cn
地　　址	上海市闵行区号景路159弄C座
邮　　编	201101
印　　刷	上海展强印刷有限公司
开　　本	700×1000　1/16　印张 15.75　插页 2
字　　数	235 千字
版　　次	2019 年 11 月第 1 版
印　　次	2022 年 8 月第 2 次印刷
书　　号	ISBN 978-7-5444-9608-7/G.7920
定　　价	49.80 元

如发现质量问题，读者可向本社调换　　电话：021-64373213